코뿔소, 쇠뜨기가 뭐야?

생태교육 공동육아, 산어린이집 이야기

코뿔소,
쇠뜨기가 뭐야?

생태교육 공동육아, 산어린이집 이야기

산어린이집 지음

도서출판

잉걸
2003

코뿔소, 쇠뜨기가 뭐야?
생태교육 공동육아, 산어린이집 이야기

펴낸날 2003년 7월 19일   초판 1쇄

지은이 부천 공동육아 산어린이집
 주소 : 경기도 부천시 소사구 송내2동 452-11·12호 (우 422-819)
 전화 : 032) 666-9213
펴낸이 김진수
펴낸곳 도서출판 **잉걸**
 등록 : 2001년 3월 29일 제15-511호
 주소 : 서울시 관악구 신림8동 1667 신대동빌딩 302호 (우 151-903)
 전화 : 02) 855-3709
 전자우편 : ingle21@naver.com

풀 한 포기도 소중히 여길 줄 아는
이 땅의 모든 어린이를 위하여

차례　　**코뿔소, 쇠뜨기가 뭐야?**

용어 설명

  공동육아 어린이집에서는 어린이들이 교사를 '선생님'이라고 부르지 않는다. 아이들이 교사들과 격의 없이 지내며 '코뿔소·들꽃·기린'처럼 별명을 부른다.
  또한 교육주체인 아이·교사·부모(조합원)들이 공유하는 용어들이 있다. 본문의 이해를 돕기 위해 주요 용어를 소개한다.

나들이 어린이들에게 탐색과 체험의 기회를 제공하기 위해 이루어지는 교육활동이다. 공동육아에서는 아이들이 매일 오전 2시간 정도를 산이나 들, 공원 등 지역 자원을 활용한 나들이를 한다.

날적이 부모와 교사들이 아이의 하루일과를 소상하게 글로 적어 주고받는 수첩을 말한다.

들살이 일상적인 경험을 벗어나서 새로운 자연과 환경에 도전해보는 숙박 프로그램이다.

마실 바쁜 일과가 끝나고, 저녁나절 잠시 틈을 내어 이웃집에 놀러 가는 일을 말한다. 주로 아이들 간의 갈등관계 해소를 위해 친밀감 형성 차원에서 활용을 권한다.

모둠 아이들이 모여서 어떤 일을 논의, 결정하는 활동을 칭한다. 아침에 아이들이 모이면 꿀차나 매실차 등을 마시며 그날 할 놀이에 대해 토론한다. 또 나들이를 어디로 갈지, 친구와 갈등이 생겼을 때 어떻게 하면 좋을지 서로 얘기해보는 것도 모둠의 단골 메뉴다. 부모나 교사들 간의 모임, 회의도 넓은 의미의 모둠으로 본다.

산살이 산으로 가는 숙박 프로그램을 말한다.

아마 아빠·엄마의 줄임말이다. 부모(조합원)가 하는 일일교사활동을 포함해 공동육아에 참여하는 여러 활동을 포괄적으로 칭하기도 한다.

터전 공동육아 어린이집을 칭할 때 공간적인 의미로 쓰는 일반적인 용어다.

산어린이집에 처음 가봤을 때

정병호

'공동육아와 공동체교육' 공동대표, 한양대 교수

산어린이집에 처음 가는 길. 서울의 변두리인 부천에서도 변두리, 골목골목 돌아 나지막하게 앉아있는 건물 앞에 섰습니다. 요즘 시절에 이렇게 후줄그레한 곳에서 아이 키우려는 사람이 있을까? 맨땅의 골목길에는 아직 연탄재의 흔적이 가시지 않은 그런 곳이었습니다. 애써 눈을 돌려 멀리 주위를 돌아보니 제법 나무가 우거진 야산 줄기가 이어져 있었습니다. 무자비한 도시 개발 속에 용하게도 이런 틈새가 아직 남아 있었구나 하는 아슬아슬한 감탄사가 나왔습니다. 그런 곳에 산어린이집은 자리 잡았습니다.

번듯하게 간판도 달지 못한 대문을 밀고 들어가니, 마당을 에워싸고 오밀조밀한 공간들이 만들어져 있었습니다. 그리고 거친 솜씨로 직접 만든 수제품 장난감과 누군가의 집에서 가져온 듯한 손때 묻은 가구를 보니, 산어린이집 사람들의 애정과 관심이 느껴졌습니다. 어쩐지 이 곳은 소박하고 아기자기한 삶을 살아갈 준비가 된 듯했습니다.

벽마다 아이들의 작품이 자랑스레 붙어 있고, 방문 가에 꽂아

둔 '날적이'를 통해 교사와 부모가 글로도 대화하고 있었습니다. 날마다 아이를 위해 이야기하는 부모와 교사들이 이런 저런 모둠으로 밤늦도록 이야기하고, 그것도 부족해서 다달이 소식지를 만들어 온 가족이 함께 본다고 합니다. 공동체의 생명은 대화라고 하니, 과연 이 곳은 생명이 넘치는 곳입니다.

산어린이집에 두 번, 세 번, 네 번 찾아갈 때마다 마주치는 아이들은 늘 활기에 넘쳤습니다. 대개는 어른들이 그 기세에 눌리지요. 내 눈을 바라보며 한 녀석이 묻습니다. "누구야? 어디서 왔어?" 불쑥 손에 든 나뭇가지를 내밀며, "이거 좋아해?" 이렇게 낯선 어른들과 쉽게 친해지는 아이들을 요즘은 참 만나기 어렵습니다. 이렇게 달려드는 아이들 중에는 조금 다른 아이들도 있습니다. 이른바 장애를 가진 아이들입니다. 처음부터 산어린이집에는 이들이 늘 함께 있어서, 이 곳의 삶을 더욱 충만하게 해주고 있었습니다.

지난 해 유네스코(UNESCO)의 후원으로 베트남 정부의 유아교육 전문가들이 산어린이집을 방문하였을 때, 제3세계가 함께 할 수 있는 바람직한 유아교육의 한 모델을 확인할 수 있었다고 고마워했습니다. 가장 중요한 교육적 환경은 사람입니다. 사랑과 정성은 최고의 전문성입니다. 부모와 교사, 그리고 우리 아이들이 함께 만들어 가는 충만한 삶의 경험은 최상의 교육과정입니다. 산어린이집에서는 이런 당연한 진실을 확인할 수 있었습니다.

이 시대 인류의 희망을 지키는 좁은 길을 가기로 한 소수의 용기 있는 부모님들과 선생님들께 마음으로부터 존경과 사랑을 보냅니다. 그리고 믿음직한 어른들을 양손에 잡고 새로운 희망의 길을 열어 가는 우리 산어린이집 어린이들을 마음 든든하게 여깁니다.

변함없는 산집의 즐거운 변화를 기대하며

황윤옥

'공동육아와 공동체교육' 사무총장, 산어린이학교 교장

산어린이학교에서 하현이를 데리고 집으로 가다 보면, 산집(공식적인 명칭은 '산어린이집'이지만, 이 곳 사람들은 모두 '산집'이라고 부릅니다)으로 들어가는 입구를 지나치게 됩니다. 그때마다 하현이는 잊지 않고, "산집이다!"를 외치곤 합니다. 하현이 엄마는 아직도 산집이 어디 번듯한 곳으로 이사 가지 못하고, 거기 그렇게 눌러 앉아 있는 것이, 산집 사람들이 날렵하지 못한 탓인 것만 같습니다. 벌써 5년도 넘었지요? 그런데 하현이에게는 당연히, 아주 당연히 산집은 거기 있는 것인가 봅니다. 한 번도 "산집, 이사 갔어?"라고 물어 보기는커녕, 늘 "야, 산집이다!"로 마무리하곤 합니다.

하현이가 4살 때, 하현이네 가족은 산집과 더불어 공동육아를 시작했습니다. 말하자면, 하현이네는 지금 새로이 산집 식구가 된 사람들이 무슨 전설처럼 기억해준다는, 그 초기 식구 중의 하나인 셈입니다. 하현이가 총회와 방모임, 무슨 특위 등 산집 각종 회의의 성격을 몸으로 알아서 구분하고(주로 언제까지 놀 수 있느냐로 구분됨. 총회는 밤샘, 방모임은 밤 12시 등등) 그것을 즐길 때까지, 약 4년 동안을 산집 식구로 살았습니다.

공동육아의 여러 현장 중에서도 산집은 나름대로 맛이 살아 있는 곳입니다. 들어올 때 이미 많은 것을 스스로 포기하게 만든다는 소박한 터전을 5년 이상 꾸준히 지키는 것도 그렇고, 회의할 때 밥 해먹을 걱정부터 하는 것도 그렇습니다. 게다가 초기에는 숫자만 나오면 회의를 빨리 끝내고 싶어 하는 지병(?)도 있었답니다. 머리가 아니라 몸으로 마음으로 만나는 것을 좋아하는 식구들이 많다는 것이 예나 지금이나 산집을 설명할 때, 맨 앞자리를 차지하는 것이겠지요.

지금 산집의 식구들이 초기 식구들을 고마움으로 기억하듯이, 저처럼 산집 초기에 아이를 키운 엄마·아빠들 역시 지금 산집을 지키고 가꾸고 있는 산집 식구들에 대한 고마움이 정말 큽니다. 나날이 살맛나는 터전이 되어가는 산집을 바라보는 즐거움, 또한 각별합니다. 그래서 후에 어른으로 성장한 하현이가 사회에 내놓을 이력 중에 가장 따뜻하고 자랑스러운 이력의 하나가 바로 산집 시절이리라 확신합니다.

이번에 산집이 그간의 발자취를 정리하는 대사업을 이룬 것을 보니, 산집 식구이길 잘했다는 자부심이 절로 듭니다. 초기 산집 식구들도 늘 '우리 산집의 역사를 정리하기는 해야 하는데……, 공동육아를 말하는 책이 나온다면 당연히 우리가 내야지' 하며 살았는데, 결국 세대교체를 이룬 산집의 새로운 세대가 일을 내고 말았군요. 덕분에 산집 초기 식구들도 역사의 한자리를 당당하게 차지하였습니다. 산집의 역사를 꼼꼼히 살려놓은 글들이나, 지금 산집을 살뜰히 가꾸고 있는 식구들의 살아있는 모습을 담은 글들, 모두 정말 아름답습니다.

　변하지 않으면서, 그러나 새로운 세대와 식구들에 맞게 변하는 것이 산집의 매력이자 저력일 것입니다. 언제나 거기 있을 것 같은 산집, 그 산집의 즐거운 변화를 기대합니다. 더불어 후에 산집 동창회 한번 거창하게 할 날을 기다립니다.

풀잎 엮어 산 만들고

이말순(코뿔소)

산어린이집 원장

산어린이집의 여러해살이

1997. 5.10.(토) 산어린이집 개원.

7개월여의 준비과정을 거쳐 공동육아 조합 중에서 12번째로 개원. 17가구 23명으로 시작. 방은 까꿍·도글·소근·당실방으로 구성. 조합 소식지《산들꽃》1호 발간.

1998. 5. 5.(화) '산어린이집 개원 1주년 기념잔치' 개최.

이른 10시에 부원초교에서 고사·길놀이·연혁 보고·재롱잔치 등으로 진행. 오후에는 체육대회.

1999. 3. 3.(수) 산어린이집 1회 졸업생들 부원초교 입학.

이보미·이혜란·이영주·김한길·조담·성민경

1999. 5. 5.(수) 총회와 '산어린이집 개원 2주년 기념잔치' 개최.

1999. 6.18.(금) 을왕리 해수욕장으로 여름 들살이.

늦은 7시까지 조합 총회 및 단합대회 진행.

1999. 8.15.(일) '부천 시민 음악회' 참여.

중앙공원에서 통일 행사로 진행된 이 음악회에서
아이들이 국악동요와 택견 공연함.

1999.12.18.(토) 송년잔치 개최.
1부는 아이들 발표, 2부는 놀잇감만들기, 3부는
저녁식사, 4부는 송년잔치와 총회로 진행.

2000. 2.18.(금) 제2회 졸업잔치 개최.
부럼깨기와 오곡밥먹기, 저녁식사와 총회 진행.

2000. 3.20.(월) 소사 로터리클럽에서 물품 기증.
산어린이집에 푸짐한 선물(화장실 개조 지원, 평균대
등 체육 시설, TV와 비디오, 트램펄린, 책장)을 기증하는
전달식을 하고 조합에서는 감사패 증정.

2000. 5. 5.(금) 총회와 '산어린이집 개원 3주년 기념잔치' 개최.

2000.11.25.(토) 산어린이집 교육사례 발표.
동대문 여성사회교육원에서 열린 공동육아 표현 교
육에 대한 포럼에서 이말순 원장이 발표하고 슬라이
드 상영.

2001. 2.17.(토) 제3회 졸업잔치 개최.
풍물 축하 공연, 선물·졸업 카드 주기와 사진 촬영.

2001. 5. 5.(토) '산어린이집 개원 4주년 기념잔치' 개최
부원초교 운동장에서 운동회로 열림.

2001.10.28.(일) 산집 사례 발표.
사회복지 공동 모금회 관계로 조합 우수 사례, 장애우
통합교육, 기부금, 출자금, 조합의 의사소통 등에
관해 발표.

2002. 2. 8.(금) 제4회 졸업잔치 개최.

송가로 '남누리 북누리'를 부르고, 답가로는 연극
'여우누이'와 옹골찬이들의 풍물 공연, 슬라이드 상
영 등으로 진행.

2002. 2.16.(토) **'방과후방'이 독립하여 새 터전으로 이사.**

2002. 4.25.(목) **베트남 유아교육 전문가 방문.**

베트남 정부 관리가 방문하여 산어린이집 참관.
(베트남 보육 관리 4명과 그 외 1명, 한국 유네스코 팀장
1명, 공동육아 유네스코 허순희 씨와 파리 유네스코 본부
일본인 1명, 공동육아연구원의 정병호·황윤옥·손이선
씨, 베트남어 통역 1명과 일어 통역 1명, 운전도우미 1명
등)

2002. 5.10.(금) **'산어린이집 개원 5주년' 고사지내기.**

2002.11.30.(토) **'장애우 통합교육을 위한 공동육아 포럼' 참석.**

이말순 원장이 통합교육 사례를 발표함.

2002.12.28.(토) **송년잔치 개최.**

1부는 발표회, 2부는 놀이마당, 3부는 저녁식사와
송년잔치 순으로 진행.

2003. 2.25.(화) **제5회 졸업잔치 개최.**

박우현 1명 졸업 − 까치울 초등학교 입학.

2003. 6. 6.(금) **터전 이전.**

부천시 소사동에서 송내동으로 이전.

산어린이집의 방별 구성 (2002년 중심)

구 분	유래/의미	나 이	교사 대 아동비	비 고
까꿍방	까꿍놀이를 좋아하는 아가들	2살 이하	2:5	첫해('97년)만 있던 방이다.
소근방	소근소근 이야기가 샘솟는 소근이들	3~4살	1:4	방 조정에 따라 없어졌다가 2003년 다시 열었다.
작은도글방	작지만 야무지게 굴러가는 모양처럼 귀염성이 넘치는 도글이들	2~3살	1:2	이 무렵의 아이들은 6개월의 생일 차이에도 발달 정도가 달라서 방 구성을 달리하고 있다.
큰도글방		3~4살	1:4	
당실방	앙증맞게 춤을 추는 당실이들	4살	1:6	
덩더쿵방	장구나 북 칠 때처럼 늘 흥겨운 덩쿵이들	5살	1:8	
옹골찬방	보기보다 속이 꽉 찬 옹골찬이들	6살	1:11	
굴렁쇠방	항상 올곧고 넘어지지 않는 굴렁쇠들	7살	1:13	2003년에 새로 만들어준 방이다.
방과후방	초등학생들의 방	8살 이후	2:16(1:8)	2002년에 분리, 새 터전을 마련했으며 2003년 현재 16명이 생활한다.

* 고립된 문화가 반영되는 반(班) 구조보다는 드나듦이 자유로워 통합의 가능성이 큰 방(房)의 구조를 지향한다.
* 해가 바뀌면 한 단계씩 올려준다. 그래서 위로 새로운 방이 생길 수 있으며, 같은 나이라도 생일에 따라 윗방·아랫방으로 나뉘기도 한다.
* 나이는 우리(나라) 식으로 실었다. 교사 대 아동비는 신규 인원에 따라 변화가 생긴다.
* 2003년에 운영되고 있는 방은 소근·당실·덩더쿵·옹골찬·굴렁쇠방이며, 6월 현재 36가구 43명의 아이들이 산집에서 생활하고 있다.

공동체 교육과 자연 친화 교육

공동육아라는 이름으로 이 땅에서 교육이 시작된 지 10년이 되었고, 이제 우리나라 유아교육에서 그 이름은 그리 낯설지 않다. 그렇다면 공동육아를 하고 있는 부모나 교사들은 우리 사회에서 공동육아라는 이름으로 어떤 메시지를 던지고자 하는 것일까. 공동육아가 표방하는 자연 친화적이고 공동체적인 교육이란 것은 아이들에게 결국 무엇을 가르치려고 하는 것일까.

공동육아의 교육적 의미와 개념에 대하여 생각해보고, 토론해보고, 교육과정을 정리해보며, 기록해놓는 일은 어느 현장이라도 필요한 일이다. 산집에서는 공동육아 6년이라는 우리의 교육과정을 정리하여 공동육아를 하고 있는 교사나 부모들, 그리고 아이들과 함께 그 결실을 나누고 이야기해보고자 한다. 왜냐 하면, 우리의 경험과 교육이 산집만의 것으로 존재하기보다는 여러 조합원들이나 교육하는 사람들과 공유하는 것이 더욱 의미가 있기 때문이다.

산집의 공동육아 교육의 역사는 참교육의 의지를 가지고 교사회와 부모들이 적극적으로 협력하고 지원함으로써 함께 만들어낸 교육적 실천으로 이루어졌다. 그러므로 그 동안의 산집 역사에 대한 인식이나 집약 작업도 공동 작업으로 가능하였고, 이를 통하여 산집의 공동체로서의 일면을 보여주고 있다.

공동육아에서 '공동체'는 무엇을 말하는 것일까. 오늘날 대안교육 운동을 이야기하는 사람들이나 사회운동을 하는 사람들에게도 공동체는 역시 '생활필수품'이다. 산업화와 정보화 시대를 겪으면서 이 생필품의 분실로 인해 사람들은 다른 사람들과의 관계에서 소외감을 느끼고 고립되어 불안해한다. 공동육아의 공동체는 '사람들 간의 관계 맺기', 그리고 '자연과의 관계 맺기'를 중요한 요소로 생각하고 있다. 사람들 간의 관계란 상대방에 대하여 애정 어린 관심을 갖는 것에서 출발한다. 다른 사람의 상황이 내 상황으로 인식될 때 어려움은 반감된다. 조합은 육아 공동체를 추구한다. 아이들을 잘 키우기 위해서는 아이들만의 공동체가 아니라, 부모들이 서로 신뢰하고 협동하는 태도를 보여줄 때 아이들은 그 속에서 함께 사는 삶이란 어떤 것인지 잠정적인 교육의 효과를 얻게 된다.

산집은 개원 초기부터 장애우와 함께 생활해왔다. 아이들은 몸이 불편한 현석이를 어떻게 도와줄지, 귀가 안 들리는 종혁이와는 어떻게 소통을 해야 하는지 몸으로 익히고 마음으로 느꼈다. 그러면서 함께 사는 세상은 풍요로워지고 아이들의 세계가 확장된다.

공동육아에서는 부모와 교사, 그리고 아동이 세 주체로서 평등하게 존중하고 존중받기를 원한다. 부모들은 교육 제반의 환경과 틀을 마련하고 교사들과 상호 건전하게 소통함으로써 공동체를 운영해나가고, 교사회는 아이들과의 교육 내용을 실천하고 부모들과 진솔하게 교육의 과정을 공유함으로써 민주적인 교사와 부모 관계를 만들어가는 것이다. 이는 공동육아의 '공동'의 의미가 조합원들 간의 유대만이 아니라, 교사회와도 역할을 나누어 육아를 하고 있다는 것을 뜻한다. 교육이라는 것은 어느 일방의 요구를 수렴하는 것이 아니므로 공동육아 조합원과 교사회는 소통과 평가를 통하여 부모로서 권리를 확보하고 교사의 교육권을 세워나간다. 아직 사회적으로 학부모의 권리가 낮은 우리 사회에서 공동육아에서의 부모의 이러한 권리는 동시에 책임과 의무라는 막중한 대가를 요구한다. 조합원

부모들은 교육 터전의 자립과 존립을 위하여 시간과 자금을 출자한다. 그리고 교육 운영을 위한 여러 회의를 통하여 제안과 논의를 하면서 성숙한 시민 자치, 참여 사회를 만들어 가고 있는 것이다. 공동육아는 교육을 제대로 받을 권리, 교육을 제대로 할 권리, 그리고 부모로서의 권리를 찾기 위한 교육운동이다. 운동은 억눌리고 찌그러진 것을 바로잡자는 것이다. 바로 잡아나가는 데에는 많은 노력이 든다. 그래서 더욱 공동체 의식과의 연대가 필요하다.

우리 사회가 산업 사회를 지나 정보화 사회로 빠르게 전환되는 동안 아이들의 삶의 질은 급격하게 저하하고 있다. 아이들은 충분히 뛰어놀면서 몸과 마음을 건강하고 풍요롭게 키워나가는 것이 아니라, 주어진 과제를 해결해야 하고 남들보다 정보의 양을 늘려서 경쟁력을 키워야만 승자로 행세할 수 있게 된 것이다. 이러한 과제 중심의 교육은, 모든 아이가 승자가 될 수는 없는 일이므로, 많은 아이들에게 피해의식과 자기 비하를 낳게 하여 아이들의 행복한 삶을 방해한다. 아이들에게 일찍이 어른의 '일'과 같은 이루어 내야 할 일이 있다는 것은 과도한 노동을 강요하는 것과 다르지 않다. '남들보다 좀더 빨리, 좀더 많이'가 아이들을 숨 막히게 몰아가고, 나를 사랑하고 남을 인정하는 자아 개념과 인간관계를 배우기도 전에 친구를 경쟁의 대상으로 바라보게 한다.

공동육아를 선택한 어른들의 생각은 이러한 교육 현실의 폐해를 직시하고 아이들이 또래들과 충분히 뛰어놀며 또래의 소중함을 알고, 제대로 된 인간관계를 맺을 줄 아는 아이들로 키우자는 것이다. 또한 아이들이 살아갈 환경이 온갖 개발 때문에 황폐해져서 아이들의 삶을 근본적으로 위협하는 상황이 더 이상 방치되어서는 안 된다는 위기의식에서 출발한다.

그러므로 자연 친화적인 교육을 실천하기 위한 작업으로 조합원들이 현재의 터전에 어린이집 둥지를 틀었고, '자연과 관계 맺기' 위해 아이들은 매일 산으로 들로 나들이 다니며 자연을 관찰하고 함께 호흡하였다. 초기 조합원들이 얼마나 천혜의 환경에 터를 잡아 놓았는지 터전에 앉아서도 산에서 불어오는 바람으로 시원한 여름을 보낼 수 있었고, 대낮에도 조용하면 뻐꾸기 울음소리를 들으며 낮잠을 자고, 밤꽃 냄새가 번져오면 여름이 무르익어가고 있음을 느낄 수 있었다.

그러나 자연 친화적인 교육 활동이 어떻게 아이들의 교육이 될 수 있을지가 우리의 고민이었으므로, 오전의 나들이 활동과 오후 활동이 어떻게 연계되어야 할 것인지에 대하여 많이 논의하였다. 이 고민은 교사들이 연차를 더해 갈수록 자연스럽게 해결되었고, 나들이와 연계 활동이 꽃을 피운 해는 2000년으로, 산집 아이들의 활동 자료인 「덩더쿵의 느티나무」가 보건복지부 위탁으로, 공동육아에서 발간한 『지역 자원을 이용한 실외 활동』 1권에 실리기도 하였다.

아이들을 자연과 접하게 하는 교육은 아이들에게 자연의 흐름을 알게 하려는 것이다. 사람 역시 자연을 떠나서는 살 수 없다. 사람은 숲을 찾아 나들이를 하고, 들판을 누비면서 자연의 순환과 시간의 흐름을 읽을 수 있도록 관심을 가지고 자연과의 상생 관계를 만들어 나가야 한다. 예전엔 자연의 흐름을 알아야 생존이 가능했다. 왜냐하면, 먹거리를 가꾸고 집을 짓고 살아가는 모든 것이 자연 자원을 통해서만 가능한 일이었기 때문이다. 현대에 와서 자연과의 관계는 더욱 절실해졌다. 자연환경이 파괴되고 오염되어 아이들은 천식·비

염·아토피 등 질병을 달고 살게 되었고, 인간은 생존마저 위협받게 되었다. 이제 자연에게 화해의 손길을 내밀어야 할 때가 된 것이다.

세시 풍속에 따른 전통 문화 교육

전통 문화 교육의 큰 줄기는 세시 풍속과 절기에 따른 생활 교육이다. 세시 풍속과 절기는 우리나라의 오래 된 풍속이자, 지금도 이어져 내려오는 우리의 무형 문화다. 세시 풍속이란, 모든 사람들이 같은 시기에, 같은 행동을 하는 것이다. 즉 설에는 모든 가족이 모여 한 해를 시작하는 조심스러운 기원과 서로 인사를 나누는 뜻이 담겨 있고, 정월대보름에는 한 해의 풍년과 다산을 기원하는 축제의 의미가 담겨 있다.

이러한 풍속이 산집의 교육과정에 어떤 의미가 있어서 이를 실천하고 있는가. 제대로 세시 풍속 교육과정을 실천하려면 어떻게 해야 하는가. 산집에서 지금까지 이어져 내려온 생활 중심 교육이란 의미는 일반 교육에서 말하는 생활 지도의 의미는 물론, 그 이상의 의미를 가지고 있다. 그것은 아이들과 함께 세시 풍속에 담겨 있는 내용과 의미를 찾아보고, 전래놀이와 절기에 담긴 조상들의 지혜를 배우며 우리의 문화와 역사를 이해하고자 함이다.

전통 사회에서 세시와 절기는 자연과 인간에 대한 예를 갖추기 위한 일종의 예식이라고 할 수 있다. 농사를 지어서 먹을 것을 생산해야 했던 과거에는 자연이 가진 풍부한 자원에 인간의 노동력을 들이기만 하면 먹고 살 수 있었다. 그러나 사람들이 자칫 게을러지면 농사지을 시기를 놓치게 되고 때를 맞추기 어려웠다. 그래서 이를 잊지 않게 하기 위하여 절기를 기리어 놀이와 노래와 절기 음식까지 곁들여 기억하게 하는 것이다.

절기 음식을 해먹는 것 역시 먹거리에 담긴 지혜를 배우며 우리 문화를 생활 속에서 실현해보고자 하는 뜻을 담고 있다. 또 우리가 실천하고 있는 최소한의 먹거리 자급자족 등은 생태교육과 무관하지 않다.

그러나 얼마 전 문재현 선생님('마을공동체교육연구소' 소장)의 강의를 들으며 어린이집에서의 역할과 각 가정에서의 역할이 상당히 혼재되어 있음을 알게 되었다. 가정에서의 역할까지 어린이집에서 실천하는 것보다는 집에서 해볼 수 있도록 지원과 도움을 주는 것이 적절하다는 것이다. 집에서 실천할 때의 중요한 점은 가부장 문화를 바꾸어나가는 노력이다. 설이나 추석 등 큰 명절이 즐거운 가족 공동체를 만들어나가는 데 도움이 되기는커녕 여성의 인권을 침해한다면 공동체를 추구하는 우리 공동육아에서 기본적으로 해결해야 하는 과제가 아닐까. 가정에서 실천하지 못하면서 어찌 사회적·교육적 운동으로 승화되길 바랄 수 있을 것인가.

전통 문화 교육의 또 다른 측면은 풍물을 비롯한 놀이와 노래 등 음률 교육과 신체를 단련시키는 택견 교육이다. 풍물은 풍년을 기원하는 전통 양식이며, 아이들에게는 신명나는 우리 문화를 어릴 때부터 생활로 접할 수 있는 교육이다. 지금은 졸업하여 방과후가 된 아이들과 방과후 교사 '꼬리'(박혜성)가 졸업잔치에서 보여준 풍물 공연은 아직도 가슴 찌릿한 감동으로 다가온다.

산집의 교육 프로그램은 단순하게 나누면, 교사들이 주도하여 노는 시간과 아이들 스스로 노는 시간으로 채워져 있다. 어떻게 잘 놀 것인가, 그리고 무슨 놀이를 통하여 정서적·사회적·인지적으로 성장하게 할 수 있을 것인가가 과제였다. 이 '논다'는 말은 이중적 의미가 있어서 잘 놀면 대견스러워 하면서도, 무조건 놀기만 한다면 어른들이 불안해하는 것이 사실이다. 그러나 정말 잘 노는 일은 유아기에 꼭 해야 하는 일이다. 온몸을 사용하여 잘 놀아서 몸과 마음을 기쁘게 발달시키는 것이야말로 아이들의 성장에 있어 필수 요소다. 잘 노는 데 필요한 놀이와 노래 역시 주로 전래놀이를 하였다. 특히 '돼지붕알' 같은 전래 동요는 노랫말이 서민들의 애환이 담겨있는 해학적이고 풍자적인 것이어서 아이들에게 설명해주면, 아이들도 (젊은 교사들도) 상상치 못할 옛날의 생활을 떠올려 보며 오늘의 풍요로움을 새삼 알게 된다.

> 엄마야 뒷집에 간께 돼지붕알 삶더라.
> 좀 주더나 좀 주더라 맛있더나 맛없더라.
> 찌찌 찌릉내 나더라 꾸꾸 꾸릉내 나더라.
>
> (경상도 지방 전래동요)

교육 이념에도 어울리고 부모들의 특기교육에 대한 욕구와도 맞물리는 택견은 사부가 직접 와서 지도하는 형태로 도입을 하게 되었다. 택견은 그 동안 진달래(이병우)와 꽃돼지(서명식) 두 교사의 지도아래 주로 큰아이들만 해왔다. 아래 동생들은 가끔 형들이 보여주는 시범을 구경만 하면서 실제 자신이 하고 싶은 욕구를 고조시켜 오다가 6살쯤에 시작하게 되면 집중력도 높아지고, 기합도 우렁차게 붙이며 흥미 있어 한다. 택견과 기구를 이용한 몸 활동은 아이들이

기다리는 활동 중의 하나다. 몸을 유연하게 움직이면서 신체를 단련시키는 동안 아이들의 자신감은 높아간다.

프로젝트 교육

산집 교육의 한 흐름의 끈을 이루고 있는 것이 레지오 에밀리아에서 하고 있는 프로젝트의 도입이다. 레지오 에밀리아는 이탈리아의 작은 도시다. 이 곳에서 이루어낸 유아교육의 성과가 전 세계 교육학자들의 관심을 불러일으킨 것은 1990년대 초반이고, '공동육아연구원'(현 '공동육아와 공동체교육'의 전신)에서도 1996년 10월, 정병호·이부미 씨가 다녀와서 크게 공감을 하고 교사 교육을 하게 되었다. 마침 그해 가을, 산집에서도 그 교육을 받아야겠다는 일념으로 딱따구리(신경선)·피터팬(채승우)·코뿔소가 3개월간 연구원에서 교육을 받았고, 레지오 식의 프로젝트를 시작해보았다. 그러나 레지오 프로젝트를 도입해서 우리 것으로 활용하기에는 물리적으로도, 정서적으로도 해결하기 어려운 점이 많이 있었다. 즉 레지오 에밀리아는 미켈란젤로와 같은 유명한 대가를 배출할 만큼 역사와 문화가 배경이 되고, 그 전통이 면면히 이어져서 아이들도 앉으면 토론하고 관찰하고, 교사들도 그러한 전통과 문화 속에서 성장하였으므로 아이들을 잘 이끌어갈 수 있었을 것이다.

그러나 우리의 정서는 레지오 에밀리아 방식의 개방된 나선형(open-ended spiral) 교육의 원리, 즉 중요한 경험을 반복하고 "관찰한 것을 다시 관찰하고, 생각하고, 다시 그에 대해 생각해보고, 표상하고 나서 재표상해보도록" 하는 일들을 즐거워하기보다는 지루해하고, 의미를 헤아리지 못하는 경우가 많았다. 물론 교사가 확신을 가지고 꾸준히 노력해왔다면 달라진 것이 분명히 있으리라. 그러나 연구할 시간도 보장해주지 않으면서 하루 종일 아이들을 보살피고, 놀기에도 파김치가 되는 교사들(레지오의 교사들은 주 평균 30시간을 아이들과 지내고 우리 공동육아 교사들은 50시간을 아이들과 지낸다)에게 더 이상의 자발성을 바랄 수는 없는 일이다. 그래서 최근에는 레지오 프로젝트보다는 아틀리에 공간을 마련하여 아이들의 미술 활동을 확장하는 부분 도입 형태로 시도하고 있다.

따라서 정서와 현실에 맞지 않음을 인식하고 우리 나름의 프로젝트를 실천하기에 이르렀다. 그것은 곧 자연 친화적이고 공동체적이면서, 교육이 과거의 흐름과도 단절되지 않고 즐거운 삶으로 지속될 수 있는가 하는 점에서 출발해야 했다. 아이들과 생활 중심의 교육을 하다 보니 어린이의 삶에서 먹거리의 중요성이 커진다. 즉 양질의 먹거리를 구할 수 있는 생협이라도 그곳에서 사먹는 것보다는 우리 손으로 가꾸고 거두어서 먹을 수 있다면 그보다 더 기쁘고 보람된 일이 없을 것이다. 그래서 우리는 정월이 되면 아이들과 장 담그기를 하고, 봄이 되면 텃밭에 나가 씨를 뿌리고, 상추와 열무가 자라면 뜯어다 쌈을 싸서 먹고, 열무김치를 담가 먹고, 진달래꽃을 따다가 화전도 부쳐 먹고, 그러다가 피카소보다 멋진 진달래 그림(2000년 4월, 안희제의 진달래 그림은 '공동육아' 소식지 표지에 실리기도 하고, 이부미 씨를 통해 공중파를 타기도 했다)도 그리고, 배추를 심어 김장을 하기도 한다. 이 텃밭 가꾸기야말로 공동육아의 자연 친화 교육을 실천하는 중요한 교육과정으로 자리 잡아가고 있는 활동이다.

공동육아 교육의 가장 큰 장점은 교육이라는 것을 아이들이 받아야 하는 수업으로 보지 않고, 아이들이 자신들의 삶을 살아가는 과정으로 보는 것이다. 그러므로 교사는 아이들에게 어떤 지식을 가르쳐 보겠다는 의식보다는 함께 사는 사람들이며, 먼저 살아 온 사람으로서 삶을 안내하는 사람들인 것이다. 아이들이 자신들의 삶의 주체가 되도록, 어른들이 좌지우지하지 않고 스스로 설 수 있도록 도와줌으로써 아이들이 자신들의 문제를 들여다보며 해결하려고 노력하면서 세상을 깨달아갈 때 진정한 의미의 교육이 이루어지는 것이리라.

자 연 친 화 교 육 1

● 잘 노는 아이가 건강하다
● 나들이 이야기

크뿔소, 쇠뜨기가 뭐야

어린이에게 탐색과 체험은 중요한 놀이다.
그것은 어린이에게
끝없는 호기심을 충족시켜 나가는 동시에
또 다른 상상력과 환상을 제공해줄 수 있다.
탐색과 체험의 공간으로써 자연은
어린이들에게는 무한한 학습의 장이다.

잘 노는 아이가 건강하다

이말순(코뿔소)

산어린이집 원장

아이들은 왜 놀아야 하는가

처음 아이를 산집에 보내는 부모들은 교육을 어떻게 하고 있는지 알고 싶어 한다. 나는 아이들이 '잘 노는 교육'을 한다고 설명한다. 왜 노는 것이 교육인가? 어린이들이 신명나게 노는 모습, 치열하게 싸우는 모습, 작은 것 하나에도 진지하게 열중하는 모습들을 오랫동안 보며 살아왔다. 어린이들에게 놀이의 의미는 무엇인지, 아이들은 왜 놀아야 하는지, 어떻게 노는 것이 잘 노는 것인지 함께 살펴보기로 하겠다.

어린이에게 놀이는 생활이며, 교육이고, 삶의 전부다. 어린아기들은 자기 몸을 이용해서 논다. 자기 손을 입에 넣기도 하고 발을 끌어다 입에 넣기도 한다. 조금 더 크면 기어 다니면서 손에 닿는 대로 잡아보고 먹어보기도 한다. 아이들의 내면에서 성장 발달하고자 하는 욕구가 계속되면서 한 가지 호기심이 충족될 때까지 반복되고 거듭된다. 그리고 나아가서 집 밖의 세상이 어떠한지, 다른 사람은 또 어떤지 탐색한다. 이렇듯 아이들의 타고난 호기심은 학습의 동기가 된다. 끊임없이 온몸으로 체험하고 감각적으로 느끼면서 세상을 알고 싶어 한다. 공동육아는 이러한 아이들의 탐구 욕구에 맞게 '나들이와 체험'으로 삶을 알아가는 교육과정을 준비하고 있다. 성장기에 있는 아이들에게 주변의 어른이나 다른 아이들, 아이를 둘러싸고 있는 모든 것은 탐색의 대상이고, 즐거운 관계를 위한 놀잇감이 되며, 교육의 대상이 된다.

아이들은 양육자와 충분한 애착을 형성하여 자신을 둘러싼 환경이 신뢰할 만하다고 판단되면 관계를 확장하길 원한다. 즉 관계 확장의 준비가 된 것이라고 볼 수 있다. 반면, 아직도 엄마와 떨어지는 것이 불안하고 어렵다면 사회적인 관계로 확장할 준비가 덜 되어 있다고 볼 수 있을 것이다. 이 시점은 아이마다 기질적, 양육 환경적 차이가 있다.

어린이들에게 왜 그렇게 잠시도 가만있지 못하고 움직이냐고 말한 적이 있다면, 아이들의 발달 욕구에 대한 이해가 적은 것으로 봐야 한다. 신체나 마음이 지금 이 순간에도 자라고 있는 아이들은, 온몸의 신경세포가 즐거운 자극을 받아서 고르게 발달하기를 원하는 본능적·생존적 필요에 의해 움직이는 것이다. 공동육아는 이러한 어린이의 몸을 움직여 놀 권리를 보장하고자 한다. 노는 것은 어린이들의 권리다.

사람은 생물학적으로 나약하게 태어난다. 그러나 생득적이고 내재적인 성장 욕구에 따라 자신의 온몸을 통하여 체험하고 탐구하면서 갈등과 자기 조정을 통하여 인식을 확장해나간다. 즉 자기 변화를 이루어가는 것이다. 체험은 몸으로 겪는 활동과 놀이를 뜻한다.

몸으로 체험하는 놀이나 활동은 신체적 발달뿐만 아니라, 사회적 인간관계를 어떻게 맺어나갈지, 위험한 상황에서는 어떻게 대처해야 하는지, 정서적·인지적 체험을 하게 한다.

어떤 놀이가 됐든지 어린이에게 놀이는 생활이고 교육이며, 삶의 전부다.

어린이가 잘 놀지 않으면, "어디 몸이 좋지 않은가 보다"라고 어른들은 흔히 말한다. 잘 노는 아이는 건강하다는 것을 뜻한다. 어린이들이 몸을 움직여서 놀지 않으면, 어린이들의 신체는 미숙한 생활 체험으로 인해 결핍을 초래하게 되고, 온몸의 운동성 부족으로 건강한 체력을 길러나가기보다는 나약한 신체를 갖게 된다. 유아기에 반드시 이루어야 할 과업이 있다면 발달단계를 앞질러 다음 단계를 준비하는 것이 아니라, 평생을 살아갈 건강한 몸을 발달시켜나가는 것과 또래들과 관계를 잘 맺는 사회성을 익히는 것이라고 할 수 있다. 그 시기를 충분히 즐기고 누린 어린이는 인생의 다음 시기도 여유 있게 맞이할 것이고, 어려움도 극복해나갈 수 있는 힘을 갖기 마련이다.

어디에서 놀 것인가

아이들을 어디에서 놀게 할 것인가. 이제는 아무데서나 놀 수 없다. 도시 환경은 날이 갈수록 아이들에게 탐색의 흥미를 불러일으키기보다는 위험한 환경이 되고 있다. 안전한 아파트 안에서, 안전한 콘크리트 안에서 완제품 장난감을 가지고 놀거나, 혹은 매스미디어가 제공하는 삭막한 매체 중심의 자극 속에서 자발적이고 창의적인 놀이와 탐색을 제한당하고, 상상력과 창의력을 잃어가면서 살아가고 있는 것이 도시 어린이들의 현실이다.

어린이들이 노는 모습을 보면 주변의 모든 사물이 놀잇감이 된다. 텃밭에서 기어 다니는 개미나 땅강아지·무당벌레는 아이들에게 좋은 친구이자 놀잇감이다. 사실 요즘은 곤충들의 개체 수가 줄어서 모두가 보호의 대상이기는 하지만, 이름 없는 풀 잎새 하나, 들판에 부는 바람, 떨어지는 빗물, 햇볕, 처마 밑의 고드름 하나까지도 신기한 놀잇감이고 탐색의 대상이다.

공동육아는 아이들에게 자연 속에서 놀 권리를 보장하고자 한다. 숲 속을 걸으면서 새 소리에 귀 기울일 줄 아는 어린이로, 벌레나 나뭇잎의 자연적 아름다움을 느낄 수 있는 어린이로, 눈이 오면 눈을 즐기고 비가 오면 비를 반기는 어린이로 자라게 하는 것이, 자랄 수 있게 만들어 주는 것이 문명의 풍요함을 누리고 사는 기성세대가 아이들에게 돌려주어야 할 것이 아닌가.

건강한 어린이들의 공동체 체험을 위해서는 자연으로의 일상적 체험인 '나들이'가 있다. 공동육아 부모들은 아이들이 자연에서 놀 수 있도록 산자락 끝에 있는 마당 있는 집을 구하고, 아이들이 산으로 들판으로 쏘다니는 것을 보며 흐뭇해한다. 나들이를 통하여 또래와의 만남을 따뜻하게 기억하고, 자연과의 교감을 통하여 어린이의 인식과 경험의 세계를 넓혀 나간다. 자연은 모든 생명체가 어우러져 숨쉬는 생명의 근원이기 때문이다.

자연을 벗 삼아 뛰어노는 아이들은 스스로 탐색하고 교감하면서 생명의 소중함을 깨닫고 인식의 지평을 넓혀 간다.

어린이에게 탐색과 체험은 매우 중요한 놀이다. 그것은 어린이에게 끝없는 호기심을 충족시켜 나가는 동시에 또 다른 상상과 환상을 제공해줄 수 있다. 탐색과 체험의 공간인 자연은 어린이들에게는 무한한 학습의 장이다. 그러므로 어린이에게 다양한 생활 체험과 자연 체험, 그리고 그 속에서의 즐거운 놀이 체험은 아이들의 삶을 풍요롭게 한다. 아이들이 자연 속에서 어우러져 노는 모습은 그대로 자연이다. 그 속에서 아이들은 본성적 욕구를 발산하고, 호기심을 채울 무한한 공간적 확장을 체험하게 된다.

어린 시절 자연 속에서 놀면서 자란 어린이들이야말로 자연환경의 소중함을 아는 어른, 환경을 지켜 나가고 보존하려고 애쓰는 어른이 될 것이다. 자연 친화적 삶의 경험은 오늘날 인류의 염원이자 영원한 과제일 수밖에 없는 생태적인 삶을 살아가기 위한 출발점이다.

어떻게 놀아야 할까

그렇다면 어떻게 어린이들의 삶의 질을 향상시켜 주고, 인간관계를 소중히 하며 내일을 건강하게 살아갈 힘을 갖게 할 것인가. 그것은 우선 아이들은 놀아야 한다는 것을 인정하는 일이다. 놀아도 신나게 땀 흘려 놀아야 한다. 아이들의 눈동자가 가장 생생하게 빛날 때는 바로 놀이에 열중해 있을 때다.

아이들이 함께하는 놀이로는 전래놀이가 적당하다. 전래놀이는 무엇인가? 돌멩이 하나만 있어도 땅에선 비석치기·땅따먹기, 물에선 물수제비뜨기, 산에선 돌탑 쌓기·땅파기, 이외에도 여러 이름을 붙인 놀이가 무수히 많다. 몸을 움직이고 노래 부르며 노는 것이 대부분 전래놀이 속에서 가능하다. 최근에 산집에서는 '너리기 편지 기'(뒤에 별도로 소개)를 비롯해 '무궁화꽃이 피었습니다', '여우야 여우야', '우리 집에 왜 왔니 왜 왔니?' 등이 유행하고 있다. 산집에서는 일본에서 들어온 놀이라도 우리 아이들과 함께 놀 수 있는 좋은 놀이라면 새로운 전통으로 인정한다. 이것은 골프를 거부하지는 않지만, '골프는 고급문화이고, 비석치기는 저급문화'라는 의식만은 거부한다는 것이다. 하지만 화투와 같은 부정적인 놀이까지 인정하지는 않는다.

놀잇감이 없을 때, 아이들의 창의력은 더욱 빛난다. 아이들은 근본적으로 창의력이 있기 때문이다. 적어도 어른들이 옥죄고 다듬어서 그 창조력을 말살시키기 전까지는 말이다. 손톱이 벗겨지는 줄도 모르고 딱지치기를 하며 노는 아이들, 온몸으로 놀이에 열중하느라고 흘러내린 땀방울이 말라버린 꾀죄죄한 모습은 대견하고 아름답다. 특히 어린이들이 좋아하는 것은 또래들과 온몸으로 뒹굴고, 까르르 웃고, 다투며 노는 것이다. 그럴 때 친구의 소중함을 알게 되고, 다시 또 잘 놀기 위해서는 어떻게 지내야 하는지 등의 사회성을 배우게 된다. 혼자 노는 것은 함께 노는 것보다 기쁨이 적다. 아이들은 함께 놀면서 상호 이해와 협동을 배운다. 그것은 어린 시절부터 '누가 누가 잘하나' 하는 경쟁의식이 아니라, 다 함께 잘할 수 있어야 하고 함께 놀 수 있는 문화를 만들어 주는 것이 필요하다. 또래와 놀며 관계 맺기 하는 속에서 상대방을 이해하고 배려하는 마음을 키워나갈 수 있는 공동체성이 발달하는 것이다. 어릴 적 마을공동체가 함께 아이를 길러냈듯이 내 아이뿐만 아니라, 다른 아이들도 사회적 부모로서 관심을 갖고 돌보는 마음이 있을 때, 우리의 아이들이 다 함께 건강하게 자라날 수 있다. 그것은 다른 아이의 모습이 곧 내 아이의 환경이 될 수 있는 까닭이다.

공동육아는 이러한 아이들의 교육 환경과 삶을 향상시키고자 부모들이 주축이 되어 운영되고 있다. 조합을 이루어나가는 구성원들의 긴밀하고 상호 협조하는 공동체적인 모습은 아이들에게 그대로 삶의 방향을 제시할 거울이다.

나들이 이야기

도글이들의 첫 나들이 (16~24개월령)

김인숙(들꽃)

작은도글방 교사

실내에서 꽉 짜여진 하루 일과표대로 생활하는 일반 유치원에서 생활한 들꽃에게, 나들이는 세상에 대해 서툰 걸음마를 내딛는 두려움과 설렘, 그 자체였다.

24개월령의 영아반인 '작은도글방'은 아직 걸음이 서툴고, 환경 적응력이 부족하며, 면역력을 키워나가는 시기의 아이들로 구성된 방이다. 따라서 아이들의 건강 상태나 날씨에 따라 나들이 장소와 시간을 잘 조절해야 한다. 또한 교사의 손길이 큰방에 비해 더 많이 필요하기 때문에 나들이를 준비하는 과정에서도 많은 시간이 필요하고, 실외 활동에서 일어날 수 있는 안전사고에도 특히 주의해야 한다.

산집 작은도글이들의 일상 나들이는 산집에서 5~10분 거리에 있는 텃밭과 텃밭 주변의 개울가·오리 농장·놀이터 등에서 이루어진다. 매일의 짧은 여행이지만, 지속적으로 자연의 변화를 느끼고 체험하는 나들이가, 집에만 있던 어린아이들에게는 미지의 세계를 탐험하는 것과 다를 바 없다. 움직이는 것은 모두 살아있다고 생각하는 아이들에게 나들이에서 만나는 자연은 친구가 되고, 손을 잡고 가는 친구들은 세상이 된다.

나들이에 나선 작은도글이들. '궁금한 것은 참기 힘들다'는 듯 탐색에 나선 표정들이 사뭇 진지하다.

봄 텃밭 나들이

텃밭 주변에 돋아난 산나물과 냉이·꽃다지 등을 캐보고 냉이 뿌리를 잘 씻어서 함께 맛을 보면서 자연에 대한 감각 경험을 해 보았다. 도글이들에게 텃밭 나들이는 자연과 만나는 시간이고, 자연과 친숙해질 수 있는 공간이며, 자연을 이해할 수 있는 방법과 태도를 익히는 일상이다.

또한 봄에 텃밭에 심었던 고추·상추·토마토·옥수수·오이가 매일 조금씩 자라는 모습을 지켜볼 수 있었으며, 시간의 흐름에 따른 성장의 의미를 자연스럽게 배웠다. 봄 가뭄이 들어 방마다 번갈아 가며 텃밭에 물을 주기로 했다. 개울가에서 퍼낸 물을 물통에 담아 주면, 절반 이상은 가는 길에 흘리고, 또 절반은 옷에 흘리고, 그러고 난 나머지 물을 텃밭에 주었다. 걸음도 서툰 아이들에게 물통은 힘겨운 것이었지만, 아이들은 이것을 하나의 놀이로 여겼다. 때로는 스스로 물통에 물을 담아보겠다고 하다가 개울에 첨벙 빠지기도 하였다. 그렇게 정성스럽게 물을 준 대가로 토마토와 오이는 텃밭 나들이의 소중한 간식이 되었다.

봄에는 성주산에 서식하고 있는 새들과의 만남도 가질 수 있다. 텃밭 주변인 오리 농장을 다니면서 전선 위에서 지저귀는 뻐꾸기를 보기도 하고, 길 한가운데를 걸어가는 꿩을 만나기도 하였다. 한결이 는 나들이에서 돌아와 산집에 있는 책(새의 모습을 찍은 사진을 엮은 책)을 찾아서 뻐꾸기의 모습을 확인하였다.

여름 텃밭 나들이

봄에 정성을 들인 덕분에 여름에는 텃밭을 오고가며 부지런히 토마토와 오이를 따먹었다. 이제 텃밭 나들이는 일상이 되었고, 산집에 오는 활기가 되었다.

> 오전에 한결이가 엄마와 헤어지면서 텃밭에 가자고 해서 지수랑 함께 아침에 텃밭에 올라갔지요. 요사이 비가 와서 텃밭에 가지 못했는데, 오늘 보니 토마토가 제법 발그레하게 익었습니다. 토마토 도 따먹고, 오이도 먹음직하게 열려 있어서 함께 따먹으면서 내려왔 어요.　　　　　　　　　　(2002년 8월 23일, 이지수 날적이에서)

여름 텃밭은 무당벌레·메뚜기·나비·잠자리 등 곤충들과 만나는 기회를 준다. 떼를 지어 날아다니는 잠자리를 잡아보겠다며 서툰 헛손질을 하늘에 그려보기도 했다. 벌레들을 자주 접하면서 겁이 없는 아이들은 손으로 잡고 죽이려고 한다. 우리에게 피해를 주는 파리나 모기 등은 죽일 수도 있지만, 우리에게 피해를 주지 않는 벌레들은 함부로 죽이지 말자고 이야기해 주었다. 벌레들에게도 생명이 있으니 아무리 작아 보이고 쓸모없어 보여도 함부로 던지거나 죽이지 말고 조심스럽게 만지거나 관찰하고 나서 벌레들이 원래 있었던 곳에 놓아주도록 했다.

여름 나들이를 시원하게 즐기는 방법을 궁리하던 중 텃밭 위에서 큼직한 밤나무를 발견했다. 그 아래 드리워진 그늘이라면 아이들과 함께 더위를 식히고, 시원한 바람을 쐬며 놀기에 안성맞춤이라고 생각했다. 개울가에서 옆새우를 관찰하고, 발도 담가 보면서 신나게 놀고 나서, 밤나무 그늘에 자리를 깔고 싸가지고 온 비빔밥을 나눠 먹었다. 약간 매운 맛의 비빔밥을 "와! 맛있다. 나, 더 먹을래" 하면서 한 그릇을 깨끗하게 비우고, 깔아놓은 자리에 누워서 나뭇잎 사이로 보이는 여름 하늘도 바라보고, 구름 모양에 이름도 붙여주면서 시원한 여름 나들이를 즐겼다. 나뭇잎을 흔들어대며 산바람이 불어올 때면 두 손을 바람에 갖다대면서 시원한 접촉을 시도해보았다. 산들거리는 바람이 손을 간질이는 감촉이 상쾌한 자극을 주었는지, 갑자기 지수가 두 손을 하늘을 향해 뻗으며 "와~ 좋다!"를 연발하면서 콩콩 뛰기 시작했다. 옆에서 지켜보던 한결이도 따라 뛰면서 소리친다. 자연으로부터 받은 생기와 활력을 기쁨과 감동으로 다시 자연에게 되돌려주는 듯했다. 지속적으로 이루어진 나들이를 통해 아이들은 자연과 교류하는 방법을 알게 된 것 같다. 나들이 시간을 기다리고, 나들이를 일상으로 느끼며, 자연을 그렇게 이해하고 있었다.

가을 텃밭 나들이

여름 내내 텃밭에서 '자연'과 친숙해진 아이들이 이젠 '자연'을 친구로 여기게 되었다. 텃밭을 찾아오는 새들, 하늘의 구름과 곧잘 대화를 나누었다. 새들이 아파서 지저귀는 것일지도 모른다는 들꽃의 말에 "우리 집에 놀러오면 아픈 곳에 약 발라 줄게" 하면서 말을 걸어 보기도 하였다. 그리고 토마토와 오이가 더 이상 열리지 않고, 잎이 누렇게 말라가는 모습을 보면서 섭섭한 눈치를 보이기도 했다. 계절의 변화와 시간의 흐름에 따른 감정의 변화도 아이들은 느끼고 있었다.

가을 텃밭에서는 잘 생긴 감자를 뿌리째 뽑아 보고, 참깨 타작을 하면서 가을걷이를 경험하였다. 할머니께서 돌을 들어 참깨를 두드리시는 것을 지켜보던 아이들은 너나없이 저마다 손에 돌을 집어 들고 참깨를 두드리면서 참깨 타작에 열을 올렸다. 그리고 주변에서 단풍잎과 은행잎들을 주워 가을에 볼 수 있는 색깔을 경험해보았다.

김장을 위해 심어놓은 배추가 자라는 모습도 보고, 노르스름한 배추 속잎을 씹으면서 담백한 단맛을 느껴보기도 했다. 김장을 하려고 배추를 뽑아 나르는 작업을 하는 날, 도글이들은 장갑과 겉옷으로 무장하고 나섰다. 인형을 업고 엄마놀이를 하던 수민이는 인형을 업고 텃밭에 올라가 배추를 날랐다. 이웃집 고구마 밭에서 혹시 남아 있을 고구마를 찾아보는 재미에는 더 큰 의미가 있었다. 그것은 자기들의 손마디만한 고구마를 발견하여 엄마 선물로 주머니에

챙겨두는 마음이었다.

겨울 텃밭 나들이

아이들은 단단히 무장을 하고 겨울을 만나기 위해서 나들이 길을
나선다. 텃밭의 나들이 길에서는 낙엽 위에 하얗게 덮여있는 서리를
보고 '차갑다' 또는 '손이 시리다' 등의 느낌을 이야기하면서 얼어붙
어가는 식물과 자연을 지켜보았다. 그리고 얼어있는 개울에 돌을
던져보면서 얼음을 관찰하기도 하였다. 개울이 꽁꽁 언 날에는 아빠
들이 정성들여 만든 썰매를 가지고 가서 썰매를 타보기도 했다.

겨울 추위 속에서도 파란 잎을 삐죽이 내보이며 돋아나는 보리를
보러 텃밭에 갔다. 볏짚을 구해서 덮어주기로 했었는데, 그때까지도
마땅한 볏짚을 구하지 못해 전전긍긍했으나, 보리는 추위와 전면적
으로 씨름하면서 나름대로 힘차게 싹을 틔워내고 있었다. 이제 막
싹을 틔워낸 보리의 생명력과, 봄이 될 때까지 잘 자라 알곡이 알차게
여물어서 열매맺는 모습을 아이들에게 보여주고 싶었다. 그래서
아이들에게 보리가 추워 보이니까 우리가 풀짚을 뜯어 와서 덮어주자
고 제안했다. 아이들은 풀짚을 뜯어 와서 "보리야, 추우니까 우리가
따뜻하게 해 줄게. 잘 자라라" 하는 격려의 말을 하면서 추위에
떨고 있는 보리를 돌봐주는 따뜻한 모습을 보여주기도 했다.

다 말라서 초라해 보이는 풀짚도 또 다른 생명의 탄생을 위해
쓰인다는, 단순하면서도 자연스러운 자연의 질서와 지혜를 엿보게
되었다. 인간도 자연의 일부이므로 이러한 공존의 원리를 어릴 때부
터 몸으로 익히고 관계를 맺어 간다면, 건강한 자연에서 좀더 풍요로
운 삶을 살 수 있지 않을까 싶다.

쉼 없는 변화와 신비스런 비밀을 간직한 자연은 그 자체만으로도 우리들에게 풍부한 이야기와 감동들을 들려주고 보여주며 느껴볼 수 있도록 하는 말없는 교사라 생각된다. 자연은 아이들이 자라는 데 꼭 필요한 친구요, 놀잇감이요, 놀이터요, 평화로움과 따뜻함을 안겨주는 안식처다.

이렇게 자연과 사람과의 떼려야 뗄 수 없는 관계에서 인간과 자연은 한몸이라는 생각이 든다. 이제 막 세상에 대해서 눈을 뜨고 공동체적 삶을 시작하는 아이들에게 자연은 교류와 사귐의 기쁨을 알게 해주는 역할을 한다. 나들이를 통해 친숙해진 자연은 앞으로 우리 아이들에게 사물과 사람들과의 관계를 자연스럽게 형성해나갈 수 있도록 올바른 자세와 가르침을 줄 것이다.

도글이들의 세상만나기 (3~4살)

김성희(기린)

큰도글방 교사

우리는 건강하게 살기 위해서 매일 적당한 양의 음식을 먹고, 그것을 소화시켜 필요한 영양소를 만들어낸다. 나들이도 이와 마찬가지다. 매일매일 자연을 찾아나가고, 그 과정에서 '나'는 자연·사람·사물 등 다른 세계와 관계를 맺으면서 삶에 필요한 영양소를 만들기 때문이다. 나들이 길에서 인간관계를 넓히고, 공간 지각력도 키우면서 아이들은 자신감을 갖게 된다. 3~4살 아이들로 구성된 '큰도글방'은 이런 점에 초점을 맞춰 나들이가 이루어졌다. 등원 시기가 1년 이상 차이 나는 아이들과의 관계 형성도 나들이를 통해 많은 부분을 이루어낼 수 있었다.

일상 나들이를 통해 아이들은 여러 사람들과 만난다. 산집을 나서면 우선 평상에 앉아계시는 인심 좋은 할아버지와 할머니께 인사를 한다. 길에서 자주 만나는 사람들에게도 인사를 한다. 가족, 산집 친구들, 교사들뿐만 아니라, 나들이 길에서 만나는 동네사람들까지도 생활의 일부로 받아들이기 시작한 것이다. 특히 정민이는 나들이 길에서 어른들께 인사를 하면서 산집 생활에 적응해갔다.

나들이 갈 때 지켜야 할 규칙은 아이들과 함께 정했다. 어른과 함께 가기, 그리고 손을 꼭 잡고 가기, 차가 오면 부지런히 갓길로 피하기, 어른의 말을 귀담아 듣기. 우리가 정한 규칙을 다시 한번 이야기해준 다음, 오밀조밀 작은 손을 기린 손 위에 올리고 "파이팅!"을 외치고 출발한다. 규칙을 스스로 정한 아이들은 조심성 있게 규칙을 잘 지키며 나들이를 다녔다.

원두막 나들이 (2002.10.18.)

원두막은 큰도글이들이 자주 가는 나들이 장소다. 오감을 자극하는 자연을 느낄 수 있으며, 익숙한 곳이기 때문에 탐색보다는 놀이에 더 열중할 수 있다. 아이들은 그곳에서 소리지르기와 노래부르기를 했다. 소리에 귀 기울이다가 생각나는 낱말이 나오면, 그 낱말에서 연상되는 노래를 부르기도 했다. 혼자만 노래를 불렀던 정민이도 시간이 흐를수록 자연스럽게 친구들과 함께 노래를 불렀다.

원두막 주변의 모든 것은 아이들의 놀잇감이다. 특히 부러진 나뭇가지를 꺾으며 힘자랑을 하고, 나뭇가지로 젓가락질을 하기도 하고, 나뭇가지와 나뭇잎으로 공룡·만두·집·기찻길 등을 만들어 보이기도 했다. 이런 놀이는 아이들의 소근육 발달에 영향을 주었고, 젓가락과 가위를 잘 사용할 수 있게 했다.

원두막에서 아이들이 가장 좋아하는 놀이는 손을 잡고 동그라미를 만든 후, 노래를 부르면서 빙빙 도는 것이다.

> 손을 잡고 오른쪽으로 빙빙 돌아라! 헤이!
> 손을 잡고 왼쪽으로 빙빙 돌아라! 헤이!

놀이를 마치면 아이들은 강강술래를 한다. 손을 놓아 원이 끊어지면 강강술래가 안 된다는 사실을 알기 때문에 아이들은 서로의 손을 놓치지 않으려고 안간힘을 쓰며, 점점 흥이 나서 더 빠르게 움직이면서 신나게 뛰어논다. 쉬기 위해 앉은 아이들은 또 다른 놀이를 한다. 돌멩이를 모아서 수 세기를 하기도 하고, 주머니에 넣어두고 며칠 동안 만지작거리기도 한다.

산집으로 돌아오는 길에 아이들이 까만 씨앗을 주워서 손바닥에 올려놓고서 주고받은 얘기다.

> 유림 : 기린, 이거 뭐야?
> 정민 : 이거 쥐똥이지?(쥐똥나무를 생각한 것 같다.)
> 지수 : 이거 토끼똥이지?
> 기린 : 글쎄 뭘까? 냄새 한번 맡아볼까? 그럼 알 수 있겠지?
> (냄새를 맡아본다.)
> 은별 : 냄새 안 나잖아.
> 도혜 : 냄새 안 나.
> 지수 : (돌멩이로 까만 씨앗을 쿵쿵 깨뜨리고 냄새를 맡는다.)
> 유림 : 아무 냄새도 안 나. 그러면 한번 깨물어봐?
> 은별 : (말이 끝나기도 전에 단단한 씨를 깨물어본다.) 맛이 없어.

뒷산 나들이 (2002.10.31.)

성주산이 가을을 맞으면서 또 다른 변화를 보인다. 아이들의 예리한 눈은 나뭇잎이 돌돌 말려있는 것을 찾아냈고, 그것이 벌레집이라는 것도 알아냈다. 유림이는 친구들에게 '벌레집'이라고 알려주며 직접 손으로 까서 보여주고는 손에 쥐고 놓칠까봐 조바심을 낸다. 다른 아이들이 나뭇잎 위에 올려 달라고 말하였지만, 유림이는 자기가 그렇게 할 거라면서 절대 손을 펴지 않는다. "유림아, 한번만 보여줘." "싫어, 내가 가지고 있을 거야" 하면서 주머니에 넣는다. 옆에서 지수가 주머니에 넣으면 벌레가 다친다고 알려주면 유림이는 더 손을 오므리며 주머니에서 벌레를 보호한다. 아이들을 모아놓고 동그랗게 생긴 아기벌레를 나뭇잎 위에 올려놓아주며 잘 지내라고 인사하였다. 나들이에서 발견한 벌레를 통해서 아이들은 예리하게 관찰하는 힘과 서로 생각을 나누며 생명의 소중함을 일깨워줄 줄도 알게 된다.

아이들에게는 나뭇잎 속에 숨어있는 벌레 한 마리, 오솔길에 떨어진 씨앗 한 톨이 모두 신기한 관찰대상이다. 뭔가를 발견한 모양이다.

텃밭 나들이 (2002.11. 1.)

유림이는 벌레잡기를 좋아하는 아이다. 유림이 덕분에 나들이 길에서 볼거리가 많아졌다. 메뚜기를 잡으러 텃밭으로 나들이를 갔다. 메뚜기 찾기는 쉽지 않았다. 그 때, 애벌레 한 마리를 찾았다. 깻단 옆에서 애벌레가 다른 장소로 이동을 하는 중이었던 것 같다. 지금까지 보았던 애벌레보다 훨씬 커서 아이들은 모두 놀란 표정을 한다. 그러나 벌레를 좋아하는 유림이는 손으로 덥석 잡아본다. 머리 부분에 약간 기다란 뿔 모양이 2개나 있어서 손을 물릴 수도 있다고 말했지만, 유림이는 놓을 생각을 안했다. 무섭기도 하지만, 관심을 가지고 있는 친구들을 위해 손에 쥔 애벌레를 내려놓고 살펴보자고 유림이에게 말했다. 호랑나비 애벌레였다. 호기심에 가득 찬 아이들에게 머리·가슴·배 부분을 만지며 알려주었다. 산집으로 돌아와 달팽이 그림 동화『넌, 누구니?』를 통해 호랑나비 애벌레에 대해 구체적으로 알아보았다. 털이 달린 옷을 입고 나와 새똥 모양으로 변했다가 시간이 지나면 초록색 애벌레 변한다. 이때쯤에는 아주 재미있는 생태를 보인다. 적에게 발견되어 위급한 상황에 처하면 노란 뿔을 쳐들고 구린내를 풍겨 적을 쫓는 것이다. 한잠을 더 자면 번데기가 되어 겨울잠을 자고난 후에 호랑나비가 된다. 호랑나비 애벌레를 직접 본 아이들은 그 호랑나비가 봄에 우리한테 날아온다는 사실을 기억하게 되었다.

아이들에게 호랑나비 애벌레를 보았던 것은 매우 인상적인 일이었다. 그래서 산집에 돌아와 관련 내용을 찾아보고, 또 다른 나비를 보아도 그 때를 기억하며 반가움을 표현한다. 하얀 나비를 봐도 호랑나비 애벌레를 보았을 때와 같은 관심을 가진다. 기억하면서 흥미를 보인다. 이런 것들은 나들이 경험을 통해서 얻은 중요한 교육효과다. 자연을 이해하는 모습이 보였다. 그 시간을 같이했던 친구들과 흥분의 도가니가 된다. 이렇게 나비의 일생을 관찰해보면서 다른 자료와 연계해 얻은 성과는 나들이를 통한 색다른 경험이다.

성주산 나들이 (2002.11. 7.)

자연을 통해 우리는 계절 감각을 기른다. 아이들은 계절의 변화에 대한 인상과 재미있었던 놀이들을 기억한다. "우리 이거 했었지", "우리 이거 먹어 봤지"라고 하면서 자연스럽게 계절과 생활을 익힌다.

바람만 불어도 아이들은 "살랑 살랑 살랑 살랑 살랑 살랑 가을바람 살랑 불어옵니다. 뱅글 뱅글 뱅글 단풍잎, 뱅글 뱅글 뱅글 은행잎, 살랑 살랑 살랑 살랑 살랑 살랑 가을바람 살랑 불어옵니다"를 부르면서 나들이 간다.

"얘들아! 잘 들어 봐, 나뭇잎이 떨어지는 소리가 들린다"라고 하면 모두 숨을 죽이고 가만히 그 자리에 서서 소리를 듣는다. 성주산은 조용하고, 숲속의 소리에 귀 기울이는 아이들의 모습은 한 폭의 그림 같다. 큰도글방 아이들이 성주산으로 나들이를 가면, 성주산을 오르내리는 사람들이 모두 한 마디씩 인사를 한다. 기린이 5명의 아이를 낳아서 데리고 온 줄로 생각하는 사람도 있으며, 다섯 쌍둥이로 생각하는 사람도 있다. 아이들이 산을 타는 모습을 보거나 놀이하는 모습을 보면서 흐뭇한 미소를 보내는 사람도 있다. 예쁘고 어린 아이들이 산을 잘 오른다며 사탕 등의 선물을 주는 사람도 있다. 성주산 산행은 얻는 것이 많은 나들이 코스다.

성주산 입구에서 노래를 부르며, 서로 관심 있는 이야기를 나누며 오를 때였다. 갑자기 푸드득 하며 꿩 한 마리가 날아갔다.

> 기린 : 어! 꿩이 날아가네.
> 정민 : 꿩은 자일리톨이야.
> 유림 : 자일리톨은 껌이야.

꿩을 본 적이 없는 아이들에게 '꿩'이 '껌'으로 들리고 말았다. 그러나 상호작용인 대화를 통해 상상력을 펼 수 있는 것은, 일방적 관계를 가지고 있는 TV나 책에서는 얻을 수 없는 실감나는 경험임에 틀림없다. 나들이는 그래서 아이들에게 더 넓은 관계를 맺을 수 있도록 해준다.

어린이 공원 나들이 (2002.11.15.)

"우리, 오늘 나들이 어디로 갈까?"

"악어 약수터, 어린이 공원, 원두막……."

의견이 분분하다. 오늘은 어린이 공원으로 나들이를 가기로 합의를 하고 떠나려고 하자, 또 갈등이 생겼다. 두 명의 아이들이 한 아이와 손을 잡고 싶다고 했고, 그 아이는 교사와 손을 잡고 싶다는 것이다. '좋다'와 '싫다'가 분명한 아이들이 이런 갈등 상황을 해결한다는 게 그리 쉬운 일은 아니다. 그 한 아이의 왼쪽 손은 교사가, 오른쪽 손은 두 아이가 잡고 가기로 했다. 그러나 한 손을 두 아이가 잡고 가는 것이 쉬운 일이 아니라는 것을 깨달은 아이가 다른 친구의 손을 잡겠다고 함으로써 갈등은 해결되었다.

어린이 공원에 도착하여 분수대에서 얼음 한 덩어리를 발견한 아이들은 얼음을 깨며 얼음 가게 놀이를 한다. "얼음 얼마에요?", "100원이에요.", "너무 비싸요.", "그래도 줘요.", "오늘 얼음 가게 문 닫았어요 장사 끝났어요" 나름대로 이야기를 전개하면서 아이들이 놀이를 한다.

기린 : 얘들아, 얼음이 왜 생기지?

지수 : 겨울이라서.

정민 : 추운 겨울이라서.

햇빛·물·바람·나무·풀·벌레소리와 함께 나들이를 하면서 큰도글이들은 움직이고 걷고 '앵금질'(앙감질, 한 발로만 뛰어가는 것)하며 뛰었다. 그렇게 1년, 사계절을 보낸 아이들은 신체의 움직임이 더욱 안정되고, 유연해졌으며, 능숙하게 속도를 조절할 수 있을 정도로 대근육이 발달되었다. 또한 오르막길·내리막길·비탈길·좁은 길을 다니면서 민첩성을 기를 수 있었다. 나무타기, 나무에 매달리기, 놀이터에서 놀이기구 타기를 통해서 균형감각과 신체 각 부분 간의 협응력을 기를 수 있었다. 나뭇가지를 이용한 물건 옮기기를 통해서 아이들의 소근육을 기를 수 있었다.

이렇게 교육 목표만을 위해 기계적으로 훈련하는 것이 아니라, 생활 속에서 자연을 접하고, 자연 속에서 생활하는 동안 아이들은 그렇게 스스로 성장하고 있었다. 인간은 아는 만큼 느낀다고 한다. 아이들을 지켜보면서 아이들의 말과 몸짓의 의미를 더 깊이 느끼게 되었고, 더 깊이 있게 아이들을 사랑하고 교육할 수 있게 되었다.

당실표 비빔밥 (4살)

안은향(미니)

당실방 교사

도시락 나들이 (2002. 5. 9.)

솔솔 불어오는 봄바람 속에 아카시아 향기가 가득하다. 너무 덥지도 않고 춥지도 않고 정말로 딱 좋은 계절이다. 그래서 5월을 계절의 여왕이라고 말하는 듯하다. 딱히 어딜 가자고 아이들과 이야기한 것은 아니었지만, 돗자리를 챙기고 접시와 수저를 찾는 아이들의 움직임이 자연스럽다. 날씨가 좋은 요즈음, '도시락 나들이'를 하고 있기 때문이다.

'손쉽게 만들 수 있다, 이동할 때 간편하다, 맛있다'라는 세 가지 조건을 모두 갖춘 도시락을 만들기 위해 가장 중요한 것은 '밥'이다. 먼저 냉장고를 열어 어제 먹고 남은 반찬들을 확인한다. 멸치볶음·시금치무침·콩나물무침·졸인 연근·김치 등(나들이는 오전에 출발하기 때문에 반찬까지 준비하기엔 시간적 여유가 없다. 그리고 가끔 반찬이 푸짐하게 남은 날이 있다)을 가위와 칼로 잘게 자른다. 간혹 크게 잘라진 야채 반찬의 정체가 밝혀지면, 아이들이 먹기를 거부하기 때문이다. 커다란 냄비에 밥과 반찬을 모두 집어넣고 참기름을 조금 떨어뜨린 다음 쓱쓱 비빈다. 그리고 마지막으로 간장으로 간을 맞추면, 세상에서 제일 맛있는 '당실표 비빔밥'이 완성된다. 가끔 엄소(정규연, 영양교사)가 시간 여유가 있는 날은 맛있는 계란프라이를 얹어갈 수 있다.

아이들과 짐(수저·접시·비빔밥·물·물수건·국 조금·돗자리 등)을 이고 지고 산을 오르려면 힘들기도 하지만, 마음만은 마냥 즐겁다. 앉아서 먹을 수 있는 적당한 장소(아궁이 또는 배드민턴장)를 잡고, 아이들이 뛰어 노는 동안 미니는 돗자리를 펴고 비빔밥을 아이들의 그릇에 각각 담는다. 배가 고팠는지 세연이가 친구들과 놀다 말고 달려와서 미니를 도와주겠다고 한다. 그러고는 손으로 접시에 담겨진 비빔밥을 집어먹으려고 한다.

세연 : 배고프다, 빨리 먹자.
미니 : 손을 닦고 먹어야지. 이제 친구들 불러와. 물수건으로
　　　　손 닦고 먹자.

3~4명씩 짝이 되어 모여 앉은 다음, 숟가락을 들고 비빔밥을 나누어 먹는다. 참 신기하다. 터전에서는 아무리 맛있는 점심 반찬이 있어도 꼼지락거리며 한 수저 뜨는 것이 힘이 드는데, 나들이 와서 먹는 밥은 특별히 맛있는 반찬도 없고, 자리도 불편한데도 "먹어라" 하는 잔소리를 하지 않아도 맛있게 잘 먹는다. 달콤한 아카시아 향내와 따스하게 스며드는 봄바람. 아마도 아이들이 잘 먹는 이유는 자연과 함께 있기 때문이 아닐까 싶다.

불피우기 (2002.11. 6.)

11월. 겨울의 문턱에 들어섰다. 머리 위로 엷은 햇살이 내려앉는다. 찬바람이 소매 속으로 파고들기는 하지만, '당실방' 아이들은 여전히 산집 여기저기를 몰려다니며 재미있게 논다. 갑자기 기온이 떨어진 탓에 다시 한번 아이들 옷매무새를 확인하는데, 외투는 물론 신발도 신지 않고 열심히 자전거를 타는 준택이의 모습이 눈에 들어온다.

> 미니 : 준택아, 나들이 갈 때 외투도 안 입고, 이렇게 신발도
> 안 신어도 되니?
> 준택 : 아~이, 아~이.(아니, 아니.)

　한번 이야기를 했는데 다 들어 주는 것을 보니, 오늘 준택이 기분이 좋은가 보다. 방으로 뛰어 들어가더니, 옷을 찾아 가지고 나와 입는 것을 도와 달라고 하며 씩 웃는다. 요 근래 아이들은 참 바쁘다. '불피우기'에 재미를 붙인 후부터 아침마다 나무를 해오기 때문이다. 물·휴지·연고 등, 기본 준비물 등을 챙기고 아이들의 이름을 부른다. 그런데 아무리 살펴봐도 규진이가 보이지 않는다. 어디선가 '낑낑'대는 소리가 들리더니, 급기야 울음소리가 터진다. 자동차를 비롯해 유난히 바퀴달린 이동 기계에 관심이 많은 규진이가 나무를 해올 때 쓰는 캐리어를 가지고 나오려다가 손가락이 손잡이에 낀 것이다. 다행히 심하지는 않았지만, 작은 멍이 들었다.

　세상 떠나갈 듯이 울었으면서도, 굳이 캐리어를 자기가 끌고 가겠다고 한다. 가파른 길이 나타나자, 가다가 멈추고, 가다가 멈추고를 반복한다. 그래도 절대로 미니에게 넘기지 않는다. 정말 미운(?) 4살의 고집.

　갑자기 추워진 날씨 때문인지 개울에 살얼음이 얼었다. 호기심 많은 아이들이 그냥 지나칠 리 없다. 한 명, 두 명 뛰어 내려가더니, 평소에 미니 곁에서 떨어지지 않던 세연이까지, 절대 캐리어에서 손을 떼지 않을 것 같던 규진이 역시 어느새 캐리어를 저만치에 팽개쳐놓고는 개울가에서 신이나 있다.

나들이 초기에는 아이들이 옷이 더러워질까봐 조심스러워하면서
잘 놀지 못했다. 그래서 빨래는 세탁기가 해주니 걱정하지 말고
놀자고 말하며, '빨래는 세탁기가!'라는 당실방 제2의 방훈을 만들었
다. 그런데 이렇게 아이들이 되받을 줄이야……. 살얼음이 모두 부서
지고 나서야 만족스럽다는 듯이 손을 바지에 쓱쓱 문지르며 다시
길을 나선다.

"얘들아, 너희 어디 가니?" 나들이를 갈 때면 동네 할아버지·할머
니들을 종종 만나게 된다. 다른 건 '미운 4살'이지만, 인사하는 것만큼
은 '예의바른 4살'인 당실이들. 멀리서도 동네 어른들이 보이면 먼저
달려가 반갑게 인사를 한다.

"안녕하세요" 인사성 밝은 당실이들 덕분에 가끔씩 생각지 않았던
간식이 생기기도 한다. 어른들이 등산하면서 준비한 사탕이나 초콜
릿 등을 나누어 주시기 때문이다. 여느 때처럼 인사하는 모습을
흐뭇하게 바라보던 참이었다.

할아버지 : 너희들 뭐 하러 가니?
성배 : 불장난이요, 불장난. (성배가 아주 자신 있게, 자랑하듯이
　　　대답하는 순간, 할아버지의 눈빛이 미니에게로 향한다.)
할아버지 : 불장난이라니……. 어른이 아이들 데리고 불장난을
　　　하면 되나?

할아버지는 미니에게 변명할 기회도 주지 않고 역정을 내시며 성큼성큼 산을 내려가신다. 아이들은 아는지 모르는지, 미니가 할아버지께 꾸중을 듣는 동안 벌써 저 앞으로 뛰어가면서 말한다. "미니, 빨리 와." 아이들과 불장난을 시작하면서 놀이 명칭 때문에 고민한 적이 있다. '불장난, 꼭 장난 같다'는 생각이 들었다. 하지만 거창한 교육 내용을 목표로 하고 시작한 놀이가 아니라, 나들이 시간에 재미있게 한 놀이기 때문에 '불 관찰'이라든지, '불을 이용한 동작 활동' 등으로 부르는 것보다는 '불장난'이 자연스럽고 더 잘 어울린다는 생각이 들었다.

인간은 불을 사용하기 시작하면서 문화를 형성했다. 당실이들은 이곳을 '당실 아궁이'라고 부르고, 직접 해온 나무로 불을 피워 감자와 고구마를 구워먹으며 웃음꽃을 피우기도 한다.

당실이들은 처음 나들이를 갈 때만 해도 자기 발에 걸려 넘어지곤 하는, 걸음이 서툰 어린아이들이었다. 그런데 어느새 미니가 아이들의 걸음을 따라 잡기 어려울 정도로 산을 타는 아이들의 걸음이 빠르고 정확해졌다.

> 정태 : 미니, 이거 썩은 거야?
> 미니 : 야~, 이거 잘 썩었다. 잘 주웠는데.

나뭇잎은 잘 타지만 금방 꺼지고, 생나무는 연기만 나고 잘 타지 않는다. 썩은 나무는 잘 타고 불길도 오래간다. 불장난을 계속 하다 보니 아이들도 '불을 이용한 동작 활동'에 조금씩 달인이 되어가고 있었다.

땔나무가 어느 정도 모아지면, 저마다 마음에 드는 긴 나뭇가지를 손에 들거나 허리에 차고, 또 다른 놀이를 한다. 나쁜 놈을 잡는 일명 '나쁜놈놀이'. 하지만 놀이를 하다 보면, 모두가 착한 놈이 되어 있다. 아이들이 말하는 '나쁜놈놀이'에서 도대체 나쁜 놈은 어디에 있는지, 나쁜 놈을 찾아보기란 정말 어렵다.

오전에는 산에 가서 땔나무를 해오고, 오후에는 감자와 고구마를 텃밭에 가지고 가서 구워먹었다. 그 곳을 우리는 '당실 아궁이'라고 말한다. 10월 즈음, 매일 가는 텃밭 옆에 당실이들은 그 조그마한 손으로 주위에 있는 여러 가지 크기의 돌을 모아 제법 그럴듯한 아궁이를 만들었다. 그 날 이후, 미니와 아이들은 땔나무를 아궁이에 넣어 불을 피우고, 아궁이 주위에 둘러앉아 아궁이 속에서 나오는 연기에 눈을 깜빡이면서 즐거워했다. 주위가 조금씩 어둑어둑해지고, 아궁이에 넣은 땔나무들이 숯이 될 즈음이면, 감자와 고구마도 익어가고 있었다. 아이들 입 속에는 벌써 한입 가득 침이 고여 있었다.

세연 : 아~배고프다.

미니 : 좀 전에 우리 새참 먹고 왔잖아.

현선 : 그래도 배고프지?

정태 : 그런데, 난 고구마가 좋아.

준택 : 나도 고구마 먹어(먹을 거야).

규진 : 나도, 어…… 고구마가 좋아.

혜원 : 그런데, 자꾸 연기가 나한테로 와.

미니 : 연기가 혜원이를 좋아하나보다.

성배 : (벌떡 일어서며) 나도 혜원이 좋아해.

규범 : (타오르는 불티를 바라보며) 봐, 봐. 별이야, 별!

미니 : 정말 별 같다.

현선 : 애기 별이야, 애기 별.

성배 : 우리 엄마도 뱃속에 달님이 있어. 어~달님이는 심장이 있어.

세연 : 나도 세빈(세연이 동생)이 보고 싶다.

이런 저런 이야기가 오고가는 동안 구수한 감자와 고구마 냄새가 아궁이 주위로 가득하다. 꼬챙이 나무로 익은 감자와 고구마를 하나씩 하나씩 꺼내는데, 어디선가 아이들을 찾는 엄마·아빠들의 소리가 들려온다. 무슨 약속이라도 한 것처럼, 아마들도 아이들을 데려가는 것을 잊은 채 자연스럽게 아이들 곁에서 기꺼이 불장난에 동참한다. 방금 꺼낸 군감자와 군고구마는 뜨겁기 때문에 아마들과 미니가 껍질을 반쯤 까서 아이들 손에 쥐어준다. 아이들이나 어른들이나 입 주위에 검은 그을음을 묻힌 채 웃음이 가득하다. 아마들은 어린 시절로 돌아간 듯 옛 시절 이야기로 웃음꽃을 피우고, 아이들은 군감자와 군고구마를 입에 물고 마냥 즐겁다. 그리고 우리 곁을 지켜 주는 당실 아궁이의 불꽃. 그렇게 따뜻한 초겨울 밤이 지나고 있었다.

언어의 연금술사, 덩쿵이들 (5살)

권원영(오이)
덩더쿵방 교사

공동육아에서 첫나들이 (2003. 1.20.)

그렇게도 바라던 공동육아 어린이집에 첫 출근을 하는 날이었다. 산집에 발을 들여놓기도 전에 길거리에서 차에 실려 먼 나들이 길에 동참하는 기막힌 일이 발생하였다. 사전에 연락을 받은 것이 없었기 때문에 당혹스러웠지만, 그래도 차 안에서 만난 아이들의 대화에 몰두하느라고 그 당혹감도 금세 사라졌다. 밀폐된 차 안에서 처음으로 만나는 아이들. 공동육아 어린이집의 아이들은 생기가 넘쳐흐른다고 듣기는 했지만, 아이들의 밝고 맑은 모습과 생기의 강도는 기대 이상이라는 것을 온몸으로 느끼는 순간이었다.

아이들은 소래산으로 나들이를 간다고 말했다. 큰일이다. 산이라면 고개를 설레설레 흔들 정도로 질색이던 나였고, 그 날의 차림새 또한 산을 오르내리기에는 적절하지 못했기 때문이다. 훗날 모 교사는 '도로시 신발'을 신고 산을 탔던 나의 무지함에 살포시 편잔을 주기도 했다.

소래산 입구에 내려 산을 오르려고 준비하는 아이들을 둘러보니, '휴~우' 하는 한숨이 흘러나왔다. 계단을 오르내리는 것조차 힘들어 보일 법한 올망졸망한 아이들이 여러 명 눈에 띄었기 때문이다. 어쨌든 시간은 흘러 배웅 나온 아마들과 작별을 하고, 나 또한 근심과 작별을 하고 산을 오르기 시작했다. 해발 299.4m의 바위산인 소래산은, 북쪽으로는 계양산(桂陽山), 남쪽으로는 수암봉(秀巖峰), 군자봉(君子峰)과 함께 장관을 이루고 있는 산이다. 소래산의 중턱에는 오랜 세월 동안 시흥을 지켜온 마애보살 입상(암벽 높이 14m, 귀 길이 1.27m)이 바위에 선각되어 그 영험함을 자랑하고 있었다. 약수터와 정자를 비롯한 각종 체육시설과 삼림욕을 할 수 있는 공간이 곳곳에 자리 잡고 있어 생활에 지친 사람들이 재충전을 하기에 좋은 곳이었다. 그러나 그 날의 소래산 등반은 나에게 두통과 근육통을 동시에 안겨주었고, 며칠 간 파스 신세를 지게 했다.

하늘 보고, 땅도 보고, 여러 나무들도 관찰하면서 산을 오르는 아이들의 모습이 참으로 싱그럽게 다가왔다. 그러나 순간순간 위험한 상황이 발생할 수 있는 아주 험난한 코스도 있었다. 그렇지만 그런 위태로운 상황에서도 내가 할 수 있는 일은 놀란 가슴을 부여잡고 스스로를 안심시키는 일뿐이었고, 아이들은 어느새 정상을 향해 잘도 오르고 있었다.

몇 차례 땀을 쏟고, 걷고 걸으니 점심 먹을 시간이 되었다. 그리고 점심을 먹고 쉬기에 안성맞춤인 장소를 쉽게 찾았다. 그러나 청결과 질서를 중요시하는 곳에서 길들여진 나로서는 납득하기 힘들 정도로, 내 앞에서 벌어지는 모습들이 무질서하게 보였다. 신문지를 펴고 자연스럽게 둘러앉은 아이들, 1970년대에나 봄직한 큼지막한 도시락에 꽉꽉 눌러 담은 잡곡밥. 또 다른 도시락에 담은 반찬. 숟가락과 젓가락을 들고 있으면서도 손가락으로 반찬을 먹기도 하는 어린아이들.

식사를 마치고 한낮의 햇빛을 받으며 룰루랄라 여유 있는 휴식을 취했다. 큰방 아이들은 더 높은 곳을 향해 올라갔고, 나는 어린방 아이들과 함께 하산을 했다. 올라갈 때는 도움 없이 갔지만, 내리막길이라서 힘이 드는지 어린아이들은 도움을 요청하였고, 평지에 발을 딛는 순간까지 계속해서 이끌어주어야 했다.

무사히 산을 내려오기는 했지만, 바람이 너무 세게 불어 주변에 있는 포장마차로 들어가 잠시 바람을 피해야만 했다. 잠시도 가만히 있지 않는 아이들을 보고, 주인아주머니는 차량도 없이 이 추운 날 아이들을 데리고 다닌다는 걱정 섞인 꾸중을 하셨다. 설상가상으로 기다리던 택시도 여유가 없어 찬 바람을 맞으며 버스 정류장까지 걸어야 했다. 무척 힘들고 황당한 순간들이었지만, 공동육아에서 나의 첫나들이는 황당함과 재미와 보람으로 기억된다.

나들이를 통해 아이들은 자연에 대해 자연스럽게 호기심을 가져보고, 탐색에 대한 욕구를 발산할 수 있다고 한다. 따라서 배움에 대한 자율성과 자발성·능동성을 자연스럽게 이끌어내고, 자연을 즐기고 아끼며 사랑하는 마음을 기르며, 풍부한 감성을 키울 수 있는 것이다. 또한 친구들과 교사와 함께 하는 나들이를 통해 더불어 사는 삶을 익히고, 다양하고 풍부한 자연·환경·문화를 접함으로써 경험을 축적해 나가고, 인지 발달을 촉진할 수 있다고 한다.

흐르는 콧물이 얼어붙을 정도의 날을 제외하고는 매일 오전 시간에 나들이를 다니면서 공동육아의 교사로 3개월을 살았다. 나들이를 통해 아이들만 성장하는 것은 아니다. 아이들과 함께 자연으로 나들이를 가는 나 또한 성장하고 있다는 느낌을 받는다. 하지만 기상 변화나 아이들의 상황에 따라 나들이를 가지 않는 날이면, 나들이를 중요시하는 공동육아 교육 목표를 위배한 것 같아 불편한 마음이 드는 것 또한 사실이다. 그리고 길바닥에 떨어져 있는 자질구레한 물건에도 관심을 가지는 아이들이 그 물건을 손에 쥐고, 주머니에 넣고 다닐 때 위생상의 문제를 설명하고 제재할 것인가, 아니면 아이들의 호기심과 탐색에 대한 욕구를 지켜봐 줄 것인가의 선택의 기로에서 나의 고민은 계속되고 있다.

전래놀이 (2003. 1.26.)

공동육아 어린이집 교사 교육을 받으면서, 그리고 산집에서 생활하면서 가장 낯설고 어색하게 다가왔던 것은 세시 풍속과 절기에 맞춰 생활이 꾸려진다는 점이다. 세시와 절기를 토대로 연간 계획을 짜고, 세시와 절기 풍속을 즐기고, 전래놀이도 하며, 절기에 따라 음식을 먹는다. 전통 문화가 배어 있는 자연스러운 삶이다. 그러나 자연과 하늘의 덕을 가볍게 여기며 오늘을 살아가는 내 삶을 되돌아 볼 때, 이것은 남의 옷을 걸친 듯 영 불편하게 다가왔다.

전래놀이란, 예전부터 아이들의 생활 속에서 전해져 내려오는 놀이다. 놀이를 함께 하면서 아이들은 친구가 되고, 사람사귀는 법을 익히게 된다. 그리고 친구들과 잘 노는 방법과 남을 배려하는 마음을 익히게 되면서 사회성을 기른다. 전래놀이는 정해진 틀이 있는 것이지만, 놀이를 하는 동안 새로운 규칙과 방법을 제시하면서 놀 수 있는, 답이 없는 놀이라고도 할 수 있다. 따라서 전래놀이를 하면서 아이들은 자기의 생각을 시도하고 실행하면서 창의력을 발휘하기도 하고, 문제 해결 능력도 키워나갈 수 있다. 11월의 약간 쌀쌀한 듯한 날씨는 아이들이 나들이 가서 뛰어 놀기에 안성맞춤이었다. 성주산으로, 텃밭으로, 약수터로, 놀이터로 매일 나들이를 가는 아이들에게는 로봇이나 무선 자동차, 바비 인형 같은 만들어진 장난감이 필요 없다. 나뭇가지, 낙엽, 바닥에 굴러다니는 돌멩이가 놀잇감의 전부일지라도 아이들은 그것을 가지고 즐기며, 해리포터의 판타지를 방불케 하는 상상의 세계를 만들어간다.

"얘들아, 모여라~." 여기저기에 옹기종기 모여 각자의 놀이에 심취해 있던 아이들이 코뿔소의 외침에 우르르 몰려들었다. 코뿔소는 강강술래를 하면서 같이 놀자고 했고, 손에 손을 잡고 원을 만든 아이들에게 충청도 지방에 전해 내려오는 전래놀이인 '너리기 편지기'에 대해 간략하게 설명하였다. 빙글빙글 돌면서 생소한 노래를 불렀다. 그러나 아이들은 한참을 재미있게 즐겼다. 전래놀이는 나들이에 더욱 활기를 주었고, 아이들의 결합과 일체감을 불러일으켜 주었다. 현장 학교에서 전래놀이에 대해 배울 때, 이 낯선 것을 어떻게 생활에 접목시키는지 고민을 많이 했었는데, 코뿔소가 아이들과 노는 모습을 지켜보면서 나의 고민이 기우였음을 깨달았다. 가장 중요한 것은 '자연스러움'이었다. 강강술래로 가끔 활기를 더하면서 나들이를 다닌 지 2개월 정도의 시간이 흐르니 아이들의 입에서 흥얼거림이 자연스러워졌다. 지속적으로 자연스럽게 전통을 계승하는 현장을 목격한 순간에 느낀 감동은 나에게 자신감을 키워 주었다. 자연에서 길러지고 일대일의 관계 맺기를 중요시하는 환경에서 자라는 아이들이지만, 그래도 혼자서 노는 아이가 있기 마련이다. 아이들에게 그런 모습이 보일 때, 친구들과 협동하며 친하게 잘 노는 것과, 남을 배려하는 마음을 익히기 위해 전래놀이를 하였다.

"이 놀이는 우리 할아버지·할머니가 너희들처럼 어렸을 때 했던 놀이래"라고 이야기를 해주면 아이들은 서로에게 더욱 따스한 눈빛을 보내준다. 정보화 사회의 만능인 컴퓨터는 우리에게 새롭고 흥미로운 놀이를 제공한다. 그러나 막힌 공간 속에서 놀이를 혼자 즐기는 사람이 원만한 인간관계를 가지기는 쉽지 않은 일이다. '함께'라는 말보다는 '왕따'라는 말이 더 많이 쓰이는 지금, 전래놀이의 장점을 확인할 수 있는 때가 아닐까.

온몸으로 놀이에 열중하는 아이들의 신체나 마음은 지금 이 순간에도 무럭무럭 자라고 있다.

내 노루귀는 잘 있을까? (6~7살)

박재형(헤라클레스)

옹골찬방 교사

봄나들이

봄나들이에서는 그 어느 때보다도 많은 생명과 만난다. 냉이·꽃다지·꽃마리·개망초·개나리·진달래꽃·생강나무꽃·노루귀·산수유·제비꽃을 볼 수 있고, 봄나물을 만날 수도 있다. 특히 까치산 텃밭 근처에서 봄나물을 보다가 개구리 알을 발견한 순간, 아이들은 새로운 생명과의 만남을 가질 수 있었다. 봄이 되면 올해는 어떤 나들이를 해볼까 고민하기가 무색하게 텃밭 주변, 산길 가 등에 널려 있는 것이 쇠뜨기다. "쇠뜨기는 이른 봄에 뱀밥이라고 하는 생식포자가 먼저 나오고 이어서 녹색의 영양줄기가 자라난다. 꽃도 없는 흔하디흔한 쇠뜨기는 우리나라에서는 들에서 소가 뜯어 먹는 풀이라는 의미로 명명되었지만, 이에 대응하는 영어 'Horsetail'은 말과 관련지어 명명되었다. 즉 우리나라에서는 소가, 영어권에서는 말이 친근한 동물임을 보여 준다"(임소영, 『한국어 식물 이름의 연구』, 한국문화사, 1997, 91쪽). 쇠뜨기의 모양이 솔잎처럼 갈래지고, 푸른 줄기가 자라날 때쯤이면 아이들과 놀이에 활용할 수 있다. 아이들은 쇠뜨기의 마디를 떼었다 붙였다 하면서 놀이를 즐겼다. 그리고 몇 개는 들고 와서 관찰 그림으로 표현하기도 하였다. 온양의 유곡리로 교사들이 생태 나들이를 갔을 때다. 우리가 생태 공부를 하는 것을 보고, 동네 어르신네 한 분이 초목 하나하나를 설명해 주셨다. 쇠뜨기가 왜 쇠뜨기냐고 여쭈어 보니, "쇠뜨기란 뽑아도 금방 솟기 때문에 솟뜨기라고도 했어. 솟뜨기들이 솟아 나오면서 하는 말이 '아! 이년들이 어디 갔냐! 내 머리끄댕이 다 쥐어뜯어 놓고'라고 하지"라며 설명하시는 것을 재미있게 들었다.

애기똥풀 맛보기 역시 오감을 통한 자연 관찰 활동이다. '애기똥풀 줄기에 있는 노란 액은 독성분이 있기 때문에 무조건 먹지 말아야 한다'는 정보 위주의 활동이 아니라, 보다 적극적인 탐색을 하며 나들이를 하였다. 귀로는 버들잎 피리 소리를 듣고, 눈으로는 올챙이와 물방개가 수영하는 모습을 보고, 입으로는 애기똥풀의 씁쓸한 맛을 느껴보고, 손으로는 쇠뜨기를 떼었다 붙이고 쑥을 뜯었다. 그 과정에서 여러 감각을 통해 자연을 탐색하는 것은 값진 교육 활동이었다. 아이들이 보다 넓은 마음과 협동적인 자세를 배우면서 자랄 수 있다는 확신을 가지고 지속적인 관계 형성을 위해 깊이 있게 다가가야 하는 몫이 우리에게 남아있다.

2003년 봄나들이 (굴렁쇠방)

옹골찬방(6살) 아이들이 굴렁쇠방(7살)이 된 2003년 4월에는 아이들마다 자기가 관찰하고 싶은 꽃이나 나무를 선택하여 봄부터 가을, 겨울이 될 때까지 지속적으로 관찰하기로 하였다. 종은이는 쑥, 지민이는 냉이, 지연이는 제비꽃, 한들이는 성주산 식생의 우수함을 보여주는 노루귀, 아현이는 명아주, 지윤이는 진달래, 문주는 꽃다지, 성택이는 쇠뜨기, 정민이는 생강나무, 현진이는 꽃마리, 해솔이는 고마리, 한님이는 개암나무, 용준이는 목련. 이렇게 정하고 자기만 알 수 있는 곳에 '현진이의 꽃마리', 이렇게 이름표도 붙여 주었다. 아이들은 자기의 나무나 꽃에 대해 생각하기 시작했다.

"내 노루귀는 먼 곳에 있어. 잘 있는지 모르겠어. 꽃이 얼마나 예쁘다고." 텃밭에서 쑥을 캐며 한들이는 노루귀 있는 곳이 멀어서 날마다 보기 어렵다며 걱정스런 얼굴을 하였다. 관계 맺고 있는 것은 언제나 마음이 쓰이게 마련이다. 아이들은 자기 나무나 꽃이 생기자, 책임감을 느끼기 시작했고, 잘 있을지, 내가 매일 가서 들여다보고 돌봐 줘야 하지 않을지 붙박이 마음을 만들고 있었다. '한님이의 개암나무', '문주의 꽃다지', '좋은이의 쑥' ……. 이렇게 익숙한 아이 이름 하나하나에 낯선 꽃이름, 풀이름 하나씩 붙여가며 관찰하다보면, 생업에 바빠서 아이들보다 나무나 풀에 관심을 못 갖는 엄마·아빠들도 성주산 생태에 관심을 갖게 될 것이다. 그러다 보면 아이들과 이야깃거리도 더 많이 생기고 관심 분야나 공감대가 넓어지리라 본다. 그러다가 훗날 아이들이 자라서 어디서나 쑥을 보면 '쑥'이라고 불리기를 쑥스러워하던 좋은이를 떠올리겠지. 그리고 개암나무를 보면 한님이를 보는 듯 반가워지리라 생각한다. 그것이 관계의 본질이지 않은가.

"와! 현진이 꽃마리 너무 예쁘다!" 이렇게 아이마다 자기 꽃이나 나무를 가지고 있으니 아이들은 깨알만한 꽃마리도 밟지 않으려고 조심하며 성주산의 식생에 대해서도 관심을 갖게 되었다.

여름나들이

6월은 절기상 하지가 있는 달로, 잦은 비와 그 뒤에 오는 갑작스런 무더위에 몸이 많이 지칠 수 있는 계절이다. 옹골찬이들은 이런 절기(계절)에 대한 이해와 더불어 살아가는 데에 중점을 두고 지냈다. 우리가 사는 소사동에는 팔백 년을 산 느티나무와 천 년을 산 은행나무가 있다. 이 나무를 보기 위해 덥기는 했지만, 서울신학대학 앞까지 나들이를 했다. 그리고 대보시장 나들이에서는 매실 사오기를 했다.

"나는 고마리와 꽃마리가 헷갈려." 고마리와 관계를 맺은 해솔이가 나들이 길에 나서면서 걱정부터 한다.

나들이 길은 다양했다. 텃밭과 아궁이, 구름다리, 진달래 길, 도깨비 집을 지나 옹골찬 나무, 성주산 정자에서 놀고 다른 길로 내려오는 코스가 있었고, 까치산 웅덩이, 어린이 놀이터, 나무놀이터 등도 나들이 길의 단골 장소였다. 나들이 길에 적응하면서 가는 길에 나무 안아주기, 나뭇가지로 칼싸움 놀이, 평행봉에 매달리기, 맨발로 걸어 보기, 다리 셈하기 등은 아이들에게 재미있는 놀이였다. 그리고 어느 백화점에 있는 아동 극장에서 '피터와 늑대'라는 클래식 음악의 이해를 돕는 그림자 연극을 본 문화 나들이도 하였다.

가을나들이

성주산이 가을을 맞이했다. 밤나무 아래에는 누군가 주어 간 흔적으로 벌어진 밤 껍질만 가득하다. 떡갈나무·참나무 등, 나무 아래에는 도토리가 여기저기 뒹굴어 숲속 친구들의 양식이 되어주고 있다. 극성맞은 산모기 때문에 산에는 자주 못 올라갔지만, 가까운 놀이터나 주변에 볼거리를 찾아서 나들이를 다녔다.

추석 즈음에는 시장에 나온 햇과일을 보기 위해 시장에 갔다. 태풍의 영향으로 값이 많이 비싸기는 했지만, 그래도 밤·대추·사과·배 등 가을 열매가 먹음직스러웠다. 산집에서도 가을걷이를 하였다. 쟁반 하나에 담긴 나락이 전부였지만. 여름 내내 햇볕 받고, 비 맞고, '저게 쌀이 될까?'라는 의구심의 눈총을 받기도 했고, 추수하여 '떡을 할까' 아니면 '밥을 지어 먹을까' 하며 사랑을 받았던 산집의 벼. 산집 아이들의 노는 소리를 듣고 자란 벼. 지금은 행방을 알 수 없는 올챙이와 개구리, 그리고 우렁이가 함께 있었던 그 곳이야말로 함께 사는 것의 기초였다. 산집의 관심을 한 몸에 받았던 벼농사는 형체가 사라지기는 했지만, 우리들 마음에 녹아내려 일생에 기억으로 같이 갈 것이다.

산 방과후 교사인 꼬리가 이산화탄소 측정 캡슐을 주었다. 옹골찬 아이들은 차량이 많이 다니거나 놀이터 주변, 그리고 우리가 자주 이용하는 곳의 공기를 측정하기 위해 캡슐을 설치하고, 24시간 후에 다시 수거하였다. 하지만 이 지역의 공해 측정 결과에 관한 자료를 받지 못해 아쉬움이 남는다.

아이들의 체력이 놀랄 만큼 좋아진 것을 알게 해준 때는 이번 가을 소래산 나들이에서였다. 출발 장소를 서로 잘못 알고 있어 시간이 지연됐던 만큼 우리는 부지런히 산을 올라가야 했다. 기침이 심한 해솔이, 병원에 가야 했던 채연이, 집안일로 등원하지 못한 아현이 이렇게 3명을 제외한 옹골찬 아이들과 덩더쿵·당실·도글방 아이들이 같이 한 소래산 등반은 울긋불긋한 가을 산을 정겹게 느낄 수 있는 나들이였다.

　문주가 묻는다. "혜라, 산에는 왜 가는 거야?"

　"정상에서 가르쳐 줄게."

　마침내 정상이다. 이마에서 땀이 흐른다. 탁 트여진 시야. 크게 심호흡을 한번 해본다. 문주에게 대답을 해줘야겠는데 영 신통한 말이 떠오르질 않는다. 그래도 한번 반응을 보기로 한다.

　"문주야. 바로 이 기분 때문에 사람들이 산에 올라가는 것일 거야."

　무슨 얘기냐는 듯 문주의 맑은 눈이 더욱 커진다.

　11월에는 땀 흘려 가꾼 배추를 수확하는 기쁨을 함께 나눌 수 있었다. 텃밭에서 무와 배추를 직접 뽑아, 그것을 산집까지 나르고, 김장을 담근 후 독에 담았다. 그 모든 과정을 함께 한 옹골찬이들은 수확의 경험을 직접 얻게 되었고, 자연과 우리의 관계를 몸으로 익혔다.

겨울나들이

　드디어 웅덩이에 얼음이 얼었다. 아이들은 모두 흥분 속에 얼음을 만져보기도 하고, 얼음에 나뭇가지를 던져보기도 하고, 얼음을 눌러보기도 하고, 발로 밟아보기도 했다. 그러다가 성택이가 발로 살얼음을 깨뜨려 물에 빠지기도 했다.

　12월에 접어드니 까치산 웅덩이가 꽁꽁 얼어 있었다. 산집 아빠들이 만들어 준 썰매를 타기 위해 웅덩이로 갔다. 그런데 웅덩이에 흰 오리와 청록 빛깔의 오리 두 마리가 있었다. 가까이 다가가보니 또 다른 오리 한 마리가 물 안에서 죽은 채 얼어 있었다. 아이들은 불쌍하다며 물에 얼은 오리를 한동안 바라보았다. 남은 두 오리는 죽은 오리를 떠나지 않고 계속 그 주변을 맴돌고 있었다. 얼음이 두껍게 얼지 않아 썰매타기를 포기한 아이들은 오리를 이대로 두지 말고 보호해주자고 했다. 그래서 오리를 잡기 위한 대소동이 일어났다. 한쪽에서는 아이들이 오리를 몰고 한쪽에서는 헤라가 막았다. 오리들이 지친 틈을 타서 헤라가 청록 빛깔 오리의 꼬리를 잡는데 성공했다. 흰 오리는 어디로 가버렸는지 보이지 않았다. 그래서 오리 한 마리를 안고 산집으로 돌아왔다. 산집 방방이(Trampoline, 트램펄린) 밑에 발을 묶어두었다. 작은방 동생들은 옹골찬이들이 잡아온 오리를 신기한 눈으로 바라보았다. 지금 그 오리는 동물농장 할아버지 댁에서 닭들과 함께 지내고 있으며, 알고 보니 오리가 아니라 기러기라고 한다.

옹골찬 아이들은 한번도 가보지 않은 길도 마다하지 않았다. 그래서 멀게 보이기만 한 산도 올라가 새로운 곳을 발견하기도 했다. 가까이 새를 볼 수도 있고 비가 오면 물이 내려가는 골짜기도 있는 그런 곳이었다. 흔들나무 놀이터는 도깨비집에서 여우고개로 가는 산 중간에 넘어진 나무가 있는 곳을 일컫는다. 우리는 여기서 균형을 잡으면서 끝에서 끝으로 걸어 보기도 한다. 처음에는 겁이 나서 기어가기도 했지만, 점점 손을 잡지 않고 나무 위를 걸을 수 있었다.

자연 속에서 아이들은 너무도 자유로웠다. 아무 준비 없이 찾아가도 언제나 받아주는 자연이 우리가 사는 곳이라는 것을 알게 되었다.

2002년을 마무리하는 옹골찬 아이들은 서로에 대한 사랑이 싹트는 것이 보였다. '당신은 사랑 받기 위해 태어난 사람'이라는 노래에 자신의 이름을 넣어 불러주면, 그것으로 만족하며 옆에 있는 친구를 따뜻하게 바라보았다.

나들이 길 상세지도

부천지역 나들이

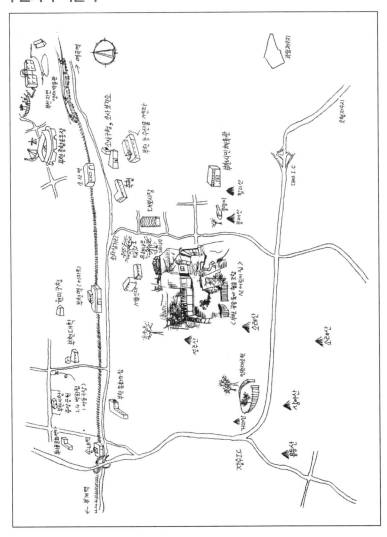

진달래길 나들이

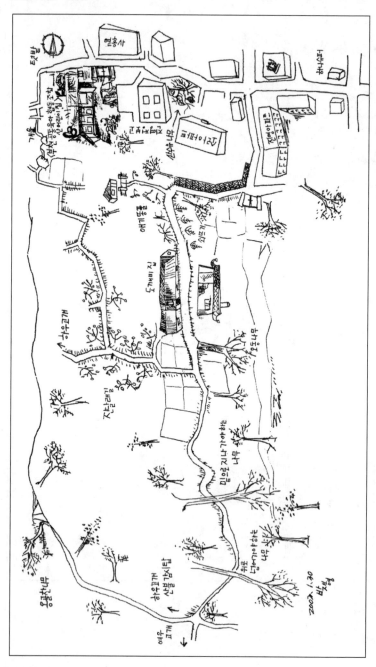

봉매산(까치산) 웅덩이 나들이

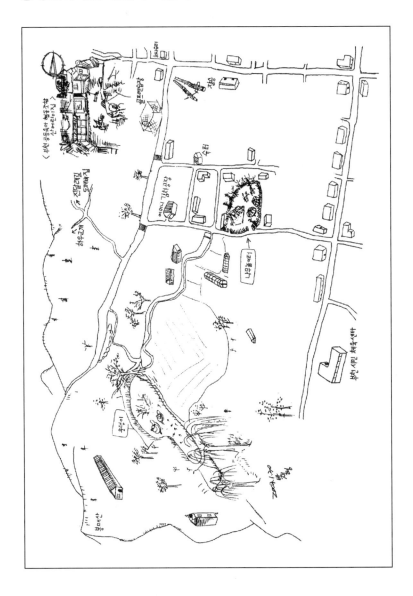

자 연 친 화 교 육 2

● 이 농사 지어서 누구랑 먹을끄
● 산들꽃 농장
● 둘리삐삐, 사랑해
● 염소, 잘 먹겠습니다
● 긴 나들이

고뿔소, 쇠뜨기가 뭐야?

아이들이 흙을 만지고
채소가 자라는 것을 보면서
사람들의 배설물이 거름이 되고
그것이 우리 몸으로 되돌아오는 것을 보면서
인간도 결국 자연의 일부라는 것을 알고
자연의 흐름과 순환을 배운다.

이 농사 지어서 누구랑 먹을꼬

이말순(코뿔소)

산어린이집 원장

2002년 산집의 벼농사

벼농사 일지

2.26.(화) 정월대보름을 맞아 오곡밥·나물을 해먹고 텃밭에서 쥐불놀이, 달집태우기, 부럼깨기를 하면서 올 한해 농사가 풍년이 되기를 기원.

4.12.(금) 이틀 전 코뿔소가 얻어온 볍씨를 물에 담금.

4.22.(월) 함지박에 모판 만들기, 싹 튼 볍씨를 뿌림.

5. 3.(금) 함지박 모판에서 손가락만한 모가 잘 자라고 있음.

5.20.(월) 논 만들고 모내기(커다란 고무함지박 4마지기), 올챙이 데려다 키우기 시작함.

6.14.(금) 논에 우렁이 키우기 시작함.

8.12.(월) 벼이삭이 팸. 낟알이 조로록 열리고 벌어진 낟알사이로 하얀 벼꽃이 피었음.

8.22.(목) 낟알이 영글기 시작함.

9.10.(화) 벼가 누런 색깔로 바뀌고, 낟알이 영근 벼이삭이 고개를

숙이고 있음.

10.19.(토)   터전 대청소 때 벼 추수함.

벼농사를 짓기까지

전 세계 인구의 40%가 쌀을 주식으로 하고 있다. 벼는 우리나라 농작물 중에 가장 오래된 것이다. 그 동안 세계에서 가장 오래된 볍씨는 1997년 중국 허난(河南)성에서 출토된 약 1만년 전 볍씨고, 한국 최고 볍씨는 경기 고양시 일산에서 1991년 출토된 약 5,020년 전의 볍씨다. 그런데 가장 최근에 발굴된 볍씨는 1998년 충북 청원군 옥산면 소로리 유적의 포탄층에서 발굴된 볍씨로 지금으로부터 1만7천~1만3천년 전의 것으로 확인되었다. 따라서 아시아에서도 우리나라의 벼농사가 오래되었음을 보여주고 있다. 우리나라의 쌀 자급률은 90~100%를 유지해오고 있으며, UR 협상 결과 우리나라가 수입해야 하는 쌀 의무 수입량인 4%의 최소시장접근물량을 감안할 경우 쌀 자급 구조는 당분간 지속될 것으로 보인다.

산집에서 벼농사를 지어보겠다고 마음먹고 시작한 것은 올해가 처음이다. 하지만 그 동안 여러 차례 꾸준하게 볏짚단과 관련한 활동을 해왔다. 2001년 연말 송년잔치 땐 옆집의 팔순 할아버지를 모시고 짚신 만들기를 부모 활동으로 했었다. 할아버지께선 마치 손끝으로 묵언의 전수를 하시려는 듯, 두 시간 동안 한 마디 말씀도 안하면서 묵묵히 짚신만 삼으셨다. 하지만 당시 최혜원 아빠가 뛰어난 기량을 발휘하였는데, 옆에서 눈썰미 있게 보았다가 다른 사람도 가르쳐 주고 본인도 짚신을 삼았다. 이 짚신들은 아직도 산집 교사방 앞에 걸려 있다. 또 2000년 송년잔치 땐 새끼꼬기를 하였는데 대부분의 조합원들이 난생 처음 새끼를 꼬아봤다고 했다. 하지만 명주 아빠는 노련한 솜씨를 자랑하였고, 우리 산집의 새끼꼬기 활동이 신선하다 하여 교사대회 때 다른 교사들에게 전수한 적도 있다.

방안에 짚단을 들여놓고 부모님들과 새끼꼬기를 하고 있다.

이렇게 짚을 이용한 활동을 하기도 하고, 또 어느 해는 광화문 농업박물관 앞마당 화분에서 버젓이 잘 자라고 있는 벼를 보고는 우리도 언젠가 한번 해보아야지 하는 부러운 마음이 일었다. 벼농사를 할 줄 알면 진짜 농부라는데, 우리가 하는 수준이야 농부 근처에도 못 가지만, 그래도 밭농사도 아닌 논농사에 도전했다는 것이 스스로도 대견한 일이다.

남의 논에서 잘 자라고 있는 벼는 보았지만, 내 자신이 농사 경험이 없어서 그저 생각뿐이었다. 그런데 우연히 현장교육지원전문가 회의에서 하마(전 '해맑은 어린이집' 원장)가 남편이 최근에 벼농사에 관하여 논문을 썼다고 하는 이야기를 들었다. 애초 논문 보고 벼농사를 지을 생각은 아니었지만, 나는 논문과 볍씨를 요청하였고, 얼마 후 하마로부터 싹이 약간 난 볍씨를 구할 수 있었다.

볍씨를 구해서 우선 찬물에 일주일 정도 담가두면 싹이 돋는 것을 볼 수 있는데, 이 때 모판에 심어서 모를 길러야 하는 것이다.

벼를 키우면서 벼꽃이 핀다는 말은 들었지만 실제로 본 적은 없었는데 정말 벼꽃은 예뻤다. 벼꽃은 8월 중순경에 잠깐 피었다. 하얀 꽃이 피고 그것을 받치고 있는 꽃이 떨어지면서 양쪽으로 벌어졌던 꽃받침이 다물어지며 그 속에서 열매가 영그는데, 이것이 바로 쌀이다.

꽃이 피었을 땐, 너무도 신기하고 예뻐서 만나는 사람마다 우리 함지박 논을 좀 봐 달라고 흥분하면서 끌어당기기도 했다. 벼꽃도 수정을 기다리는데 일정한 때가 지나서도 수정해줄 벌이나 나비를 만나지 못하면 자가 수정을 해버린다고 한다. 사실 앞마당에 논이 있기 전에야 어찌 이다지 세밀하게 벼꽃 관찰을 하겠는가. 그러니 논에 가서 벼를 보는 것과 논을 안마당에 들여놨을 때의 차이는 대단히 클 수밖에 없다. 아이들과 사진도 찍어 보고 관찰 그림도 그려 보며 애지중지 길렀다. 벼가 잘 자라고 있으면 마음도 흐뭇해지고, 날씨가 가물어 누렇게 뜨고 있는 것을 보면 공력이 모자란 듯하여 마음이 좋지 않았다. 키우는 자식이 하나 는 것 같았다. 관계 맺고 있는 것은 사람이나 생물이나 마음 써준 만큼 자라기 마련이다. 산집 아이들이나 내 아이들이나, 벼농사나 모두 사랑과 정성이 필요하다.

모판에서 모내기까지

*모판 만들기와 모내기하던 날의 광경을 그 날 일지대로 옮긴다.

▶ 4월 22일 (월) 모판 만들기

"해솔 할머니, 이 볍씨로 모판을 만들어야 하는데, 어떡해요?"

며칠 전 20일은 곡우(穀雨)! 올핸 벼농사도 지어 보자. 커다란 함지박에 모를 내어 벼가 자라는 것을 아이들과 보면서 나락도 까먹어보고, 벼를 찧어 밥이 되는 것도 보리라. 이 야무진 꿈을 사람들에게 얘기하니, "차라리 논을 빌려 보지", "그런데 물은 어디서 대지? 그거 물주는 일이 보통 일이 아닌데⋯⋯"라며 모두들 걱정 반, 놀림 반이다. 그래도 어찌어찌해서 볍씨를 구해 왔고, 물에 담가 놓고 새까맣게 잊어버린 것이 근 일주일!

"아이고 너무 담가놔서 골아버렸네. 그런데 이걸 그냥 밭에다 뿌려버릴까?"

"아니 벼를 논이 아닌 밭에요?"

"그럼. 요새는 밭에서도 키우는 게 있어, 아니면 어쩔라고?"

"저기 고무함지박 구멍 뚫어서 하려고요."

"그럼 망치가 있어야제."

하필 오늘 따라 망치가 안 보이는군. 찾다가 없으면 비슷한 거라도 찾아가야 하는 법! 드라이버·식칼·가위 등, 이를 본 해솔 할머니,

"칼을 다라에 대봐!"

"이렇게요?"

그러자 옆에 있는 벽돌로 사정없이 칼등을 내리치시는 할머니!

"할머니 그 카다 칼 부러지면 어째요?"

"부러지면 그 까짓 거 하나 사면 되제. 쪼잔하게 생각하믄 암 껏도 되는 게 없어! 크게 크게 생각해야제."

이건 정말로 번뜩이는 삶의 철학이 아닌가. 평소에 얼마나 작은 일에 전전긍긍하며 속 좁게 살아가고 있는가. 해솔 할머니가 있는 힘을 다해 내리치기를 수십 번. 드디어 금이 가고 두꺼운 함지박의 일부를 뜯어냈다. 구멍 난 자리에는 돌멩이를 하나 얹었다. 그리고 흙은 대추나무 심었던 큰 항아리 속의 흙을 퍼 담아서 쓱쓱 고르시니 그걸로 해결되었다.

벼농사를 지으려면 논을 만들어야지. 논을 만들려면 논의 흙을 떠와야 한다느니, 논의 흙은 남의 걸 퍼오는 것이니 산의 흙을 퍼 와야 한다는 둥, 물 빠짐은 어떠해야 하냐던 논의는 고스란히 물거품이 되어 날아갔다.

"할머니, 딴 사람들은 제가 벼 심는다니까 다들 웃던데, 할머니는 다 이해해주시고 이렇게 협조해주시네요."

"암만! 그게 다 애기들 보여줄라고 하는 짓이제, 이것 갖고 먹고 살라고 할까봐? 되믄 되고 말믄 말고 한번 해보는 거이지."

해솔 할머니는 코뿔소 속을 꿰뚫고 계시는 것 같다.

"할머니, 나도 한번 해보고 이잉~. 할머니만 하고 나는 못 했잖아."

옆에 있던 해솔이가 거들고 해서 모판 만들기는 순식간에 끝나 버리고 모판에 비닐하우스가 씌워졌다.

▶ 5월 20일 (월) 모내기

해솔 할매는 요즘 산집 교사다. 이른 아침 해솔이도 안 데리고 새벽같이 출근하셔서 하루 종일 산밭에서 일하신다. 토요일에도 호박구덩이 파고 옮겨심기, 오이구덩이 파서 옮기기, 이거 말이 간단하지 한 구덩이에 산집 설거지통만하게 파서는 거름 주고, 요소 뿌리고 해서 토양을 만들어 놓으면, 해솔 할머니가 호박 모종 딱 두 개씩, 오이 모종 딱 한 개씩을 심으시는데, 땡볕에 허리 아프고 머리는 뜨겁고, 모두들 엄살을 떤다. 해솔 할머니는 끄떡도 않으신다. 토요일, 해솔 할매 성화로 엉겁결에 몇 사람이 동원되어 옥수수까지 모종 다 끝내는가 싶었는데······.

오늘 월요일, 교사방에 낯익은 블라우스가 보이고, 아니 작업복도 챙겨 오셨군! 그렇담 오늘은 모내기도 끝내버려야지. 지난 번 곡우 때 모판 만들어 볍씨를 뿌려둔 것이 제법 손가락만하게 싹이 자라고 있었다.

그래도 그 동안 비가 몇 번 와주었기에 그만큼이라도 자랐지, 산집 아그들 틈에서 소독약 냄새나는 수돗물 한번이라도 받아먹기가 어디 쉬운 줄 아남! 어쩌다 보면 모가 누렇게 떠 있기 일쑤고, 바닥이 바짝 말라 있고, 그렇게 키운 모를 드디어 모내기를 하다니······.

고무함지박이 있는 대로 동원되었다. 대문 밖에 있는 흙을 퍼 나르고, 자갈 고르는 철망으로 돌 골라내고, 논을 만들었다. 그 다음 모를 떠서 논에다 손가락으로 쿡 찌르는 듯하며 심는데, 모가 논물에 서 파릇하니 찰랑이는데 얼마나 예쁜지 모르겠다.

"얘들아 빨랑 와서 이것 좀 봐! 이제 요기에서 벼가 열릴 거야!"
"벼가 뭔데?" 에구구······.

하다 보니 함지박 논이 총 네 마지기, 엄청난 농사가 되겠다. 과연 벼이삭은 패게 될지, 우리 논의 벼도 고개를 숙일지, 이사를 가면, 논은 어디다 떠메고 간담!

해솔 할머니는 산집 사람들에게 삶의 철학을 일깨워주시는 스승이다.

개구리와 우렁이 키우기

성주산 일대를 몇 년 간 나들이 다니면서도 해마다 새로운 곳을 발견한다는 것은 신기하고 즐거운 일이다. 올해는 까치산 나들이를 자주 갔는데(까치산은 까치가 많다 하여 아이들이 붙인 이름이다. 진짜 이름은 봉매산이다) 처음으로 그 곳에 터전 마당만한 웅덩이가 있는 것을 발견하였다. 우리는 그 곳을 '까치산 웅덩이'라고 이름 지었다. 까치산 웅덩이 주변은 작은 개울이 흐르고 주변 동네사람들이 목초 재배나 포도밭, 배추·열무 등을 가꿔 먹는 밭농사를 주로 하는 곳이다. 웅덩이 바로 옆 습지에는 미나리가 자라고 있었다.

봄엔 나들이 갈 때마다 개울가와 웅덩이에서 투명한 우무질에 싸여있는 개구리 알을 발견하고는 환호성을 질렀다. 개구리 알은 작은 올챙이가 되어 밖으로 나올 때까지 이 우무질을 먹고 자란다. 아이들은 개구리 알을 길러보자고 제안하였다. 산소 공급을 제대로 해주지 않아 키우다가 모두 죽어버린 일이 몇 차례 있었던 터라 애꿎게 무고한 생명을 해치는 일은 하지 말자고 다짐하였다. 그러나 논을 만들고 모판에서 올챙이를 키우는 일은 제법 그럴싸한 환경을 제공한다는 생각이 들었다. 아이들과 올챙이를 데려오기 시작했고, 올챙이가 자라서 개구리가 되어 논을 누비고 다니는 것을 보는 일은, 멀거니 풀처럼 서 있는 벼만 보는 것에 비해 아이들에겐 매우 즐거운 관찰거리가 되었다. 올챙이는 뒷다리가 나와서 헤엄치고 다닐 만하면 앞다리가 나와서 함지박 밖으로 이리저리 뛰쳐나갔기 때문에 개구리 모양이 완연한 녀석들은 도로 웅덩이에 놓아주었다.

"개구리 알 발견!" 알에서 깨어난 올챙이들은 아이들에게 생명의 변화를 알게 하는 흥미로운 관찰거리가 되었다.

또한 우렁이는 개구리보다 생명력이 강하여 봄에 갖다 넣은 열댓 마리의 우렁이가 벼를 추수할 때까지도 건강하게 잘 자란 걸 볼 수 있었다. 논에 넣은 우렁이가 아이들의 논농사에 대한 관심과 흥미를 배가시키고, 또한 매우 잘 버티는 것을 보면서는 늘 이런 생각을 하곤 했다. '저 논의 벼를 베고 나면 그 논에서 우렁이가 겨울잠을 자게 될 것이고, 새 봄이 되어 겨울잠에서 깬 우렁이들이 짝짓기를 하겠지. 식구가 늘면 새끼 우렁이도 키워봐야겠네.' 그래서 그런 야무진 포부를 교사회의 때 이야기하곤 했었다.

우렁이는 주로 논의 흙바닥 속으로 들어가서 자리 잡고 있거나 함지박 논의 벽면에 들러붙어서 얼굴을 내놓고 숨을 쉬고 있었다. 우렁이를 논에 키우니까 논물도 맑아지고 벌레도 끼지 않았다. 자연스럽게 '우렁이농법'을 실시한 것이다. 아이들도 교사들도 개구리와 우렁이를 이렇게 가까이 관찰해본 적이 처음이었을 것이다. 우렁이는 시냇가나 논에서 종종 볼 수 있고, '우렁각시 이야기'를 통해 흔히 알려진 동물이다. 우렁이는 바닥에 딱 달라붙어 슬그머니 기어 다니며, 갈색의 껍데기를 집 삼아 사는 것이 특징이다. 암·수의 구별이 뚜렷한 반면에 암컷은 수컷보다 크고 체내 수정을 하며, 부화 후 1년이면 번식력을 갖는 연체동물이다. 가끔 손바닥에 올려놓고 가만히 들여다보면 껍데기 속에서 슬그머니 고개를 내밀어 얼굴을 보여주곤 한다.

개구리를 보면서 말 안 듣는 청개구리 이야기, 우렁이를 보면서 우렁각시 이야기를 아이들과 나누었다.

옛날에 노총각이 농사를 지으면서 홀로 살았대. 농사꾼 총각 이름을 우리가 지어줄까? 누구? 그래, 성택이로 하자. 그런데 하루는 성택이총각이 논에서 일을 하다가 자기의 앞날에 대하여 생각하게 되었지. 나이 삼십이 넘도록 장가도 못 가고 가난한 생활을 계속하게 될 것이 무엇보다도 슬펐던 거야. 그래서 한숨을 푹 쉬며, "이 농사를 지어서 누구랑 먹을꼬?" 하고 혼자서 탄식을 했어. 그런데 갑자기 "나랑 먹지. 누구랑 먹어!" 하는 소리가 들리는 거야. 성택이총각은 사방을 둘러보아도 아무도 없어서 이상하게 생각하며 한번 더 "이 농사를 지어서 누구랑 같이 먹으며 살꼬?"라고 하였더니, 또 "나랑 같이 먹고 살지!" 하는 것이었어. 성택이총각은 소리 나는 쪽을 찾아가 풀포기를 헤쳐보니 커다란 우렁이 한 마리가 있지 않겠어. 예사로운 일이 아니라 생각하고, 그 우렁이를 가지고 돌아와 물독 안에다 넣어 두었대. 그 뒤부터 이상한 일이 생겼어. 밖에서 일을 하다가 밥을 먹으려고 집에 와보면 김이 무럭무럭 나는 쌀밥 한 그릇이 반찬과 함께 차려져 있는 거야. 성택이총각은 누가 밥을 차려놓는 것인지 궁금하겠지. 그래서 하루는 일을 나가는 척하고 부엌 한구석에 숨어 있었어. 그랬더니 아현이 같은 예쁜 색시가 부엌으로 들어오더니 밥상을 차려 가지고 방안으로 들어가는 거야. 그래서 성택이총각은 앞뒤 생각할 겨를도 없이 방안으로 쫓아 들어가 색시를 꼭 붙잡았어. 그랬더니 아현이 같은 색시는 깜짝 놀라며 이렇게 말하는 거야. "나는 원래 천상의 선녀로서 죄를 짓고 인간세상에 내려왔는데, 인연이 있어 당신에게 몸을 의지하게 되었어요. 그러나 지금은 때가 아니니 며칠만 기다려 주세요. 때가 차지 않고 같이 살게 되면, 반드시 슬픈 이별이 있을 거예요" 하고 말하는 거야. 하지만 성택이총각은 그 며칠을 참을 만한 여유가 없었어. 그는 우렁이색시에게 아내가 되어 달라고 끈질기게 요청했어. 색시는 하는 수 없이 그 날부터 같이 살기로 했다. 두 사람은 부부로 아주 행복하게, 부지런히 일하며 살았지. 그러던 어느 날, 성택이총각이 갑자기 배가 아파서 들에 나갈 수 없게 되었어. 그래서 할 수 없이 우렁이색시가 대신 일을 하러 나갔지. 논가에서 일을 하고 있을 때, 마침 고을 사또가 그 곳을 지나게 되었어. 우렁이색시는 급히 근처 숲속으로 피신하였지. 그런데 사또는 숲속에서 나는 이상한 빛을 발견하고 병졸을 시켜 숲속에 무엇이 있는지를 알아보라고 한 거야. 병졸은 숲속에 숨어있는 우렁이색시를 찾아내 사또 앞에 데리고 왔어. 색시의 미모에 반한 사또는 강제로 우렁이색시를 가마에 태워 데리고 갔대. 이 소식을 들은 성택이총각은 급히 관가로 가서 아내를 내달라고 애걸복걸하였지. 그래도 사또는 듣지 않았어. 그래서 성택이총각은 아침저녁으로 관가를 바라보며 슬피 울었대. 그러다가 이래서는 우렁이색시를 찾아올 수 없다는 생각이 들었어. 그래서 좋은 꾀를 생각해냈어. 우렁이색시가 갇혀있는 감옥 밑에 담쟁이덩굴을 심었어. 담쟁이덩굴은 날마다 쑥쑥 자라서 우렁이색시가 있는 곳에 닿았지. 우렁이색시는 이 담쟁이덩굴이 성택이총각이 보내준 생명줄이라고 생각했어. 그래서 한밤중에 병졸이 졸고 있는 틈을 타서 담쟁이덩굴을 타고 몰래 관가를 빠져나왔대. 그러고는 성택이총각과 우렁이색시는 멀리 사또가 못 보는 곳으로 가서 딸 아들 낳고 행복하게 잘 살았대.

아이들에게 옛날이야기를 들려주다보면 때론 유아들의 정서에 맞지 않는 이야기가 많다는 생각이 든다. 아이들은 아름다운 짝을 만나 행복하게 사는 이야기를 좋아하는데, 우리 옛 이야기는 서민들의 애환이 담긴 슬픈 내용이 많다. '우렁각시 이야기'도 지혜롭게 위기를 극복하여 행복하게 사는 이야기로 새롭게 만들어 들려주었다. 우리 산집에도 올해 최대 목표인 '터전 이전'을 위해 손발 걷어 올리고 일하는 농부 같은 아빠들과 누가 알아주든 말든 터전을 쓸고 닦고, 다른 집 아이들도 내 아이처럼 데려다 돌봐주는 우렁이색시 같은 엄마들이 많이 있다. 부디 아름다운 산집 이야기가 보편적인 우리 사회의 보통 모습이 되기를 바란다.

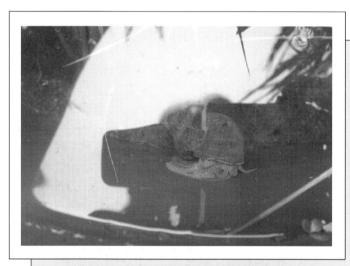

우렁이를 보면서 '우렁각시 이야기'를 끌어낼 수 있었던 조상들의 문학적 창의력에 뿌듯하기 그지없다. 이런 것이 우리가 배우고 계승해야 할 교육적 자산이다.

아이들과 관찰하기

아이들과 함지박 논 옆에 돗자리를 깔고 벼 그림을 그렸다. 아이들이, 꽃이 피기 시작하면서 벼이삭이 조로록 달린 그림들을 그려냈다. 아이들은 이렇게 생긴 벼가 자라서 쌀이 되어 우리가 먹게 된다고 설명해주어도 시큰둥하니 별 흥미를 보이지 않았다. 하긴 유아들이 쌀도 신경 쓰고 보지 않았을 터인데, 벼가 쌀이 되고 쌀이 밥이 되는 이 엄청난 화학적 변화 과정을 밥만 먹어본 어린이들이 어찌 알겠는가. 심지어 교사나 신세대 조합원 중에서도 우리의 벼농사의 중요도에 대해 뼈저리게 느끼지 못한 사람이 있더라도 당연한 일이라 생각된다. 포천으로 귀농했던 영주·영서 엄마가 놀러왔을 때도 벼농사는 아직 엄두를 못 내고 있다기에 우리 벼농사를 자랑삼아 얘기했더니 영주엄마 왈, "그거 코뿔소 선생님만 흥분하시는 것 같던데요"라며 웃었다. 아이들이 지금은 모르겠지만 언젠가는 어린이집에서 된장 담그고, 배추 농사지어서 김장하고, 벼를 키우면서 어른들이 기뻐했던 것을 떠올리게 되리라.

농부는 논에 모가 자라는 것이 기쁘고, 부모는 아이가 잘 크는 것이 기쁘다.
산집 가족들은 두 가지를 다 보며 살았다.

함지박 논에서 벼가 쑥쑥 자라는 것을 농부가 된 심정으로 흐뭇하게 바라보는 마음은 밥을 안 먹어도 배가 불렀다. 마침 코뿔소는 생태나들이 모둠 안내자 과정을 공부하고 있었는데, 여름 교사대회 때 벼가 잘 자라고 있는 과정을 슬라이드로 찍어서 다른 여러 교사들에게 발표하기도 하였다. 벼가 뜻밖에도 비료나 약을 주지 않아도 잘 자라는 것을 보면 농사에 있어서 햇빛과 빗물과 흙의 힘이 얼마나 훌륭하게 생명을 키워내는지 자연의 위대함을 다시 한번 느껴보는 순간이었다.

가을걷이하기

우리 함지박 논은 한 마지기(함지박 하나를 한 마지기라 칭했다)는 밭의 형태고, 다른 세 마지기는 논의 형태다. 한 여름에는 비가 많이 와서 논의 물을 빼주기 위해 호스를 달아놓고 지내고 가을이 되면서 비가 오지 않을 땐 수돗물을 받아두었다가 주곤 하였다.

벼이삭이 날로 여물어가는 것을 보는 은근한 즐거움은 잘 자라고 있는 아이들을 보는 것 같다. 가을걷이를 어떻게 뻑적지근하게 해볼까, 탈곡은 어떻게 해야 하나. 저 얼마 안 되는 것을 밥 해 먹을까, 떡을 해 먹을까. 그러나 이 즐거운 고민은 민망하게도 허망하게 끝나버린다. 아이들 하고 지내느라 선생님들이 시간이 없을까봐 조합원들이 대청소 때 나름대로 힘들게 가을걷이를 해주신 것이다. 벼 수확하는 과정을 자료화하지 못한 아쉬움이 있지만 어쩔 수 없다. 또 하나의 중요한 교훈을 얻는 수밖에. 그러기에 조합의 특성상 교육 활동에 대해 공유하기와 실천적 공감대 형성을 게을리 해서는 안 된다는 것이다. 텃밭은 아빠들의 텃밭 뒤집기, 계분 뿌리기, 수시로 채소 수확하기 등을 통해 어느 정도 관심이 형성되어 있었지만, 벼농사는 그렇지 못했다. 그래도 첫해 치고는 수확의 양과 질을 떠나서 벼농사 원년의 의미가 충분히 있었다고 본다. 벼 키우는 과정의 즐거움, 올챙이가 개구리로 변하는 과정을 함께 보는 것, 우렁이도 함께 사는 것. 이런 것이 바로 생태적인 교육이 아니겠는가 말이다. 그래서 새해에도 다시 벼를 심어볼 계획이다. 이번엔 더 잘 해봐야지.

산들꽃 농장

이말순(코뿔소)

산어린이집 원장

산집에서 텃밭가꾸기는 매우 중요한 교육과정이다. 해마다 텃밭가 꾸기에 들어가는 엄청난 공력을 헛되게 하지 않으려면 우리는 텃밭가 꾸기의 의미를 짚어야 한다. 텃밭은 생업에 바쁜 아빠들의 틈새 노동력을 요구하고, 아이들 간수하느라 정신없는 교사들에게도 염치 도 없이 틈틈이 일손이 될 것을 요구한다. 평소에 누군가 꾸준하게 관심을 가지고 돌보지 않으면 종잣값도 못 건지는 헛일이 되기도 한다. 그렇다면 우리는 무엇을 위하여 텃밭을 가꾸고 있는가. 이것을 통하여 아이들에게 무엇을 가르치려고 하는가. 아이들에게 텃밭은 어떤 교육적 의미가 있을까. 아이들에게 감자는 어떻게 심는지, 감자꽃은 언제 피는지, 그런 지식을 알려 주는 것도 의미가 있을 것이다. 채소밭에 함께 존재하는 벌레들과 만나는 것도 의미가 있을 것이다.

그러나 보다 근원적인 것은, 아이들이 자신의 삶을 알아나가게 하는 것이 교육과정이라고 할 때 그 과정에서 우리의 삶이 자연의 흐름과 무관하지 않다는 것을 깨닫게 하는 일이다. 아이들이 흙을 만지고 채소가 자라는 것을 보면서, 사람들이 버리는 음식 쓰레기와 배설물들, 동물들의 분뇨들이 거름이 되는 것을 보면서, 그것을 통해 다시 작물이 자라고 우리 몸으로 되돌아오는 것을 보면서 인간도 결국 자연의 일부라는 것을 알고 자연의 흐름과 순환을 배운다. 그래서 우리의 삶이란 것이 결국 자연과 떼려야 뗄 수 없는 관계에 있음을 깨닫고 자연을 보존하고 아끼는 것이야말로 상생의 길이라는 것을 느낄 수 있게 주변 환경을 조성해주어야 할 것이다.

물론 이것은 잠정적 교육의 효과를 노리는 것이다. 유아기는 직접적인 교육도 이루어지지만 잠정적 교육의 효과가 큰 시기이므로 아이들이 어떤 체험을 통하여 사회화 과정을 겪었는지에 따라서 어른이 되었을 때 그들의 가치관은 달라질 것이다.

자연의 위대함은 텃밭을 가꾸면서 새삼스러워진다. "이렇게 조그만 씨앗에서 그렇게 큰 옥수수가 생긴다는 것이 신기해요." 옥수수 씨를 생전 처음 뿌려본다는 지민이 엄마는 아이들보다 더 흥미로워한다. 흙은 어머니처럼 온갖 더러운 것들을 덮어서 삭혀주고 어느 날 말없이 새로운 생명들을 잉태한다.

2000년 이전의 텃밭가꾸기

1997년 첫해에는 5월에 개원을 하여 주위에 마땅한 터가 없어서 나무상자에 흙을 담아 아이들의 학습장으로 삼았다. 그러다가 이듬해 효림·의림이네가 시흥에 집지을 부지로 농지를 사둔 것이 있어서 일주일에 한 번씩 나들이 삼아 텃밭 활동을 하였다.

그 곳 시흥은 땅이 아주 비옥하고 효림이 할머니가 같이 가꾸고 있어서 아이들에겐 깻잎·고추·배추 등 볼 것도 많고, 넓어서 놀기도 좋았다. 아이들과 '산들꽃 농장'이라고 팻말을 세우고 상추와 고구마·열무 등을 수확하여 봉지 봉지에 담아 시내버스를 타고 돌아오는 길은 뿌듯하기도 하고 힘들기도 했다. 그러나 시흥 텃밭의 문제는 거리가 멀다는 것이었다. 거리가 멀면 텃밭의 구실을 제대로 할 수 없다. 텃밭의 상추를 뜯어다 먹고 싶을 때 바로 갈 수 있어야 활용가치가 높은데, 멀리 있으니 막상 필요할 때는 못 먹게 된다. 그리고 대중교통을 이용하여 움직이므로 어린 방아이들은 어쩌다 한번 갈 수밖에 없어서 텃밭 관찰이 일상화되기 어려웠다.

아이들은 일의 재미를 안다. 일에는 좋은 의미의 '중독성'이 있기 때문이다. 자신이 가꾼 토마토와 채소가 자랑스럽기만 하다.

그 해 봄에는 열무를 심어 먹을 만하게 자랐는데, 어쩌다 한 주 걸러 갔더니 연보랏빛 열무꽃이 만발하여 우리를 반기고 있었다. 열무를 못 먹게 되어 아까웠지만 농사라는 것이 시기를 잘 맞추어야 제대로 수확을 할 수 있다는 것도 깨닫게 되었다. 덕분에 우리는 열무꽃의 아름다움을 실컷 만끽하고 현석이를 안고 그 앞에서 사진을 찍었다. 우리 같은 농사 초보자가 아니면 그 청초하고 아름다운 열무꽃 군락을 어찌 경험해볼 수 있을 것인가. 어쨌든 그 순간 우리는 행복했다.

그래서 다음 해는 터전 근처 성주산 주변에서 임자가 없어 보이는 땅을 일찍이 점찍어 두었다. 그 곳은 소라아파트 뒤 도깨비집(맨 처음 산집이 될 뻔한 빈집이다. 지붕이 높고 바닥이 낮은 걸로 보아 가내공장이었던 것 같고, 오동나무 있는 집은 살림집이었으리라 추측된다. 아이들과 나들이 다니면서 꼭 한번씩 들어가 본다. 들어가서 노래도 부르고, 소리도 지르고, 혹부리영감 이야기도 들려주다 보면 무서움은 사라지고 정겨움마저 든다)을 지나 산비탈에 있었다. 처음 산집에 와서 교사들과 나들이 길을 개발하려고 다녔을 때 일년초 고마리가 다닥다닥 자라있어서 인상에 남는 곳이었다. 고마리가 저렇게 피어있으니 땅이 습기가 많다는 것이고 그러니 남들은 쳐다보지도 않는 땅이었다. 교사들은 음식쓰레기도 갖다 묻어서 거름이 되도록 하고 아이들과 고마리를 뽑아내고 진달래(초기 택견 사범)와 그의 건장한 친구들이 와서 땅을 일구어 주었다. 그 곳에 상추씨를 뿌리고 배추씨도 뿌려보았다. 그리고 도깨비집을 지나 나들이 다니면서 아이들과 '잘 자라거라' 빌었는데 무참히도 전혀 자라지 않았다.

이유인즉, 버려진 땅에 비료나 거름을 전혀 쓰지 않고 그냥 씨앗을 뿌린 것과, 결정적으로 일조량이 따라주지 못했다. 밤나무와 떡갈나무가 우리 텃밭 위로 그늘을 드리우고 있었다. 그래서 봄 농사는 포기하고 말았다. 그리고 식목일을 전후하여 산에 나무심기를 아이들과 해보자고 교사회의에서 제안이 나와서 나무를 심어두면 아이들이 어른이 되어서 찾아왔을 때 얼마나 반가우랴 싶어 추진하기로 했다. 나무가 빨리 크나 내가 먼저 크나 내기도 하고 기쁜 마음을 가지고 아이들과 논의를 하니 이왕이면 과실수를 심자고 하였다. 그것도 좋겠다 하여 방별로 한 그루씩 심고 터전에서는 항아리에 대추나무를 심어보았다. 나무 심을 땐 땅을 엄청 파야 하는데, 그때도 진달래가 애를 썼다. 그런데 벼룩이 간을 내먹지, 그 나무들을 누가 몽땅 뽑아가 버렸다.

여름엔 볕이 좀 드는 자리이므로 좀 늦게(늘 때맞추는 것이 어렵다) 가을 고구마를 심었다. 고구마가 제법 손가락만하게 자라는 것을 보면서 수확할 기대를 하고 있는데, 추석 지내고 캐려고 가보니 누가 모두 캐어가 버렸다. 아이들도 교사들도 몹시 허탈함을 느꼈다. 아이들에게 무어라 해줄 말이 없어서 "아주 먹을 게 없어서 배고픈 사람이 캐다 먹었나 보다. 우리가 용서하기로 하자"고 달래는 수밖에 없었다. 그래서 봄·가을 농사지은 것이 씨앗값도 건지지 못했다. 아이들 입에서 "올해 농사는 완전 망했다"는 말이 나왔다.

2000년 이후 텃밭이야기

우리가 이 동네에 자리 잡은 지 벌써 3년이 되었다. 아이들은 동네 어른들께 인사를 잘하고 다녀서 귀여움을 받았다.

특히 이 동네 야산지기 응두목장 아저씨는 그 무렵 제일 막내였던 '진석이('96.5.9.생)'를 이름도 기억하며 예뻐했다. 응두목장 아저씨는 중고생 아이가 둘인데 몇 년 전 "마누라가 어떤 ×과 눈이 맞아서 나가 버렸다"고 했다. 그 아저씨는 토종닭을 방목하여 키우고 있었고, 수많은 개·오리·소들을 키우면서 그 거름으로 텃밭 농사도 하고 있었다. 아이들이 나들이 오면 반가워하면서 토종닭에 대하여 설명해주었다.

"진짜 토종닭은 몸이 작고 가벼우며 날개가 강해서 나는 힘이 풍부하고, 알을 품는 성질이 강하고 활발하며 부화된 병아리도 잘 키운다"고 했다. "근육도 기름이 적고 발육이 잘 되지는 않지만 고기 맛이 좋다"고 설명하였다. 지금 있는 닭들은 개량된 토종닭(토종닭 혈통비율 50% 이상)이라고 하였다.

어느 날, 그 아저씨가 닭을 잡고 있었다. 아이들에게 보여줄 것인가 돌아설 것인가 고민이 되지 않을 수 없었다. 그 때 나를 합리화시킨 것이 있었다.

나는 1989년 일본 오사카 보육 시설 연수 중에 후에로모라 공동체 농장을 견학한 일이 있었는데, 그 때 농장의 '보스'에게 이렇게 질문한 적이 있었다. "인간은 어떤 권리로 살아 있는 동물을 식량으로 섭취할 수 있나?" 그 때 그는 이렇게 대답해주었다. "자연에서 스스로 살아가는 야생 동물을 죽일 권리는 없다. 그들은 스스로 살고 있으므로. 그러나 집에서 기르는 가축은 사람이 취하기 위해서 기르는 것이다"라고 설명하였다. 그리고 아이들이 그 곳에 캠핑을 오면 초등학생 정도면 닭 잡는 일을 시켜본다고 했다. "누구도 이런 일을 하고 싶어 하지 않는다. 하지만 사람들은 점점 육식을 원하고 누군가 그들을 위하여 그 일을 해야 한다"는 것이다. 그의 이야기는 아이들과 나들이를 다니면서 수없이 만나는 생명들을 어떻게 대해야 할지 내 개인적인 지침이 되었다.

그 곳 사람들은 모두 별명을 사용했는데, 하나후사[📖]의 별명이 보스였다.

그 날 아이들은 아저씨의 닭 해부학 강의를 듣고 보았다. 그리고 그 해 응두목장 아저씨는 새장가를 들었고, 우리는 아저씨의 신혼을 방해하지 않기 위해 응두목장으로 놀러가는 것을 자제했다.

우리 텃밭(산밭)을 빌려준 사람이 바로 그 아저씨와 그의 노모였다. 200여 평 되는 땅에 아이들과 함께 상추·알타리·고구마·감자·고추들을 심어서 쏠쏠하게 즐거움을 맛볼 수 있었다. 다음은 그 해의 텃밭가꾸기 일지다.

2000년 산밭가꾸기

올해에는 지난 겨울부터 지역에서 산을 관리하는 할머니께 아이들과 농사를 지어볼 의사를 밝히고 밭을 임대해 달라고 부탁을 했다. 다행히 터전 바로 뒤 개울가에 있는 산밭(산에 있는 밭을 말함) 200평 정도를 구할 수 있었다. 자갈이 많고 건축 폐자재도 더러 보이는 등 비옥한 땅은 아니었다. 그래도 우리가 흙 만지고 뒹굴 수 있는

[📖] 하나후사 료스케는 일본 간사이 지방에서 1977년부터 14년간이나 '후에로 마을' 농업공동체를 일궜다. 장애우와 재활 의지를 가진 이들과 농업공동체를 실천하려는 다양한 사람들로 구성해 시작한 공동체는 결국 실패하고 말았지만, 현대의 메마른 삶의 대안으로 공동체를 이야기하는 오늘날, 의식 있는 사람들에게 시사하는 바가 크다. 그가 '후에로 마을'의 꿈과 좌절을 그린 『새로운 세상을 여는 공동체 이야기』(1997, 내일을 여는 책)가 우리나라에도 소개된 바 있다.

땅이 생긴 것을 교사나 조합원, 아이들 모두 기뻐하였다. 봄이 되자, 어린이집의 부모님들이 여러 날을 두고 호미와 괭이로 땅을 일구어주었다. 밭은 민혁이네 할머니·할아버지와 공동으로 경작하기로 하고 먹는 것도 함께 나누기로 하였다.

▶ 3월 14일 (화)

영주·영서 엄마와 종화엄마 등 부모님들이 땅을 일구고 퇴비를 듬뿍 뿌려 주었다. 아이들과 함께 흙을 고르고 돌을 골라냈다. 땅이 척박하고 자갈이 많아서 무엇을 심어야 잘 될지 고민하다가 산이 많은 강원도에서 감자가 잘 되는 것을 생각해내고 감자와 옥수수를 주종으로 심기로 하였다. 터전에 있던 감자를 며칠 두고 보면서 감자 싹이 나기를 기다렸다.

씨감자 자르기를 하는 코뿔소와 산집 아이들. "씨눈을 다치지 않게 자르는 거야."

▶ 3월 27일 (월)

덩더쿵·옹골찬·당실방이 오후 새참 먹고 산밭으로 갔다. 싹이
난 씨감자를 아이들과 함께 감자 눈이 다치지 않도록 조심해서
잘랐다. 한쪽에 두세 개 눈이 붙어있도록 했다. 아이들은 씨감자
자르는 것을 재미있어 하였다. 집에서 감자 농사를 지어본 꼬리가
선두 지휘를 하여 심었다. 눈 있는 쪽을 위로 하여 심고는 흙을
3cm 정도로 덮어주고 물을 주었다.

그리고 혜민이가 아이들에게 가르쳐준 '씨감자' 노래를 아이들과
함께 불렀다.

씨 감자

(이원수 시에 곡을 붙인 노랫말)

감자 씨는 묵은 감자,
칼로 썰어 심는다.
토막토막 자른 자리
재를 묻혀 심는다.

밭 가득 심고 나면
날 저물어 달밤
감자는 아픈 몸
흙을 덮고 자네.

오다가 돌아보면
훤한 밭골에
달빛이 내려와서
입 맞춰 주고 있네.

▶ 4월 4일 (화) 씨뿌리기

밭의 흙이 고운 쪽에 야채를 가꾸기로 하였다. 길게 이랑을 내고 아이들과 씨앗을 관찰하며 손바닥에 조금씩 주고는 흙 위로 솔솔 뿌려 보게 하였다. 아이들은 씨앗을 뿌리고 흙으로 얇게 덮어 준다는 것이 손바닥으로 꾹꾹 누르고 있었다.

씨뿌리기 한 느낌을 아이들과 이야기해 보았다.

> 의림 : 배추가 씨를 뿌려주면 자라잖아. 근데 돌멩이가 있으면 죽어. 그래서 돌멩이 고르러 갔어. 호미도 가지고 갔어.
>
> 리림 : 근데 돌멩이 있으면 배추가 맞아서 추워. 사람들이 모르고 배추를 밟으면 안 돼.
>
> 새미 : 씨가 하얀색을 했는데 좀 회색이었어.
>
> 인범 : 난 아무데도 안 뿌렸어. 놀기만 했어. 무당벌레랑 거미랑 잡았어.
>
> 희제 : 난 씨 뿌렸는데, 팍팍 뿌려도 씨가 돋아난다고 생각해.
>
> 한결 : 어떤 산밭에 어떤 거미가 올라가고 있었어.

▶ 4월 11일 (화)

그 동안 고맙게도 비가 한두 차례 와서 그런지 산밭엔 모든 싹들이 고개를 뾰족이 내밀고 있었다.

> 참새 : 얘들아, 어떻게 해서 이렇게 싹이 나게 되었을까?
>
> 민혁 : 응. 땅 속에 있던 왕거미가 등으로 흙을 떠밀어서 싹이 올라오게 된 것 같아.
>
> 참새 : !!!

▶ 4월 18일 (화)

배추·쑥갓·상치·열무가 싹이 났는데 모두 떡잎 두 개가 나오니까 비슷하여 무슨 싹인지 구분할 수 없었다. 팻말을 바로 했어야 했는데……. 소복하게 올라온 싹을 한 움큼 솎아다가 점심때 밥에 비벼 먹으니 맛이 상큼했다. 아이들도 잘 먹었다. 민혁이 할머니가 서리태 콩이랑 옥수수 씨앗을 주셔서 아이들과 심었다. 다른 씨앗과 달리 콩과 옥수수는 씨앗이 큼직하여 아이들이 한 곳에 들어붓지 않고 두세 알씩 뿌릴 수 있었다.

> 리림 : 콩이 너무 동글동글해. 까만색이 찐해. 옥수수는 구멍이
>   뚫렸구, 조금 가늘게 생겼어.
> 환히 : 난 옥수수 심는 게 너무 재미있었어.
> 인호 : 난 벌레 잡는 것이 재미있었어.

▶ 4월 27일 (목) 음식 찌꺼기를 묻다

터전에서 나오는 음식 찌꺼기를 가지고 퇴비를 만들기로 하였다. 산밭 한쪽에 커다랗게 구덩이를 파고 찌꺼기를 묻고 흙을 덮고 다시 찌꺼기를 넣고 흙을 덮고 하여 3개월쯤 지나면 퇴비가 된다. 아이들은 일찍 나온 메뚜기를 좇아다니느라고 정신이 없다.

▶ 5월 3일 (수)

옥수수싹·서리태콩싹·감자싹이 예쁘게 돋아났다. 배추·열무·상추의 잎이 네댓 개씩 나와서 상추인지 열무인지 모양이 구분된다. 싹이 많이 자라서 많이 솎아주고 풀을 뽑아주었다. 솎은 것을 가져

와서 굵은 것은 김치를 담고 작은 것은 국을 끓여 먹었다.

▶ 5월 8일 (월)

상추를 뜯으러 산밭에 갔다. 잡초들이 많이 자라 있었다. 아이들과 잡초를 뽑아 김을 매주었다. "상추가 멋있어"라고 희제가 말했다.

▶ 5월 22일 (월)

열무가 많이 자라서 뽑아주었다. 열무김치를 담가먹어도 될 것 같았다. 아욱은 어린 싹이 잘 자라도록 일부를 솎아주었다. 열무 뽑는 아이들보다 벌레 찾으러 다니는 아이들이 많다. 텃밭은 온갖 살아있는 곤충들이 있어서 아이들에겐 언제나 흥미로운 곳이다. 무당벌레는 정말 가짓수가 많다. 아이들은 칠성무당벌레·이십팔점 무당벌레 등 아는 이름을 대보지만, 처음 보는 것도 있었다. KBS에서 촬영을 나왔는데, 산밭에서 아이들이 활동하는 것을 찍겠다고 하였다. 여기저기 벌레 탐색을 하던 인호가 갑자기 큰 소리를 질렀다. "땅강아지 발견! 땅강아지 발견!" 아이들이 우르르 그 쪽으로 몰려간다. 카메라맨도 쫓아가고 PD 아저씨도 쫓아갔다. 올 봄에 새로 태어난 땅강아지인 듯 아직 색깔이 진한 갈색을 띠고 있지는 않았다. 크기는 제법 되었다. 인호가 땅강아지를 잘 알고 있는 것이 놀랍다. 그런데 잠시 후 산밭 아래쪽 개울가에서 벌레 탐색을 하던 인범이가 소리를 질렀다. "개구리 발견! 짝짓기하는 개구리 발견!" 아이들과 어른들이 모두 달려가려는 순간 걱정이 생긴다. 이러다 봄에 새로 나오는 곤충·동물들이 아이들 등쌀에 잘 살 수 있을까.

▶ 5월 30일 (화)

배추가 많이 자라 잎이 커지고 벌레 먹은 곳도 많이 보였다. 리림이는 비닐 끈으로 배춧잎을 모아서 묶는 것을 잘 했다. 감자도 많이 자라서 가지가 서너 개씩 뻗은 모습에 잎도 무성하다. 보기에도 튼튼하다. 감자가 많이 자라도록 밑줄기까지 흙을 두둑하게 올려주는 북돋아주기를 하였다.

▶ 6월 5일 (월)

열무에 연보랏빛 꽃이 피었다. 꽃이 핀 열무는 뽑아버리고 그 자리에 고구마를 심기로 하였다. 대보시장의 모종 파는 가게에다 고구마 싹을 부탁해 두었다. 고구마를 제때 심으려면 싹틔우는 법을 배워야 하겠다. 쑥갓의 색깔이 연두색에서 짙은 쑥색이 되었다. 옥수수가 많이 자라서 아이들 키만큼 된다. 할머니가 심으신 고추도 열매가 손톱만큼 자라있었다.

"쉿! 땅강아지가 흙 파는 소리 들었어." 다훈이가 말했다.

▶ 6월 19일 (월)

드디어 대보시장에서 고구마 싹을 가져가라는 연락이 왔다. 시기가 좀 늦은 감이 있지만, 오늘이라도 심기로 하였다. 쑥갓이 꽃이 피어 못 먹게 되었으므로, 쑥갓을 뽑고 그 자리에 고구마 싹을 심기로 하였다. 쑥갓을 모두 뽑아버리긴 아까워서 몇 뿌리는 남겨 두어 꽃도 보고 씨앗도 받기로 하였다. 고구마 줄기는 뿌리가 두어 마디나 있었다. 다시 흙을 고르고 이랑을 만들어서 돌도 골라냈다. 아이들은 땀을 흘리며 물을 길어 나르고 신나게 고구마를 심었다. 고구마

뿌리가 돋아난 줄기를 두 마디 가량 눕혀서 심고, 흙으로 잘 덮고
물을 주었다. 비야 쏟아져라!

▶ 7월 11일 (화)
   드디어 감자를 캐는 날이다.
먹구름이 짙게 몰려오고……. 태풍이 오기 전에 얼른 캐야한다며
손에 손에 호미와 모종삽을 들고 산밭으로 몰려갔다. 아이들은 산밭
에 이르기가 무섭게 설명할 겨를도 없이 감자 가지를 하나씩 잡고
잡아당겼다. 감자는 튼튼한 알들을 매달고 있었다.
   "와! 감자다. 이 감자 좀 봐!"
   "그래, 정말 멋진 감자다."
   멋지게 뻗은 감자 뿌리줄기에 감자가 주렁주렁 달려 있었다. 감자
가지는 어느새 뿌리째 뽑혀져 한쪽으로 동댕이쳐지고 아이들은
땅 속에 남아있는 감자를 찾아 호미로 조심조심 땅을 팠다. 바구니
가득 감자가 담겼다. 그 새 싹이 난 것도 있었다. 굵은 감자알을
만져보며 모두들 흐뭇해했다.
   감자를 들고 내려오면서 아이들 키의 두 배도 넘는 옥수수를
바라보았다. 얼마 안 있으면 옥수수도 따게 되겠지.
   "옥수수잎이 자기를 때려!"
   민혁이가 바람에 흔들리는 옥수수잎을 보며 중얼거렸다.

그리고 2002년의 텃밭(산밭)

작년에 산밭을 가꾸면서는 해솔 할머니께 이것저것 자주 여쭤보았다. 감자꽃은 순지르기를 해야 하는지 말아야 하는지, 토마토는 순지르기를 하는지 마는지, 물어 보는 사람마다 다 대답이 제각각이므로. 결국 열매를 튼실하게 얻으려면 해야 하는 것으로 결론이 났다. 그리고 감자꽃은 세 번 피고 지면 감자를 캐도 된다고 알려주셨다.

작년 봄엔 비가 너무도 오지 않아서 아이들이 페트병으로 물통을 만들어 물을 길어다 부어주었다. 그 때에는 옥수수를 주종으로 심어서 몇 번을 따다가 구워도 먹고 쪄도 먹고 말려서 종자로 쓰기도 했다.

올해 텃밭가꾸기에서 해솔 할머니는 없어서는 안 될 인물이었다. 해솔 할머니의 존재는 여러 가지로 우리에게 의미가 각별했다. 우선은 이 작은 텃밭(결코 작지 않은 200여 평) 하나에도 누군가 전담해서 무슨 씨를 뿌리고 거둘 것인지 계획을 하고 들여다보고, 적기에 거둬야 하는데 터전에 그럴 만한 여력이 없었다. 이런 터에 할머니의 적극적인 참여는 너무나 고마운 일이 아닐 수 없다. 다음은 할머니가 보여주고 있는 교육적 효과다. 할머니가 펼치시는 농사 기술은 '교사'라는 중간 역할을 통하여 아이들에게 전해지게 된다. 농사짓는 방법이나 노하우에 대하여 이렇게 직접적인 도제 형식으로 전해주고, 혹은 글로 전수된다면 앞으로 농사를 모르는 후손들에게도 분명 도움이 될 것이다. 자식들은 이 고생 안 시킨다고 도회지로 떠나보내고, 모두가 점점 농사짓는 일을 도외시한다면 또 다른 문화 손실이

우려되는 것이다.

할머니는 아이들이 텃밭에 물을 주거나 하면 "아이고 내 새끼들, 너무너무 잘 하네!"라며 아이들의 기운을 북돋아주셨다. 그리고 한 가지 더 의미를 부여한다면, 산집에서는 부모 자원뿐만 아니라 조부모 자원까지 적극적으로 활용한다는 것이다. 이는 핵가족 시대에 소외되는 노인 문제를 함께 고민함으로써 진정한 마을 공동체의 구심점을 형성하는 것이다. 터전에서는 텃밭 가꾸기에서의 해솔 할머니뿐만 아니라, 김장 때 채연 할머니의 맛깔스런 솜씨 또한 한몫을 하였다. "채연 할머니는 김장으로 인해 오야붕(?)으로 등극했다"고 모 교사는 표현하였다. 2001년 송년잔치 때 모셔다가 '짚신삼기'를 배웠던 옆집 팔순 할아버지(정해수 할아버지) 역시 산집의 숨은 자원이다. 맞벌이 부부가 공동육아를 하면서 사실상 육아에서 노인들을 소외시키게 되는데, 이렇게 간접적으로나마 참여의 길을 열어놓는다면 노인들이 가지고 있는 풍부한 삶의 지혜도 배우고 아이들과 만날 수 있는 기회도 드리면서 삶을 기쁘게 할 수 있는 것이다.

"언제 날 잡아서 아빠들보고 텃밭을 싹 갈아엎으라고 해! 그라믄 내가 씨앗 사다 뿌려놓을랑게." 해솔 할머니의 분부에 따라 아빠들은 밭의 흙을 뒤집고 헤라클레스와 꽃돼지는 호박구덩이를 파고 산집의 어른용 재래식 화장실에서 분뇨를 퍼다 부었다. 엄마들은 똥 퍼다 붓는 것을 한번도 못 봤다며 구경도 하였다. 헤라와 꽃돼지도 언제 해봤겠는가. 교사회의 때 남자라는 이유로 담당이 되었을 뿐이다. 그러니 호박구덩이를 여러 군데 파지 않고 한군데만 파놓고 거기다 들이부어 놓는 사태를 만들어 놨다. 해솔 할머니는 그 특유의 농법에 따라 한 곳에 씨앗을 뿌려 모종을 내곤 다시 여러 군데에다 옮겨

심도록 하였다. 그러나 호박심기는 위낙 땅이 척박하여선지 냄새만 요란했고 수확물은 신통치 않았다.

"텃밭을 일구려면 이런 돌부터 치워야지." 텃밭에서 벗어난 녀석들이 딴청을 부린다.

올해는 땅주인이 나무 심는다며 텃밭을 못 가꾸게 하여 마음고생도 했다. 땅 한 평 없으면서 텃밭 가꾸기를 올해의 중요한 사업이자 아이들의 교육과정으로 잡아 놓고 있다는 것은 아이러니가 아닐 수 없다. 도심 한복판에 살면서 자연 친화적인 교육을 꿈꾸고 자유와 개성을 중시하면서도 공동체를 꿈꾸는 사람들이 공동육아를 하는 사람들이다. 아니 그래서 더욱 공동육아와 자연 친화 교육을 해야 한다는 생각이 든다. 오늘날 시장이나 할인 매장을 가면 벌레 하나 먹지 않은 싱싱하고 푸른 채소들이 즐비하다. 그러나 이미 우리들은 그 푸르고 싱싱함이 안전한 먹거리가 아닌 것을 알고 있다. 육식도 마찬가지다. 성장 호르몬을 먹고 자란 동물들을 사람들이 먹으면서 특히 아이들의 성장 발육에 어떤 치명적인 문제를 일으키는지 보고된 사례도 심심치 않게 접하게 된다. 더군다나 사랑스러운 어린 아기들의 입으로 들어가는 식품들을 믿을 수 없다는 것은, 과학 문명의 발달을 추구해오고 누려온 세대로서 톡톡히 비싼 값을 치르고 있는 것이다.

그러므로 텃밭에서 아이들과 채소를 가꾸고 먹거리를 만드는 일을 직접 체험한다는 것은 자연과 인간의 관계를 알아나가고 최소한의 먹거리만이라도 자급자족한다는 의미에서 매우 중요하다. 더욱이 아이들이 제 손으로 먹거리를 가꾸는 일에 관심을 갖는다는 것과, 채소밭에서 달팽이와 무당벌레·노린재·메뚜기·나비·지렁이들을 만날 수 있는 일은 또 다른 즐거움을 안겨준다.

올해 농사는 상추·오이·토마토·가지·옥수수·열무·배추·무·콩·파 등을 심었다. 그 중 상추는 봄과 가을로 거두었다. 봄과 가을의 기온차가 비슷하므로 두 번 경작할 수 있다. 봄상추에 비하여 가을상추는 맛이 더 고소하다. 요건 경작하여 먹어본 사람만 아는 것이다. 마치 가을배추가 봄배추에 비하여 더 맛이 있듯이. 이 맛의 차이는 무엇의 차이일까. 내 짧은 소견으로는 볕의 차이가 아닐까 싶다. 가을배추는 여름을 지나는 동안 햇볕을 많이 받고, 따라서 당분 함유량이 많아지게 되고 그래서 더 고소하고 맛도 있는 것이리라.

아이들에게 텃밭에서 풀을 뽑거나 물을 주고 나면 품삯으로 상추를 뜯어 집에 가져갈 수 있다고 말해준다. 그러면 아이들은 신이 나서 페트병 물통을 양손에 들고 개울에서 물을 퍼다 나르고 풀도 뽑는다.

모 조합원은 아이들이 즐겁게 일하는 것을 보고, "아이들 노동력을 너무 착취하는 것 아니냐"고 은근한 걱정을 한다. 딸 수 있는 만큼 따서 가져가도 좋다고 말해주면 현선이와 세연이는 야무지게 가득 따서 만면에 웃음을 띠며 비닐 봉투에 담아갔다.

"엄마한테 맛있는 반찬 만들어 달래야지." 경쟁하듯 야무지게 안아들었다.

풋고추와 상추는 무진장 따서 조합원들과 교사들이 나누어 먹었다. 아이들은 고추 따는 것을 아주 재미있어 했다.

올해 가장 큰 수확은 12월 22~23일에 걸쳐 우리 텃밭에서 직접 수확한 것으로 김장 김치를 담갔다는 점이다. 무려 100포기쯤 되는 것을 아이들과 배추 뽑기·나르기·절이기도 하고 마늘·파를 다듬고, 다음 날 채연 할머니와 엄마들이 오셔서 구수하게 수다를 떨면서 김장을 했다. 그 날 오후 아이들은 어린이 할당량을 받아서 무채도 썰어보고 김장 노래를 부르면서 김치를 버무렸다. 그리고 고기 보쌈을 하여 금방 버무린 김치를 맛나게 쭉쭉 찢어서 새참으로 먹었다.

그리고 가을에 그 밭에 보리를 심었다.

둘리삐삐, 사랑해

산집 토끼 이야기

이말순(코뿔소)

산어린이집 원장

　오랜만에 토끼가 왔다. 토끼가 옴으로써 산집이 비로소 정상화된 듯하다. 이 토끼는 지난해(2001년) 8월 말경 대전 '친구랑 어린이집'에 갔다가 분양 받아온 것이다. 그 때는 친구랑 어린이집의 갈색 어미와 회색 아비가 낳은 토끼 자식들이 태어난 지 2~3주 정도 되는 시기였다. 작년 산집의 토끼 키우기는 정말 수난의 연속이었다. 연초 영하 15도가 넘는 엄동설한에 토끼 어미가 세 번째 출산에 성공한 일이 있었다. 새끼 6마리가 고물고물 자라고 있는 모습을 보여준 것이다. 정확히 며칠이나 되었을지 아무도 알 수 없는 귀여운 고것들을 보며 쾌재를 부르다 못해 "저것들을 어떻게 다 키우냐, 분양 받을 사람 나와라, 우리는 이제 토끼 키우는 데 성공했다" 이렇게 짓까불고 떠들던 것도 잠시. 어느 날 일어난 참변은 도저히 눈뜨고 볼 수 없었다. 산후 조리 하느라고 떨어져 있던 어미·아비를 새끼 6마리와 함께 오순도순 알콩달콩 살라고 넣어줬더니 새끼들을 몰살시킨 것이었다. 어찌된 영문인지 도저히 파악할 수 없었다. 그리고 한참

후에 깨달았다. 그것은 바로 그 전 날, 두 달이나 되었으니 분양을 하도록 암수를 구분해 달라는 코뿔소의 부탁을 받은 ○○교사가 들어가서 구분 작업을 한 게 탈이었다. 즉 암놈이면 분홍리본을 묶어 놓는 등 사람 손을 탄 게 원인이었다. 그 꼴을 본 어미·아비가 새끼들을 해친 것이었다. 그러나 그렇게 엄청난 사고를 친 어미·아비를 그래도 한번 더 기다려 주기로 마음먹었다.

집단생활을 처음 시작할 때 분리 불안 상태에 놓인 아이들에게 토끼는 따뜻한 위안거리며 소중한 친구가 되었다.

'새끼만 한번 더 낳아라. 성공하면 이번엔 성주벌 너른 들판으로 날아다니게 보내 주마.' 코뿔소는 목 빠지게 손자를 기다리는 시어머니가 되어버린 것 같았다. 그런데 딱 한 마리를 낳았다. 어렵게 받은 새끼를 잘 키워 주기로 하고, 어미·아비를 성주산에 방생하러

갔다. 처음으로 동물을 방생해 보는 아이들은 무슨 의식을 치르는 듯했다. 그 날의 일을 아이들이 얘기하는데, "토끼가 놓아줘도 안 가고 가만있었어." 그랬겠지. 상황 파악이 그들이라고 안 될까. 이것이 진정 살라는 길이냐 죽으라는 길이냐 평생 갇혀 살아온 그들에겐 자유가 주어져도 누릴 능력이 없는 것을. 그래도 생을 마감하기 전 단 며칠이라도 자유롭게 다녀봐라. 사료가 아닌 풀잎을 먹고 가랑잎을 먹고 살더라도 제 손으로 먹이도 찾아보고……. 그렇게 토끼를 떠나보낸 후 간간히 들리는 이야기는 동네에 내려와 쓰레기통을 뒤지고 있더라나? 어쨌든 아직 살아있군. 얼마나 갈지 모르겠지만. 낳은 지 얼마 안 된 귀여운 자식을 데려가려고 음모를 꾸미고 수작을 부리는데, 그것을 그냥 놔둘 부모가 세상천지 어디 있겠는가. 누가 동물을 아무것도 모른다고, 감정이 없다고 했을까?

우리는 2001년에 또 한번의 엄청난 체험을 하였다. 그것은 도둑고양이가 낳아놓고 간 검은 얼룩 고양이 4마리를 키운 것이다. 겨울에 추울까봐 방에 들여놓고 우유를 주사기로 입에 넣어 먹였다. 어찌어찌하여 한 마리만 살아남았는데, 본래 도둑고양이 유전자를 갖고 있는지라 돌아다니길 좋아하더니 사춘기가 되자마자 가출을 하였다. 그런데 고것이 가끔 찾아와서는 살던 방을 들여다보고 젖 먹여 키워준 교사 다리에 몸을 부비며 몇 바퀴 돌고는 퇴근길에 따라나선다.

"이제 됐다. 그만 나와라."

그래도 계속 따라 오다가 진영정보고교 있는 곳에서 멀어져 가는 차량을 멀거니 보고 섰던 눈빛을 잊을 수가 없다. 이렇게 감정과 서정이 교감되는 영리한 고양이를 가끔 보고 싶다고 생각하고 있으면

꼭 나타난다. 별일만 없다면 머잖아 또 집에 다녀가겠지. 이 고양이는 요즘 도둑고양이의 보스가 되어 온 동네를 누비고 다닌다. 검은색 털과 흰색털이 고르게 박히고, 태어날 때부터 기형이라 꼬리가 없는 어미고양이가 이 지역에서 발견되면, 산집 교사들이 우유 먹여 키운 녀석으로 보면 틀림없다.

작년에 그렇게 고양이 4마리, 토끼 8마리를 거두다가 여름 방학을 지나면서 병사하거나 외부 침입을 이겨 내지 못하고 거의 전멸하였다. 그러던 차에 막 태어난 '친구랑 어린이집'의 새끼토끼와의 상면은 운명으로 이어질 수밖에 없었다. 그 다음 주에 대전발 서울행 고속버스에 태우고 왔다. 터전 토끼장에는 아직 한 마리 고양이가 남아 있고, 우선 좀 클 때까지 코뿔소 집에서 동거 동락하기로 했다.

코뿔소 집에서 대접을 잘 받았을까? 코뿔소가 토끼를 들여다보는 것은 일주일에 한두 번이고, 어머니만 부지런히 삼시 세끼 안 굶기고 거둬 먹였다. 그것도 사료 안 먹이고 싱싱하고 예쁜 당근만 사다 먹였다. 그러던 어느 날, 비실거리던 잿빛토끼가 먼저 세상을 떠났다. 식구들 누구도 감히 손도 못 대고 코뿔소 오기만 기다리고 있었다. 땅이 너무 얼어서 묻어주지도 못했다. 혼자 남은 흰 토끼! 어머님은 "빨리 데려가거라. 가서 짝 채워 주거라" 하시고, 손도 못 대는 남편은 "저게 토끼냐? 돼지지!" 한다. 이렇게 설움과 외로움까지 겪은 토끼의 안부를 '친구랑'의 교사는 묻는다.

"토끼 잘 커요? 우리 토끼는 다 죽었어요. 새끼들은 물어가고 어미들은 도망가고……."

"쯔쯧. 그럼 고아가 되었네."

토끼를 데려온 날 옹골찬 몇몇 아이들에게 물어 보았다.

코뿔소 : 토끼 이름 뭘로 할까?
한님 : 둘리!
지윤 : 아니, 둘리삐삐!
우현 : 나는 흰곰 라르스로 했으면 좋겠어요.

아니, 흰곰 라르스라니? 정말 곰 같은 이미지 아닌가. 그렇지만 다수결에 의해 '둘리삐삐'가 되었다. 별명으로는 '흰곰 라르스' 이렇게 한 식구로 환영을 받으며 살게 된 둘리삐삐는 우리랑 오래오래 살기를 바랐다. 산집을 떠나 있던 시간 동안 제법 커진 몸뚱이가 어색했지만, 그래도 하얀 토끼털은 아이들에게 눈처럼 희어 보였을 것이다.

둘리삐삐 잡아먹고 달아난 소

박재형(헤라클레스)

옹골찬방 교사

산길을 덮어버린 진달래꽃을 보는 행복과, 길가에 있는 쑥을 뜯는 재미가 더해지는 4월. 4월 10일 나들이갔다가 산집으로 돌아오는 길이었다. 약간 가파른 경삿길을 미끄러지듯이 내려온 아이들은 개울 옆에 소 두 마리가 없어진 것을 발견했다.

헤라 : 어! 소가 없네.

아이들 : 언제나 있었는데…… 없어졌어.
지연 : 혹시…… 소가 둘리삐삐를 잡아먹고 도망간 거 아닐까?
헤라 : 응?
지연 : 우리 몰래 밤중에.

아이들은 이런저런 추측을 하면서 둘리삐삐의 실종을 이해할 수 없는 사건으로 보고 있었다. 둘리삐삐가 사라진 다음, 그 이유를 묻는 아이들에게 "토끼가 자유를 찾아 산으로 갔을 거야"라는 대답으로 수습한다는 건 아이들에게 오히려 현실적이지 못하다는 생각이 들었다. "잘 모르겠어. 그런데 둘리삐삐가 나가고 싶어서 나간 건 아닌 것 같아. 누가 가져간 것 같은데…… 누군지는 모르겠어"라는 말을 할 수밖에 없었다.

지난 여러 달 동안 둘리삐삐의 행방불명과 여러 마리의 동물 친구들을 텃밭에 묻었다. 누가 그랬는지 모르는 상태에서 토끼장의 문이 열리고 둘리삐삐는 없어지고, 또 정확한 이유를 알 수 없었지만 물기가 있는 먹이를 주어서 그렇게 토끼가 죽었을 것이라고 생각하고 있다. 또 다른 둘리삐삐가 죽어서 텃밭에 묻은 것은 8월 6일 비가 오는 날이었다. 옹골찬이들은 우산을 쓰고 나와 세상을 떠나는 토끼의 장례식을 엄숙히 치렀다. 땅으로 돌아가는 삐삐를 보면서 모두가 좋은 세상으로 잘 가기를 빌어주었다.

한결 엄마에게 정보를 얻어서 8월 20일 자연사 박물관에서 토끼 두 마리를 분양 받았지만, 결국 적응하지 못하고 차가운 몸으로 땅에 묻혀야 했다.

안타깝고 짧은 만남을 갖고 텃밭에 묻힌 동물 친구들은 우리

산집 어린이들과 어른의 마음에도 잠들었을 것이다. 동물을 기르면
서, 그리고 이별과 죽음을 경험하면서 산집 아이들은 더욱 동물을
아끼고 사랑해주어야 한다는 것을 배워가고 있다.

염소, 잘 먹겠습니다

이말순(코뿔소)

산 어린이집 원장

무엇을 먹고 살 것인가

"염소, 밥 더 줘!"

"조금만 더 주세요, 세 번째에요."

요즘 당실이들은 밥을 어찌나 잘 먹는지 교사들은 장족의 발전을 했다고 입을 모은다. 잡곡밥이 싫다며 콩만 남겨서 고민했던 성배·규진이. 잡곡밥을 아예 거부하던 규범이도 이제는 옛말하며 지낸다.

산집에서는 아이들이 다 모이면 "얘들아, 나들이 가자!"로 하루 일과가 시작된다. 평소 신발도 잘 못 신던 아이들도 외투를 거꾸로 걸치고라도 나들이 대열에 따라 나선다. 아이들은 밖에 나가길 좋아한다. 처음 와서 엄마와 떨어져 울던 아이들도 "우리 밖에 나가 볼까?" 하면 울음을 멈추고 따라 나선다. 나가길 좋아하는 것은 구속을 싫어하고 자유를 원하는 인간적 속성인 것 같다. 아니 인간뿐만이 아닌 것 같다. 갇혀있는 것에 익숙해져서 자유가 주어져도 누리지 못하는 지경이 되기 전까지는 누구나 울안에 갇혀있길 거부한다. 아이들은 오전 10시경부터 점심때까지 하루 보통 두 시간씩 나들이를 다니고, 그것도 주로 산길을 오르내리며 열심히 놀다보면 밥 먹는 것이 달라진다. 아이들로선 엄청난 운동량과 자연과 바깥 세계에 대한 열정적인 탐색을 마치고 돌아와서 먹는 점심 맛은 시골 논두렁에서 고된 노동 끝에 오는 밥맛처럼 꿀맛이다. 그런데다가 여럿이 어울려 함께 먹으니 생전 안 먹던 반찬도 시샘하여 먹게 되므로 편식도 저절로 수그러든다.

식사시간은 언제나 즐거운 잔칫집 분위기다. 아이들은 먹을 것을 나누며 정이 두터워진다.

옛말에 '먹는 것에서 정 난다'라고 했다. 먹을 것 안 나누어 먹으면 인심 잃는 지름길이 된다. 우현 아빠는 산집 교사회가 아이들에게 나눠 먹는 것에 대해 잘 가르쳤다고 번번이 얘기한다. 우현이가 집에서 조금이라도 먹는 것에서 불리해지면 큰일 난다고 한다. 몸이 성장 중에 있는 아이들에게 먹는 것은 더 중요하다. 그러지 않아도 요즘같이 환경이 파괴되고 먹거리가 오염된 세상에서 살다 보면, 전 세계적으로 먹거리가 화두가 되지 않을 수 없다. 무엇을 먹으며 살 것인가? 아이들을 어떻게 먹일 것인가? '차라리 아이를 굶기라'고 할 만큼 먹일 것이 없다고 한다. 이렇게 먹을 것이 흔한 세상에. 아이러니가 아닐 수 없다.

인류의 문화 중에서 음식 문화만큼은 쉽게 바뀌지 않는다. 낯선 외국 땅에 나가서도 우리 음식이 제일 먹고 싶어서 견디기 어렵다고 한다. 그것은 음식 문화라는 것이 제 나라 문화를 지키는 최후의 보루임을 알려 준다. 우리 음식을 찾는다는 것은 이 땅에서 난 농산물로 만들어진 된장·고추장·김치 같은 독특한 맛을 가진 음식에 길들여졌다는 것을 의미한다. 제 나라 땅에서 태어난 사람들이 제 나라 음식을 먹고 사는 것이 당연할진데 그 일이 왜 이리 어려운 것일까.

농산물 전면 개방 시대에 살고 있는 우리들은 값싸게 밀려들어오는 수입 농산물들을 먹지 않을 수 없다. 점점 생산량과 가격에서 밀리는 우리 농산물은 극소수 소비자들만 먹을 수 있게 되어가고 있는 것이다. 그러니 식탁은 세계 여러 나라의 농산물들로 화려하게 이름표를 단 재료들로 차려질 수밖에 없다. 점점 이렇게 가다가는 우리 농산물 자체가 없어질지도 모르는 일이다. 우리 농산물을 지켜 나가는 생협 운동은 바로 공동육아의 생태교육과도 관련이 있다. 우리 농촌이 살아나고 논과 밭이 있는 자연이 더 이상 개발이라는 이름으로 파괴되지 않기를 바랄 뿐이다.

동물·식물이 자연 그대로 잘 살 수 있는 세상이라야만 사람도 제대로 숨쉬고 잘 살 수 있다는 진리를 구태여 외면하려는 이유는 무엇일까.

《한겨레》에 따르면 쌀 소비량도 점점 줄어서 요즘은 1인당 하루 두 그릇도 못 먹는다고 한다(2003년 1월 31일자). 농촌과 도시별 쌀 소비량을 보면 농가의 소비량이 도시 가구보다 많아서 1.6배가 되긴 하지만, 이것도 해마다 줄어들고 있단다. 쌀 소비량이 준다는 것은 그만큼 대체식품이 있다는 것을 의미한다. 그것은 대체로 빵이나 육식의 소비와도 연계가 될 것이다. 빵이 가지는 문제점을 모르는 사람은 없을 것이다. 빵은 보통 일주일 이상 냉장고에 두어도 곰팡이가 나지 않는다. 우리가 주로 소비하는 수입 밀은 바구미조차 생기지 않는 농약에 찌든 밀이라 할 수 있다. 재배 과정·수확 과정·수송 과정·저장 방법에 이르기까지 거의 무제한 농약을 살포하고 있다.

밀가루에 대해서는 개인적으로도 아쉬움이 많다. 내가 어릴 적에 좋아하던 '입 속에서 감치는 듯한 구수한 국수 맛'을 이제는 어디에서도 찾을 수 없기 때문이다. 우리도 모르게 우리의 밀농사를 지켜 내지 못하고 밀 종자까지 잃었던 일들을 나중에야 안타깝게 바라볼 수밖에 없었다. '우리밀 살리기 운동본부'에서 엄청난 노력 끝에 우리밀을 부활해 내긴 하였으나 역시 그 맛까지 살아나진 않았다. 앞으로도 어떤 토종 종자가 수입 농산물의 양과 가격에 밀려 '밀'처럼 사라질지도 모른다. 참깨·콩류도 수입산에 비해 국산은 만나 보기도 어렵다. 지금이라도 점점 귀해져가는 토종 종자를 보존·발굴·연구·

보급하는 일에 체계를 갖추어야 할 것이다.

요즘 아이들이 특히 좋아하는 육식 또한 어떠한가. 존 로빈스는 『육식, 건강을 망치고 세상을 망친다』에서 식탁에 오르는 음식물 뒤에 숨겨진 폭탄 같은 진실을 폭로한다. 지난 몇 십 년 사이에 미국의 육류 제품과 유제품, 달걀 생산을 위해 길러지는 동물들은 점점 처참한 상태에 내몰리고 있다고 한다. 육식을 더 많이 원하는 소비자들의 욕구에 따라, 또는 신선한 냉동육 운운하며 과대광고를 일삼아 주머니를 불리는 기업들의 돈벌이를 위하여 동물들을 마구잡이로 사육하고 있고, 그 결과 동물들로 만들어낸 음식물에는 갈수록 더 많은 호르몬과 살충제·항생제, 여타 셀 수 없는 화학 물질과 약품들이 축적되어 갔다. 동물들이 넓은 초원에서 행복하게 살지 못하고 쇠창살 쳐진 사육장에서 비참하게 사육되다가 음식이 되는 것은, 그것을 먹는 순간 그들의 처참함과 공포까지도 함께 섭취한다는 것이다. 이것이 남의 나라만의 이야기인가. 우리나라에서 키워지고 있는 동물들은 얼마나 안전한가. 육식의 문제는 안전함뿐만 아니라, 과잉 섭취로 인한 온갖 성인병을 유발하여 어린이의 건강한 삶을 위협하고 있다. 식단에서 육식을 줄여나가는 일이야말로 오늘날 먹거리 문화에서 개선해야 할 요소 중의 하나다.

2002년 말에 산집의 교사 복지 문제로 혁명(?)을 일으킬 뻔한 한들 아빠는 내 자식만 잘 키우려는 이기적인 생각이라면 '생협'부터 끊어야 한다고 양심선언을 했다. 이런 이야기를 하는 사람이 '한들 아빠'가 처음은 아니다. 가끔 입학 상담을 하다보면 '내 아이만 특별나게 키우는 것 같아서 조합 가입이 주저된다'는 사람도 있다.

그럴 땐, 생협운동이야말로 우리 생태계를 파괴하지 않고 살리면서 우리 농촌을 유지하게 하는 길임을 다시 한번 상기시킨다. 생협을 이용한다는 의미는 반드시 경제적으로 있는 사람만이 할 수 있는 것은 아니다. 생태 환경에 대한 선구자적 입지를 가지고 먼저 고민하는 사람들로서 좋은 먹거리와 인간적인 삶에 대한 권리 인식이 있어야 가능한 일이라 생각된다. 각성된 소비자가 있어서 유기농법을 하는 농가가 살아나고, 오염된 땅이 비옥하게 바뀌고, 땅에서 나오는 먹거리가 건강해지는 것, 그것은 결국 우리 농촌과 자연과 인류의 미래를 지켜 나가는 일인 것이다. 요즘 농약을 치지 않고 유기 농산물을 생산해 내려면 얼마나 많은 수고를 거쳐야 하는지, 텃밭의 배추농사만 지어 봐도 금방 알 수 있다.

사람은 누구나 건강한 먹거리를 섭취할 권리가 있다. 그리고 이 요구는 몸이 성장 중에 있는 어린이라면 더욱 절실한 문제다. 성장기가 끝나고 성인이 될 때까지는 필수 영양소와 함께 오염되지 않은 먹거리의 필요성이 더욱 높아진다. 15년 전쯤에 일본 오사카의 보육 시설로 연수를 갔을 때, 그 곳의 상당수 아이들이 아토피로 고생하는 것을 보았다. 아토피는 영아들일수록, 그리고 대도시에 사는 아이들일수록 더욱 심하다.

요즘은 우리나라에서도 새로 태어난 아기들이 아토피로 엄청난 괴로움을 겪으며 살고 있다. 산집도 예외가 아니다. 승현 엄마의 '아토피 심한 승현이 키우기'는 눈물 없이 읽기 힘들다. 더운 여름 날 승현이를 잠재우며 황소(황은주)가 고생을 많이 했다. 내가 페다 (Pedagogue, 현장교육지원전문가)로 나가는 '참나무 어린이집'에서는 아예 아이들 간식을 이중으로 만들기도 한다. 고기 들어간 부침개와 안 들어간 부침개를 따로 만드는 것이다. '아토피'란 것이 원인을 규명하기 어려운 일이라고 하지만, 확실히 도시 환경의 오염과 먹거리와의 관련을 생각하지 않을 수 없다. 실제로 아토피가 있는 아이들은 인스턴트 음식이나 밀가루 음식 등을 먹으면 더 심해지는 것을 볼 수 있었다.

지금 태어나는 아기들의 부모들은 대개는 70년대 경제개발 시대를 살아오면서 풍요로워진 경제력 덕분에 햄버거와 콜라, 치킨과 피자를 즐기며 살아왔다. 이런 먹거리 역시 영향을 미쳤을 것이라고 한다. 그렇다면 지금의 아토피는 시작에 불과한 것이다. 그리고 이 확률은 점점 높아갈 것이다.

인간의 삶과 먹거리가 근본적으로 개선되어야 할 위기의 시대를 맞고 있는 것이다.

이렇게 쓰고 나니 매우 우울해진다. 그러나 우리가 텃밭의 풀 한 포기, 벌레 한 마리도 생명으로서 소중히 생각하며 생명의 유기적 관계에 대하여 고민한다면 방법은 꼭 있을 것이라 생각된다.

산집은 어떤 먹거리로 사는가

산집에서는 1997년 초기부터 생협의 유기 농산물을 이용하고 있다. 초기에는 계란·밀가루·고기 등, 꼭 생협 것으로 해야 하는 품목을 정해두고 신청하였다. 그러던 것이 최근에는 주곡을 비롯하여 육류는 물론 채소·생선까지도 거의 생협 것을 사용하고 있다. 생협에서 공급되지 않는 품목만 기존 구매처를 이용하게 되므로, 생협 이용이 최소에서 최대로 바뀐 점이 변화의 하나다.

제일 중요한 밥은 기본적으로 오곡을 섞어 먹는데, 현미와 콩류가 들어간다. 그 동안 집에서 아기 노릇하며 흰밥만 먹던 아이들은 한참 고민을 하기도 한다. 밥에 든 콩을 해결하지 못하여 고민하지만, 그러나 몇 달이 지나면 대부분 익숙해져서 맛있게 먹는다. 산집 먹거리 원칙은 화학조미료나 인스턴트 제품을 쓰지 않는다는 것이다. 그러므로 국물 맛을 내기 위하여 늘 멸치·건표고·다시마·양파 등을 이용하고 있다.

국의 기본 맛을 내는 된장·간장은 터전에서 직접 담그고 있다. 된장 담그는 것은 어려운 일이 아니나 숙성과 보관은 어려운 일이다. 산집에서도 장독대가 없어서 장 담기 좋은 조건은 아니지만, 아이들과 담가보기도 하고 염소(영양교사)께서 직접 담기도 한다. 아이들이 된장 담그는 것을 보면서, 그리고 담가 보면서, 또 매일 먹으면서 우리 맛을 잃지 않길 바랄 뿐이다.

육식을 줄이기 위하여 식단을 전면 개선하는 일은 조합의 담론으로 이어져서 필요성에 공감하고, 가정에서도 개선해야만 효과가 있는 일이다. 그리고 이것을 주도하는 사람은 조합의 특성상 엄마들 속에서 나오는 것이 바람직하다. 그러므로 아직은 육식을 전면 배제하지 않은 식단, 즉 소극적·점진적으로 식단을 개선해나가고 있다.

따라서 반찬은 초기 신촌의 '우리 어린이집' 식단을 참고로 했다가, 요즘은 육식을 많이 줄이고 고기 대신 버섯과 생선류, 두부 같은 콩류, 채소류들을 늘리고 있다. 대표적으로 버섯불고기 같은 메뉴가 들어 있다면 재료는 쇠고기가 반쯤 되고, 버섯과 야채가 반쯤 된다.

산집에서의 새참은 아이들에게 밥보다 절대적이다. 밥은 안 먹어도 새참은 꼭 먹고 집에 가야 섭섭하지 않다고 하는 아이들도 있다.

산집 새참은 공식적으로는 아침과 오후 두 차례 먹는데, 남겼다가 저녁 때 한번 더 먹기도 한다. 주로 감자·고구마·제철 과일들을 이용하고, 여러 가지 떡과 국수류, 우리밀로 만든 생협 빵 등을 이용한다. 튀김보다는 주로 굽거나 찌는 요리로 만들어 먹인다. 아이들은 아주 잘 먹고 양껏 먹는다.

2002년에 크게 변화된 것이라면, 아이들 식단에서 우유를 완전히 추방한 것이다. 행복한 소가 안전한 우유를 생산한다. 그러나 요즘 대부분의 소는 자신이 섭취한 영양소는 물론, 독극물까지도 우유를 통해 배출해낸다. 우유에 들어 있는 비타민과 카로틴은 신선한 풀을 많이 먹어야 함유량이 높아지는데, 풀 대신 곡류를 원료로 한 배합사료를 먹는 소의 젖은 상대적으로 함유량이 낮을 수밖에 없다. 소의 환경이란 것이 넓은 초원에서 유유히 자유롭게 풀을 뜯지 못하고 좁은 축사에서 음식물 찌꺼기로 만들어진 사료를 먹으며 간신히 사육되고 있는 것이다. 먹이의 변화와 더불어 사육 환경의 변화로 동물성 지방의 함량은 40%로 높아졌다. 엄마가 아이에게 모유를 먹일 때는 모든 먹거리를 조심하게 된다. 무엇을 먹느냐에 따라 어떤 젖이 나오느냐가 결정되기 때문이다. 그런 면에서 소가 먹는 먹이를 보고 우유의 성분을 짐작해볼 수 있다.

우유를 대체할 수 있는 영양식으로 두유를 먹이게 되었고, 두유는 만들어서 먹이고 있다. 처음엔 두유 제조기를 구입하여 만들기도 했으나, 워낙 많은 양을 필요로 하므로 가정용 두유제조기로 감당할 수가 없어서 방앗간에서 콩을 가루로 만들어 와서 터전에서 약간의 소금을 치고 단맛을 내어 먹인다. 콩은 물론 생협의 우리 콩을 주문해서 쓰고 있다.

비용의 문제

그렇다면 이렇게 먹고사는 데 비용은 얼마나 드는지 살펴보자. 우선 산집을 운영하는 비용에는 출자금·가입비·보육비가 있다. 출자금은 터전을 얻는 데 사용되고, 조합원들이 조합을 나갈 때 찾아가는 돈이다. 가입비는 터전의 시설과 시설물에 속하는 기물 및 집기류 장만에 소모되는 비용을 감가상각하여 부담하는 것이다. 그리고 매달 아이들 보육에 필요한 '조합 운영비'와 '터전 운영비(교육비)'는 매달 조합원들이 내는 보육비로 충당되고 있다. 이 운영비는 조합의 재정이사가 관리를 하는데, 그 중에서 직접적인 경비, 즉 '터전 운영비'를 매년 책정하여 교사회에서 관리하고 있다.

그러므로 먹거리에 소모된 비용을 산출하기 위해서는 총 조합 경비 중에서 상당 부분을 차지하는 간접적인 경비를 감안하면서 '터전 운영비'에서 식비가 차지하는 비율을 알아봐야 한다.

개원 초기 등원 아동수가 일정해진 1997년 12월부터 1998년 11월까지 월평균 아동수는 34명이고, 평균 보육일수는 24일이었다. 조합 재정 총결산을 보면 총지출은 120,396,610원이었고, 그 중 어린이 보육에 든 터전 운영비는 30,415,748원으로 25.2%를 차지했다.

따라서 월평균 '터전 운영비'는 2,534,645원이며, 월평균 식비는 1,446,763원으로 터전 운영비의 57%를 차지하고 있다. 1일 식비는 60,282원이고 1인당 식비는 1,773원이었다.

2000년에는 평균 보육일수가 24일이고, 월평균 아동수는 29명이었다. 조합의 총지출액은 144,650,867원이었고, 그 중 '터전운영비'는 49,515,735원으로 34.2%가 되고 월평균 터전 운영비는 4,126,311원이었고, 그 중에서 월 평균 식비는 1,896,442원으로 45.9%의 비율이었다. 그 결과 1일 식비는 79,018원이고 1인당 식비는 2,724원이었다.

2002년의 평균 보육일수는 24일이고, 평균 등원 아동수는 32명이다. 조합 총지출은 145,730,030원으로 추산되고(2월말 결산), 터전 운영비는 38,771,400원(26.6%)으로 월평균 3,230,950원을 사용하였고, 월평균 식비는 1,631,588원으로 평균 50.4%를 차지하고 있다. 1일 식비는 67,983원이고, 1인당 식비는 2,124원이 된다. 2002년의 경우 시설임차료와 시설의 감가상각비를 제외하고 어린이 한 명에 대한 월평균 부모 부담은 379,505원이 들었다.

이상으로 6년간의 보육 활동 중, 초기와 중기 그리고 최근의 자료를 살펴본 결과, 터전 운영비는 첫해에 비하여 2002년에는 27% 증가하였고 식비는 12% 증가하였다. 이 수치는 물가 상승분을 감안하면 비교적 자연스러운 증가액으로 보인다. 실제로 2002년에는 텃밭의 채소를 상당량 섭취하였으므로 부식비를 줄일 수 있었다고 본다.

2000년에 평균 아동수에 비하여 경비 지출이 많았던 것은 유아들의 연령이 높아지면서 조합원들의 교육에 대한 욕구도 높아지고, 이에 맞추어서 특별히 긴 나들이를 월 2회씩 다니는 등, 교육비 지출이 많았고, 조합원들이 대거 교체(이혜란·이호균네가 캐나다로 이민가면서 탈퇴한 것을 시작으로 3월에서 5월 사이에 8가구 12명의 아이들이 대거 탈퇴함) 된 해로 아동 수급이 원활하지 않았고, 상대적으로 식비의 비율은 낮았으나, 비용은 높을 수밖에 없었다.

그리고 이 수치에는 교사들의 식사까지 포함되어 있다. 혹 이것을 일반 어린이집과 비교하려면 공동육아의 어린이집의 특성과 교사수를 알아야 할 것이다. 구립 어린이집과 비교해 보려다가 그 곳은

교사 식대가 따로 나오고, 교사는 도시락을 싸오기도 한다 하여
그만두었다.

식비 지출에 대하여는 1일 식단가까지 치밀하게 예산을 세워서
집행하지는 못하고 있다. 그렇게 되면 아마도 인심이 더 각박해질
것이다. 이것이 조합 운영의 적절한 수치인지는 다른 항목도 총
평균을 내어 살펴보아야 할 것이고, 다른 조합과도 비교 분석을
해보아야 할 것이다.

먹거리와 관련된 교육 활동

아이들 놀이에서 먹거리와 관련한 활동은 텃밭가꾸기가 있다.
텃밭과의 깊은 관련은 다시 강조하여도 좋을 것이다. 가능하다면
아이들의 먹거리에서 적어도 푸성귀만큼은 최대한 텃밭에서 일궈
먹었으면 하는 바람이다. 병원놀이는 어린이들이 좋은 음식을 먹어
야 건강도 지킬 수 있다는 점에서 의미가 있다. 아이들의 경우 특히
음식을 잘못 먹으면 병원으로 가야하는 경우가 많다. 병원놀이를
하면서 교사나 큰아이들이 어린아이들에게 이야기한다. "불량식품
먹으면 배가 아파요"라거나 "단 것은 먹고 나면 바로 이를 닦아야
해요" 이렇게 놀이를 통하여 아이들에게 주지시킨 것은 아이들 생활
의 지침이 된다. 시장놀이는 아이들이 '상인'이 되기도 하고 '소비자'
가 되기도 한다. 시장놀이를 하기 전에 대보시장을 견학하러 갔더니
아이들 왈, "아줌마들이 시장놀이 한다"고 표현하였다. 시장에서
물건을 사려면 돈이 있어야 하고 돈은 일해서 벌어야 한다는 것을

아이들에게 설명하였다. 아직 은행놀이는 해보지 않았지만 알뜰하게 '저축'하여 미래에 대비해야 하고, 헤프게 쓰다가는 원하는 대로 살아나갈 수 없음도 아이들이 어릴 때부터 듣고 자랄 필요가 있다. 요즘 아이들은 돈이 그냥 생기는 줄 안다. 시장놀이하면서 아이들이 직접 그려서 돈을 만들고 지갑을 만들어 목에 걸어줬더니 그 돈을 들고 동네 슈퍼로 과자를 사러간 아이들도 있었다. 또 한번은 시장놀이를 하다가 아이들이 그린 돈이 바닥이 나자, 규진이가 가게 주인들에게 돈을 내놓으라고 떼를 쓰는 일도 벌어졌다.

이렇게 아이들은 놀이를 통하여 먹거리라는 것이 땀 흘려 노동력을 들여야 얻을 수 있으며, 시장이라는 편리한 유통 라인을 통해 구하려면 다른 대가도 필요하다는 것을 알게 될 것이다. 물론 지금 당장은 이 모든 것을 이해하기 어렵겠지만 말이다. '아이들이 뭘 알까?'라고 생각하면 큰 오산이다. 의외로 소견이 멀쩡한 경우가 많다. 얼마 전 옹골찬 아이들과 북한산 산살이 갔을 때 올해 7살이 되는 지연이는 새해가 되면 어떤 생각으로 살 것인가라는 수준 있는 주제에 대하여 "나는 엄마에게 먹을 거 맨날 사달라고 하고 피아노도 사달라고 해서 미안했어. 엄마는 이사 갈 돈도 없다고 말했는데……"라고 말하여 코뿔소가 눈물이 날 뻔했다.

긴 나들이

이말순(코뿔소) 산어린이집 원장

박재형(헤라클레스) 옹골찬방 교사

산살이 가는 길

올해 2003년은 우현이만 졸업을 한다. 졸업여행이 생기고 처음 한두 번은 그냥 겨울 들살이처럼 갔으나, 언제부턴가 으레 가는 것으로 되었다. 이렇게 하나둘 쌓이다 보면 역사가 되는가 보다. 한길이가 5학년이 되어가니, 우현이는 산집의 5회 졸업생이 되는 셈이다. 엄마들은 하룻밤 안 보기도 어려운 귀한 아이들을 과감하게 2박 3일 산살이를 부탁하기도 한다.

이번 산살이는 서울역 철도박물관을 거쳐 봉도 수련원, 북한산, '꿈꾸는 어린이집' 순서로 돌아오는 코스다. 산집에서 버스를 타고 소사역까지 가서 지하철을 타고, 서울역에서 철도박물관을 견학하는 것부터 시작하였다. 서울역 철도 박물관은 그야말로 지나가며 들러 볼 만한 규모다. 아이들은 스위치를 누르면 홀로그래피로 고속 전철을 소개하는 모형 앞에서 오랫동안 떠날 줄을 모른다. 이곳에는 본래 서울역을 출발한 모형기차가 철로 위를 한 바퀴 달려서 산

밑에 난 굴속을 통과하여 다시 서울역으로 돌아오는 코스가 있었는데, 오늘도 여전히 철도 수리 중이다. 사실 갈 때마다 수리중이 아닌 적이 거의 없었다.

요번 산살이는 아이들 10명과 교사 두 명으로 식구가 단출하여 대중교통을 이용하여도 과히 번잡하지 않게 다닐 수 있어서 전세버스를 빌리는 것보다는 대중교통으로 다녀올 수 있는 곳으로 정하기로 하였다. 대중교통을 이용하는 것은 아이들이 가는 곳마다, 만나는 사람마다 보고 느끼는 것이 임대 버스로 목적지까지 오고가는 한정된 체험보다 훨씬 상황적 가변성이 있고, 사회와 소통하는 경험수준이 높기 때문에 가끔 힘들어도 아이들 수가 적다면 시도해보게 된다.

수유역에서 6-1번 버스를 타고 가는데, 재잘재잘 한시도 쉬고 않고 떠드는 아이들.

"시끄럿!" 깜짝 놀랐다. 아이들도 멈칫했다. 따라 온 VJ 카메라맨(연수생, 코끼리)이 한가한 버스에서 코뿔소에게 맞춰 인터뷰하던 렌즈를 얼른 돌려 소리치신 할아버지의 험상궂은 표정을 잡느라 바쁘다. 나는 어렴풋이 VJ 과정에서 기기 다루는 법만 아니라, 어떻게 스토리를 따라가야 하는지도 배운다는 것을 눈치 채고. 그 순간 아이들은 자기들이 마냥 예쁘고 귀여운 존재이긴 해도 지켜야 할 공중도덕이 있다는 것을 절감했기를 바란다. 요즘 아이들 야단치는 노인들이 있다는 것만 해도 우리 사회가 아직 살아있는 것 같아서 다행이다. 노인들이 젊은이들 야단칠 용기도 관심도 없다지 않은가.

"죄송합니다"라고 얼른 할아버지의 정당한 권리를 인정해 드리자 할아버지는 고개를 돌리시고 아이들은 이내 또 재재거린다.

모든 생명이 잠들어버린 겨울 산에 활짝 피어난 꽃송이들.

우이동 계곡에 내려보니 앞뒤로 장엄한 북한산이 펼쳐져 있는데, 아이들 눈엔 계곡의 빙판만이 우리를 기다리는 듯 보이는가 보다. 참새가 방앗간을 그냥 지나갈 수 없는 법. 한바탕 얼음 위를 미끄러지며 노는데 해솔이와 아현이가 투명한 얼음을 찾아들고 와서 코앞에 들이민다.

"이것 봐! 보석 같지."

"그래, 정말 다이아몬드 같구나."

"나는 이것을 다이아몬드라 해야지."

손바닥만한 다이아몬드는 급기야 해솔이 호주머니 속으로 들어간다.

한참 놀다가 수련원으로 발길을 돌리는데 지연이가 묻는다.

"코뿔소, 우리 호텔에서 잘 거야? 우리 아빠는 출장가면 호텔에서 자는데……"

그럼 우리도 호텔이라 하지 뭐, 호텔보다 더 좋은 곳인데……. 이 곳은 최근 5년차 이상 교사들의 보수 교육을 했던 곳이다. 답사 다닐 여력이 없는 나는 이런 기회를 놓칠 수 없다. 게다가 명산 중의 명산 북한산도 있지 않은가. 함께 교육을 받던 기린과 상의를 했다. 봉도 수련원 건물 위로 까맣고 둥그런 원 모형이 보이고 수련원 둘레에 겨울나무들이 웅장하게 아름드리 수명을 자랑하고 있었다.

봉도 수련원

현관 입구에는 '환영, 부천 공동육아, 영빈실(1층)'이라고 쓴 안내문이 붙어있었다.

"얘들아, 이것 봐 우리를 환영한대!"

"왜?"

"왜 그럴까?"

"우리가 예쁘고 착하니까."

우린 한번이라도 이렇게 살뜰하게 손님을 맞은 적이 있던가. 환영 한마디에도 이렇게 마음이 푸근해지는데, 베트남에서 어렵게 온 손님들까지 무심히(무참하게) 보낸 적도 있다.

아이들은 환영한다는 말에 조용한 수도원 안으로 기세 좋게 들어간다.

수도복을 입은 남자 한 분이 우리를 영빈실로 안내했는데, 앗! 이건 너무 부담스럽군. 커다랗고 말끔한 방안엔 고급 카펫이 깔려있고, 방안엔 키 큰 파키라와 난초 화분, 잎이 두터운 홍콩야자, 그리고 천정엔 아이비가 드리워 있고(지윤이는 이튿날 새벽에 깨어나 어둠 속에서 아이비를 한참 바라보았다. 코끼리는 누군가 자신을 바라보고 있는 시선을 느끼고 소스라치게 놀랐다고 한다. 왜 그랬냐고 물어보니 천장으로 뱀이 기어가는 것 같아서 정말 움직이는지 보고 있었다며 웃는다. 아이 때는 낮에 천장의 것까지 보는 게 쉽지 않다. 그러다 새벽녘 먼동에, 그것도 잠깨어 문득 보았을 터인데, 그래도 소리쳐 모두를 깨우지 않고 주의 깊게 바라봤다니 지윤이다운 일이다) 고급 백자 항아리와 찻물 끓이는 주전자, 찻장에 가득한 다기들, 책장에 그득하게 꽂힌 책들, 분명 후회하실 텐데……

"괜찮을 거예요. 공동육아 아이들이 이런 거 안 만지고 잘 지낼 걸로 믿고……."

역시 믿음은 대단한 힘을 발휘한다. 우린 별 잔소리 안하고도 나뭇잎 몇 잎 떨어뜨리는 것 외에는 사고 치지 않았다. 물론 우리의 호기심 대장 종은이를 비롯하여 몇몇 아이들은 목탁 두들기기는 기본이고, 찻장을 열고 다기와 차 수저, 유리 주전자까지 모두 살펴보는 것을 잊지 않았다.

가방을 내던진 아이들은 뜨끈뜨끈한 방에 앉기가 무섭게 옷들을 벗더니 모두 내복차림이 되어 마루로 로비로 2층 3층으로 우르르 몰려가 탐사를 시작하였다. 헤라가 수도복 입은 남자 분께 "아이들이 무어라 부르면 좋겠냐?"고 물었다. 그 분은 '그냥 뭐, 아저씨'라 부르라 했다. 그랬더니 한님이 "그럼 사장님이라 부르자"고 아이들을 선동(?)하였다. 그때부터 아이들은 생글생글 웃으며 수도하시는 정갈한 분을 가장 세속적 호칭으로 "사장님, 사장님!" 하고 불렀다. 그분은 예상치 못한 아이들의 반응에 약간 당혹한 표정이었다.

난 가끔 아이들이 부지불식간에 내보이는 메타포에 매료되곤 한다. 아이들은 자신들에게 무엇이 필요한지를 어른들한테 은근하게 상기시킨다. 아이들에겐 처음 가는 모든 곳이 새로운 곳이고, 수도원 분위기를 풍기는 이곳이 예사롭지 않았을 것이다. 그런데 봉도 수련원에 대한 소개와 안내를 간과해버린 것을 아이들이 직시한 것이다. 그래서 다음 날 아침 기회를 보아 이곳이 어떤 곳인지 아이들에게 정식으로 소개를 해달라고 부탁을 드렸다.

원불교는 원이 상징하는 '세모지거나 네모지지 않는, 화나지 않고 사랑스러운 둥그런 마음을 모시는 마음공부 하는 곳'이라는 것과 남녀 교역자 모두를 '교무님'이라는 평등한 호칭을 사용하고, 남교무님들은 결혼을 하고 여교무님들은 결혼하지 않는다고 했다. 아무래도 여교무님들은 가정에 매이게 되면 '공부'에 정진하기 어렵기 때문이라 하는데, 내 생각엔 좀 지나친 배려로 여겨진다. 공부실적과 사업실적에 따라 남녀 구분 없이 인사 발령을 내린다는 것, 우리나라에서 창설된 종교로 깨달음 88년의 역사를 가지고 있으며, 독일과 미국에도 지부가 있고 세계적으로 신도들이 있다는 것도 말씀해주셨다.

"음, 그런데 우리 엄마 그 때, 마음이 세모났다."

지연이가 말뜻을 알아듣고 일갈한 얘기였다.

"난 그래도 '사장님'이라고 부를래."

우리의 자유로운 영혼의 아이 좋은이가 외쳤다.

북한산

수도원 옆길로 난, 원통사 가는 길엔 새들이 먼저 나와 아이들을 반겼다. 요즘 보기 드문 까마귀가 날갯짓을 하고 있었다. 몸집이 비둘기만한 게 제법 큰 녀석이었다. 까마귀를 본 적이 언제였을까. 정말 어릴 적 그 까마귀들은 다 어디로 갔을까. 까마귀가 울면 우리나라 사람들은 누가 죽는다고 기분 나빠 했지만 생태적 관점에서 보면 까마귀는 죽은 고기만 먹기 때문에 숲속의 청소부와 같다. 서양에선 전쟁 직후 시체처리를 도와준 까마귀를 길조라고 한단다. 까마귀·까치·직박구리·참새 등, 많은 새들이 맑은 겨울산을 점령하고 있었다.

북한산은 역시 어느 코스로 올라가보아도 매력적이다. 1983년에 국립공원으로 지정된 북한산은 총넓이가 78.45km^{2}로 북한산과 도봉산 지역을 포함한다. 북한산의 인수봉·만경대·백운대·노적봉·보현봉·비봉·원효봉과 도봉산의 자운봉·만장봉·선인봉·오봉 등, 20여 개의 봉우리가 이어져있다.

백운대(836.5m)·인수봉(810.5m)·만경대(799.5m)를 일컬어 삼각

산이라고 하는데, 인수봉의 암벽타기 등을 즐기는 산악인들과 그외 많은 등산객이 찾고 있다. 공원 전체가 도시지역으로 둘러싸여 생태적으로는 '고립된 섬'이지만, 도시 지역에 대한 '녹색허파'로서의 역할을 훌륭히 수행하고 있으며, 수도권 주민들의 자연 휴식처로 크게 애용되고 있다. 수도권 어디에서도 접근이 용이한 교통 체계와 거대한 배후 도시로 연평균 탐방객이 500만에 이르고 있어 '단위 면적당 가장 많은 탐방객이 찾는 국립공원'으로 기네스북에 기록되어 있지만, 이 같은 과도한 탐방이 북한산의 자연 생태계를 점차 약화시키고 있다. 그래서 부분적으로 휴식년제를 실시하고 있다.

우리는 원통사 오르는 길로 올라가서 포대능선까지를 목표로 삼고 올라갈 수 있는 데까지 가기로 했다. 기암절벽들이 환호를 자아내고 급경사와 굽이굽이 비탈을 돌아 흙바닥에 박힌 얼음을 느끼며 조심조심 가는데, 주르륵 주르륵 미끄럼을 타는 녀석은 종은이. 성택이도 질세라 미끄러지는 데 합류를 하고, 까르르 해솔이와 지윤이 웃음소리가 울려 퍼지고…….

해솔이와 한님인 처음 본 코끼리에 관해 조잘거리며 자꾸만 뒤처진다. 사진 찍으러 온 코끼리는 아이들이 보여주는 사랑에 함빡 빠져서 헤어날 줄 모른다.

아이들은 천부적으로 어른의 보호를 자극하는 힘이 있다. 생글생글 눈웃음과 온갖 현혹하는 말과 잘 넘어지는 연약한 몸, 여리디여린 제 손을 꼭 잡고 올라갈 것을 주문하므로 웬만해선 이를 거절하기가 어렵다. 이 날 코끼리는 하루 종일 해솔이의 포로(?)가 되어 있었다. 코끼리는 아이들 손을 잡아보니 너무 보드라워 몽실몽실한 느낌이 든다고 했다. 해솔이보다 상대적으로 몸이 가벼운 지윤이·문주·우현인 거의 어른 도움 없이 독자적으로 산을 잘 올라갔다.

산에서 마주치는 여러 어른들은 우리 아이들이 이 곳 원통사까지 왔다고 너무도 대견해 했고, 아이들은 신이 나서 인사를 연발했다.

"아이들 교육 잘 시키네요."

"아이고 요런 꼬망탱이들이 여기까지 왔어!"

다른 사람들은 우리가 성주산과 소래산에서 다년간 단련된 어린이들인 줄 절대 모를 거다. 계속 다리가 아프다고 힘들어하던 지연이·아현이·채연이는 밥 먹고 내려올 땐 너무도 잘 내려왔다. 내려갈 땐 더 조심해야 된다고 했는데, 왜 이렇게 힘이 들지 않느냐고 앞장서 내려가며 신이 났다. 북한산에는 떡갈나무류와 참소나무가 많이 있었다. 진달래와 개나리도 겨울눈을 준비하며 봄을 기다리고 있는 것이 보였다.

산에서 내려올 때 가랑비가 내렸다. 우현인 비가 내리며 뿌옇게 주위가 흐려지자, "물안개가 피어오르는 것 같아요"라고 시적인 표현을 하였다. 그러자 지연이가 '입에서 나오는 김은 입김'이라고 말하였다. 비를 흠뻑 맞고 수련원으로 돌아오는 우리 모습은 모두 거지꼴이 되었다. 마침 우리의 '호텔'은 뜨거운 물과 대형 세탁기도 구비되어 있어서 아이들 겉옷을 몽땅 세탁까지 해서 말려 입혔다.

재미있는 놀이하기

저녁을 먹고 난 후 코뿔소는 베개를 들고 있는 아이들을 불러 모았다. 손가락으로 어깨로 엉덩이로 몸으로 인사하기가 시작되었다. 자연스럽게 하나둘 모이면서 분위기가 익어 서로에 대한 관심이 생겨났다.

"얘들아! 베개를 하나씩 깔고 앉아 보자!"

그 동안 채연이·한님이 등 아이들은 베개 두개씩을 들고 다니고 있었다. 지연이는 왜 자기는 베개가 하나밖에 없는데, 다른 아이들은 두개씩이냐며 불만을 말하기도 했다. 베개를 하나씩 갖기로 하고, 베게에 올라탄 아이들에게 이번 놀이 방법을 알려주었다.

"얘들아! 코뿔소가 헤라한테 먼저 해볼 테니까 잘 봐."

"헤라, 헤라는 코뿔소가 좋아?"

"아니!"

"그럼 누가 좋아?"

"머리 묶은 아이가 좋아!"

그러면 머리 묶은 사람은 자기 자리에서 일어나 다른 곳으로 가야 하는데, 늦게 일어나거나 자리를 못 잡은 사람은 술래가 되어서 다른 사람에게 코뿔소처럼 물어보는 놀이였다. 놀이의 방법을 이해하기 힘들어서 뒤에 있던 좋은이가 밖에서 보다가 자기도 한다며 들어 왔다. 한님이는 "싫어"라고 말해야 되는데, 코뿔소 질문에 "좋아"라고 말해서 모두 웃음을 터트리기도 했다.

분위기를 바꾸기 위하여 '기억 게임'을 꺼냈다. 사방으로 흩어졌던 아이들이 한곳에 모였다. 방 한가운데 그림 카드를 놓고 같은 그림을 찾아서 가져가는 게임이다. 다른 사람이 넘기는 곳도 잘 봐두었다가 자기 차례가 오면 기억하여 같은 그림을 맞춰가는 것에 아이들의 관심은 도박(?) 수준이다.

"얘들아! 우리 재미있는 놀이 할까?"

"뭔데?"

궁금해진 아이들이 모였다.

"옛날 옛날에 까막 나라가 있었는데, 그 곳에는 이런 이야기가 전해지고 있었다. 까막 나라에서 나올 수 있는 방법은 단 한 가지, 환한 나라에 사는 사람을 잡고 그 사람이 누군지 맞추면 환한 나라로 갈 수 있다는 거야. 그리고 잡힌 환한 나라 사람은 벌칙을 받고 까막 나라에 들어가서 다시 환한 나라의 사람을 찾아야 하는 거야. 알겠니?"

"알겠어!"

"그럼, 누가 먼저 술래를 해볼까?"

"시작!"

"와아!"

함성과 비명으로 시작된 까막잡기는 보이지 않는 곳에서 찾고 누구인지 알아보는 과정을 통해 서로를 더욱 이해하는 계기가 되었다. 종은이와 아현이의 엉덩이로 이름 쓰기, 우현이와 문주와 성택이의 게다리 춤, 해솔이의 물 묻은 종이 얼굴에 붙이고 손 안 대고 떼어내기, 지윤이의 앞구르기, 채연이의 '노을' 부르기, 벌칙은 저녁 시간 동안 방에서 웃음꽃을 피어나게 하였다. 저녁 시간을 마무리하면서 그림을 그리기도 하였고, 씻고 잠자리에 들 준비를 하였다.

코뿔소는 누운 아이들에게 무서운 이야기를, 아이들과 닮은 등장인물을 설정하고 아빠·엄마들도 비슷하게 꾸며서 세모 어린이집 아이들 이야기를 해주었다. 장화 홍련 이야기와 코뿔소 주변에서 만나는 사람을 등장인물로 정해놓으니 아이들은 더욱 이야기가 가깝게 들리는 것이 당연했을 것이다. 산에 다녀오고 저녁 먹고 그렇게 뛰었는데 아이들의 눈은 말똥말똥해졌다. 양 한 마리, 양 두 마리…… 헤라클레스가 조용한 분위기를 유도했고 모든 아이들은 꿈나라로 갔다.

돌아오는 길

셋째 날 아침이다. 어제의 피곤이 사라지면서 여기저기 바닥에 말린 옷들과 함께 상쾌한 하루를 열었다. 아침 식사를 하고, 씻고 짐을 챙기기에 분주하다. 우리를 따뜻하게 맞이해주고, 그 동안 너그럽게 이해해준 교무님께서 초콜릿과 사탕을 나누어주셨다. 수련 원에 올 때와 같이 짐을 메고 마당에 모였다. 그네에 달라붙어 조금이 라도 더 타려고 안간힘을 쓴다.

"올 가을에는 더 멋질 것 같아요. 또 오세요."

우리는 인사를 했다. 들어오는 길목에 있던 다리를 다시 건너간다. 얼음이 그 때보다 녹아있었다. 아마도 어제 내린 비 때문인 것 같다. 사실 비가 오지 않았다면 어제 오후에 '꿈꾸는 어린이집'을 방문하기로 했는데 비도 오고해서 부천으로 가기 전에 잠시 들렀다 가기로 했다. 6번 버스 종점에서 조금 더 올라가 골목으로 들어가니 어린이집 철문이 보였다. 입구는 좁은 화원 모양이었다. 이층집으로 물이 마른 작은 연못이 있고, 자그마한 한쪽 공간엔 모래놀이 공간과 미끄럼틀이 있고, 약간 넓은 곳에는 작은 축구 골대가 있었다. 토요일 오전 등원한 아이는 2명이란다. 옹골찬이들이 '꿈꾸는 어린이집'을 둘러보면서 이렇게 말했다.

"여기 2층방은 왜 이렇게 지저분하지? 우리는 깨끗한데……."

꿈꾸는 교사 말하길, "우리도 맨날 이런 건 아니야."

얼마 전 아크릴 물감 작업을 했기 때문에 방들이 지저분하다고 말하는 교사들을 보면서 어느 정도의 경륜을 느낄 수 있었다. 꿈꾸는 교사회와 코뿔소는 이미 잘 알고 있는 사이였다. 헤라클레스도 방과 후의 느티나무와는 조금 안면이 있던 처지라 딴 집 같지 않고 편안했다. 앞마당의 감나무에서 딴 것이라며 내 놓은 단감 홍시는 생긴 것과 다르게 달고 맛있다. 이제 산집으로 가야 할 것 같다. 모래놀이 공간에 모두 들어가 기념사진을 찍었다. 옹골찬이 '꿈꾸는 어린이집'에 머무는 동안 모인 꿈꾸는 친구들이 버스 타는 곳까지 배웅을 해주었다. 친구들은 보이지 않을 때까지 손을 흔들어주었다. 친구들아, 잘 있어!

지하철역에서 내렸다. 수유역이다. 동대문까지 가서 1호선으로 갈아탈 것이다. 철도 박물관, 봉도 수련원, 북한산, 원통사, '꿈꾸는 어린이집'. 우리 옹골찬이들은 도심을 지나 자연을 보게 되었고, 다시 도심을 지나 산집으로 오는 것을 기억 속에 담았다. 옹골찬이들에게 좋은 추억으로 받아들여지기를 바라는 마음이다.

공동체 교육

고뿔소, 쇠뜨기가 뭐야?

공동체성은 언제나 나타나는 것이 아니라,
뭉치지 않을 수 없는 어떤 위기의식의 발로이거나
즐거운 계기가 있을 때
발현되는 인간의 본능적 자질이다.
그렇다면 위기보다는 즐거운 계기,
함께 하는 신나는 경험을
자주 만들어주어야 한다.

어린이의 공동체성

이말순(코뿔소)
산어린이집 원장

공동체의 필요

우리나라에 마을 공동체가 살아 있었던 예전에는 동네에서 아이가 태어나면, 이 아이를 우리 마을의 아이로 받아주십사 하는 통과의례의 하나로 백일떡을 백 사람에게 돌려서 나눠 먹었다. 또한 돌이 되면 우리 아이가 이만큼 컸다고 동네사람들이 모두 알 수 있도록 돌잔치를 했다. 이것은 마을 모든 어른들의 관심 속에서 아이를 함께 키우자는 풍습이었다. 그래서 동네 어른들은 놀고 있는 아이들을 보살펴 주었고, 집안에 큰 일이 닥치면 서로 도와 함께 해결하였으며, 아이들이 나쁜 길로 빠지지 않도록 타일러주었다. 이렇게 아이들은 어른들 틈에서 관심과 사랑을 받으면서 자랄 수 있었다. 그러나 우리의 아름다운 마을 공동체 풍습은 역사 속으로 사라져 버리고, 이제는 복원해야 할 문화유산이 되어버렸다.

그렇다면 도시화된 요즘에도 공동체가 가능한 것인가. 인위적으로나마 마을 공동체(대안 마을)를 이루고 있는 공동육아는 어떤 방식으로 아이들을 잘 키워낼 것인가. 공동육아의 대전제는 아이를 함께 키우자는 것이다. 각기 다른 어른들이 모여, 아이 함께 키우는 데 필요한 원칙도 정하고 방침도 만들고, 각자 가진 개성과 자유를 침해하지 않는 범위 내에서 우리 모두의 아이로 키워 나가는 일은 정말 멀고도 어려운 일인가.

올해 우리 산집의 화두는 단연 어린이들의 공동체성에 관한 문제였다. 아이들의 공동체성은 어떻게 확보되는가. 공동체성이란 말이 유아들에게 어울리기나 하는 단어인가. 공동육아 어린이집에서 오랫동안 생활한 아이들이 더 공동체성이 없는 것은 아닌가. 어떻게 공동체성이라고 하는 것을 아이들과 실현해 내고 가르칠 수 있을까.

아이들은 늘 마음이 변하기 때문에 놀이에 열중하다보면 순식간에 한두 명씩 외톨이를 만들기도 한다. 하지만 올해처럼 엄마들의 걱정이 무성하게 자라난 적도 없던 것 같다. 그래서 아이들 간의 관계가 어떻게 맺어지고 풀어지는지 정리해보는 일은 아이들의 공동체성을 이해하는 차원에서 의미가 있으리라 생각된다.

방과후 아이들의 관계

방과후 아이들의 문제를 짚어보는 것은 그 아이들의 모습이 곧 산집 아이들의 모습이기도 하기 때문이다. 문제가 제기된 것은 의림이(1997년 22개월령 때 등원, 현 방과후 2학년)를 통해서였다. 의림이는 부분적인 학습장애와 대인 관계로 인한 스트레스가 심해서 정서적·인지적으로 문제가 된다고 했다. 의림이는 아침에 또래들을 만나거나 교사를 만나면 늘 함박웃음을 지으며 다가와 두 팔 벌려 안아주고 "보고 싶었어! 언제 와 있었어? 오늘 인사도 못 했잖아"라고 반기며 맞아주어서 주변사람들을 행복하게 해주었다. 이러한 의림이의 따뜻한 성격은 또래들과의 관계에 있어서도 양보와 이해를 하면서 화합하려고 애쓰는 면이 있었다. 교사와 갈등을 일으키고 대치하는 친구가 있으면 교사에게 '그냥 좀 놔 둬'라며 그 아이 입장이 되어 옹호하고 이해하는 모습을 보일 정도였다. 그러면서도 화가 날 때에는 큰 소리로 자기주장도 잘했다. 의림이가 아이들과의 관계에서 나름대로 관용을 베풀면서도 마음 한쪽에선 스트레스를 받았던 것으로 보이는데, 이는 상대적으로 활달한 아이들이나 가장 오랫동안 함께 있던 또래와의 관계에서 심한 것을 보면, 형제처럼, 또는 라이벌처럼 서로를 너무 잘 알고 친숙해서 감정들이 첨예하게 부딪칠 기회가 많았던 반면, 어린이집에서 쌓인 감정들을 풀어나갈 기회를 찾지 못하고 쌓여갔던 것은 아닐까. 이럴 때는 엄마나 아빠가 아이와의 대화를 통하여 문제를 해결해야 할 것이다.

그렇다면 산집에서는 아이들 간에 분쟁이나 갈등이 일어나면 교사들이 어떻게 도와주는가. 우선 교사가 관찰을 하고 있다가, 어느 시점에 개입을 해야 하는지를 판단한다. 아이들 간의 싸움을 자기주장들이 강해져 가는 시기에 흔히 일어날 수 있는 일이라 보고 사태가 위험해지지 않도록(옆에서 어른이 보고 있으면 아이들도 의식한다) 관찰하면서 상황이 나아지지 않으면 개입을 하게 된다. 이것은 아이들끼리 놀다가 만드는 상황을 어른이 바로바로 나서서 문제 해결을 하기보다 소통이 충분히 되는 아이들은 스스로 문제를 해결해 볼 수 있도록 유도하기 위해서다. 아이들이 싸운다는 것은 서로 맞상대가 된다는 것이고, 말로 싸운다면 끝까지 자기주장을 해볼 수 있는 기회며, 시작도 해결도 스스로 해보는 것은 필요한 일이라 여겨진다. 이 생각이 좀 진보적이라서 이에 대해 혹자는 공동육아는 싸워도 말리지 않는다고 들었다며 의문을 제기한다. 그러나 이는 어디까지나 의사소통이 원활하고 자기들이 왜 다투고 있는지 아는 아이들에 한한 경우다. 말이 잘 안 되는 어린아이일수록 어른의 개입은 빨라지고 많아질 수밖에 없다.

씩씩한 리림이와 의젓한 의림이. 의림이는 또래들과의 관계에 있어서도 항상 양보와 이해하는 마음을 보여주었으나 한편으론 스트레스를 받고 있었다. 그럴 땐 상담자가 필요하고 아이를 이해해주고 격려하는 말이 도움이 된다.

이렇게 터전 생활에서는 나름대로 아이들의 관계를 해결하려고 애를 쓰지만, 아이 개인으로서는 풀리지 않는 마음도 생길 수 있다. 이런 마음은 대개 엄마나 아빠를 보면 하소연으로 나오게 된다. 이럴 때 부모들이 아이들의 친절한 상담자가 되어서 아이의 마음을 헤아려주며 지지해주고 조언도 해준다면 아이는 훨씬 힘을 얻게 될 것이고, 스트레스도 눈 녹듯 없어지지 않을까 싶다. 때로는 교사의 공평함이 억울할 때도 있기 때문이다.

방과후 아이들은 방과후방에서는 관계가 대립되다가도 학교에서 만나면 서로 모여 다니며 더 없는 우애를 과시한다고 한다. 이것은 공동체성이 언제나 나타나는 것이 아니라, 뭉치지 않을 수 없는 어떤 위기의식의 발로이거나, 즐거운 계기가 있을 때 발현되는 인간의 본능적 자질이기 때문이라고 생각한다. 보통 때는 어른들도 제각각 자기중심적으로 살지만 공동으로 대처해야 하는 상황(두 여중생 사망사건 또는 2002년 월드컵 등)을 만나면 광화문 촛불 집회 같은 공동체성을 발휘하고 있지 않은가 말이다.

의림이의 부분적 학습장애 부분은 서로 관심 있게, 또는 걱정스럽게 보았다면 누구든 말할 수 있었던 일이다. 문제는 그 부분을 문제로 삼지 않았던 것이 문제일 것이다. 의림이는 5살 때부터 글자에 관심이 많았고, 집에서도 조금씩 가르치고 있었던 것으로 알고 있다. 그러나 학습이라는 측면으로는 산집에서 정식으로 문자나 숫자 학습을 시키지 않으므로, 워낙 깨우치는 속도가 나지 않는 것에 대해 간과하고 있었던 것이라 할 수 있다. 이에 대해서도 학교 가기 전 예비 방과후 어린이들에 대한 더욱 세심한 보살핌이 요구된다 하겠다.

아무튼 그 상담을 계기로 방과후에서나 의림이 집에서 더욱 신경을 쓰게 되었고 지금은 여러 면에서 두루 좋아졌다고 한다.

어린이집 아이들의 공동체성

산집 초기 아이들의 공동체성의 문제가 바로 윗부분에서 살펴본 것이라면, 이제부터는 중기에서 후기, 즉 현재 산집에서 자라나고 있는 아이들의 모습을 살펴봐야 할 것이다. 지금 옹골찬 아이들 중에 오래 다닌 아이들이 지윤이·해솔이·우현이 정도가 된다. 우현이는 아이들에겐 우현 오빠로서의 입지와 조금 독특한 면을 인정받음으로써 관계나 갈등에서 약간 초월적 위치에 있다고 할 수 있고, 늘 거론되었던 아이들은 해솔이와 지윤이로, 놀이판을 잡고 있으면서도 다른 아이들과 함께 놀아주지 않고 배려가 없다는 것이 주로 문제시 되었다.

아이들 관계에서는 어떤 아이들이 주도를 하게 되는가, 왜 다른 교육 기관에서는 첨예하지 않은 문제가 공동육아에서는 늘 일어나고 있는가, 교사회에서는 해결을 못하는 것인가 하는 의문이 따라다녔다.

늘 문제를 정확하게 짚어내고 문제가 무엇인지 확인하는 일은 해결의 실마리를 찾아내는 것이므로 매우 중요하다. 우선 공동육아라는 교육 환경이 아이들 생활의 대부분을 차지하고 있을 만큼 함께 있는 시간이 길고, 프로그램의 특성상 아이들이 자발적으로 놀이하는 시간이 상대적으로 많이 주어진다. 즉 교육 프로그램을 세분하여 쪼개놓지 않고 아이들의 생체 리듬에 맞게 느슨하게 구성하면서 교사의 주도를 적절하게 배분하고 있다. 이런 교육의 의미는 어른들이 아이들의 생활 전부를 주도하여 이끌어 가기보다는 아이들 스스로 놀이판도 벌여보면서 어른이 놀아주지 않아도 자발적으로 창의력을 발휘하여 놀 수 있는 아이로 키우는 데 있고, 이렇게 놀아본 아이들이 어느 때가 되면 당연히 스스로 놀 수 있다는 것을 믿기 때문에 가능하다.

한편 아마들이 교육활동을 하거나 서로 마실을 오갈 때 갈등의 소지가 높다는 것은, 아이들이 교사들에 비해 아마들을 덜 공식적인 어른으로 여기고(별명과 반말을 사용하더라도 교사라는 것을 아이들은 당연히 인식한다) 규칙이나 관계에 있어 훨씬 자유로워 더욱 솔직하게 행동하기 때문이다.

이렇게 공동육아는 다른 교육 기관과는 물리적으로 다른 환경을 아이들에게 제공하고 있는 것이고, 일반적인 교육 기관에서는 주어진 그 시간조차 교사의 주도로 진행되는 경우가 많다는 것을 감안하고 다음을 살펴보기로 한다.

그렇다면 어떤 아이들이 놀이를 주도하는가? 아이들의 관계는 곧 놀이판의 판도와 같다. 놀이를 주도하는 아이가 중심이 된다. 어떤 아이가 주도를 할 수 있는가? 많이 놀아 봐서 놀이의 흐름을 아는 아이, 또는 기질적으로 강한 아이가 주도를 한다. 놀이판을 이끄는 아이는 놀이를 선도할 수 있어야 하고, 계속 이어갈 수 있는 레퍼토리가 있어야 진전시킬 수 있다. 이러한 일은 아이들 간에 암묵적으로 일어나기 마련이다. 즉 아이들이 인정을 해야 리더가 될 수 있는 것이다. 이 놀이판의 역학 관계는 아마들의 교육활동이나 마실을 가는 데 있어서도 영향을 미칠 수가 있다. 아이들이 누구누구와 놀고 싶은데, 안 놀아준다고 하소연 한다면 이럴 때 어른들이 도와줄 수 있는 것은, 놀고 싶어 하는 아이를 따로 집으로 초대하거나 마음먹고 휴일에 함께 나들이를 가는 등 친해질 수 있는 기회를 만들어주는 것이다. 어제의 잠시 특별한 관계가 오늘로 이어진다. 아이들은 누구와 의도적으로 놀아주지 못한다. 자기중심적인 유아기 특성대로 자기 필요에 의해 함께 놀 뿐이다. 옹골찬 아이들이 다른 사람을 배려하기 어려운 5~6살에 불과한 아이들이란 걸 잊지 말아야 한다.

교사가 임의로 리더를 바꾸어줬을 때 놀이는 오래가지 못했다. 이는 교사의 권력으로 아이들의 놀이판을 깨트린 결과가 된다. 세련되게 리드하지 못했기 때문에 금방 흥미가 없어지고 만다. 지금 당장 내 아이가 주도적으로 놀이판을 평정하지 못하더라도 그리 문제 될 것은 없다. 놀다 보면 언젠가는 자신 있게 놀이를 주도할 것이기 때문이다. 어서 그랬으면 좋겠다면, 집에서 아이에게 놀이를 주도할 수 있게 기회를 자주 만들어주는 것이 필요하다. 스스로 나서서 "○○하고 놀 사람 여기 여기 붙어라"라고 자신 있게 말해야 한다.

올해 옹골찬 아이들은 여아 대 남아의 비율이 일년 내내 8대 3으로 여아 천국이었다. 성비는 무슨 관계가 있을까. 여아들은 남아들에 비해 정서적이다. 다정다감하여 정을 중요하게 생각한다. 정이란 오래 함께 있으면 들기 마련이다. 심지어 함께 부대끼면서 미운 정이라도 생기는 것이 정이 없는 것보다 낫다. 3년이나 함께 지낸 해솔이와 지윤이가 서로 의지하는 것은 당연한 일이다. 그리고 다른 아이들이 해솔·지윤이와 놀기를 선망하는 것도 같은 맥락에서 이해가 된다.

옹골찬은 주로 여아 중심의 역할놀이를 하면서 관계를 이루어가는 것을 보았다. 대표적인 놀이가 소꿉놀이다. 요즘 소꿉놀이에서 엄마의 모델링은 절대 밥만 하지 않는다. 한번은 끼어들어서 "엄마 빨리 밥 줘" 했더니, "가만있어 봐. 일 좀 하고"라더니 컴퓨터를 앞에 놓고 자판을 '다다다' 두들기는 모습을 보여 주거나, "장 보러 시장 가야지" 하면서 자동차 핸들 꺾는 시늉을 했다. 그런 모습은 잊혀지지 않는 새로운 소꿉놀이의 전경이다. 아이들에게 놀이는 곧 삶이다. 놀이를 주체적으로 할 수 있다는 것은 아이들로서는 자기 삶을 주도적으로 해결해나가고 있다는 점에서 매우 중요하다.

지윤이와 해술이는 3년을 같이 생활해온 묵은 관계 사이다. 이 시기의 아이들이 경험한 '함께하는 즐거움'은 훗날 사회성을 굳건히 하는 초석이 될 것이다.

최근 5살 덩더쿵방에서도 비슷한 상황이 일어났다. 덩더쿵의 한들·지민·혜원 역시 정으로 뭉쳐진 묵은 관계를 이루고 있다. 올해 들어 지선이와 현진이가 합류했는데, 지선이는 일단 자기고민이 있어서 그것이 해결될 때까지는 교사에게 의존하느라 또래 관계는 예민하지 않았다. 그러나 현진이는 성격이 강한 편이고 또래의 중심에 서고 싶어 했다. 초기부터 약간의 진통을 겪다가 무난하게 적응했는가 싶었는데, 교사가 교체되는 시점에서 다시 요란하게 진통을 겪고 지나갔다.

큰도글의 경우도 약간 다른 양상으로 조짐이 보여서 교사회에서는 늘 관찰을 늦추지 않고 있다. 당실은 왜 문제가 안 될까. 당실은 거의 모두 올해 새로 들어온 아이들이고, 남녀 성비도 적당하기 때문인 것으로 보인다.

공동체성 확보를 위하여

아이들은 이런 변화와 갈등을 겪으면서 상호 존중의 시기로 접어든다. 이런 과정이 비단 아이들 세계에서만 벌어지는가. 아이들 세계에서만은 없어야 하는가. 아이들이 이런 과정을 체험하면서 다른 사람의 마음에 대해서도 배려할 수 있게 되고, 자신의 문제에 대해서도 어떤 방법으로든지 해결하기 위해 노력하는 것이 사회화 과정이 아닌가. 이를 해결하는 데에는 부모와 교사들의 긴밀한 상담과 해결 의지가 필요하다. 아이들의 관계라 말하기도 유치하여 혼자 참다가 내가 그만두면 되는 것으로 도피하고 싶은 유혹이 어느 엄마라고 없었을까. 그러나 언제나 정면으로 문제와 맞서 해결하다보면 문제란 놈은 슬며시 꼬리를 내리기 마련이다. 앞에서 공동체성은 위기나 계기를 당하여 발휘된다고 하였다. 그렇다면 위기보다는, 즐거운 계기를 자주 만들어주어야 할 것이다. 교육 활동 속에서 조를 짜서 하루를 생활하게 해본다든지, 협력해야만 가능한 프로그램을 개발해 내는 것이다. 내년에 아이들이 좀 크면 할 수 있는 방법으로는 옹골찬 의 큰 아이를 중심으로 해서 아래 동생들을 책임지고 보호하며 과제를 수행해내도록 하는 활동을 그려볼 수 있다. 이런 활동은 소속감과 책임감, 협동심을 심어줄 수 있는 것으로 해봄직한 활동이 다. 그것은 들살이 가서 자주 했던 연령 통합 활동의 일환인데, 조장이 연령이 좀 되어야 가능하다. 또는 당일 프로그램으로 긴 나들이를 자주하는 것도 분위기 전환을 위해 필요하다. 이런 활동들 은 함께 하는 신나는 경험으로 말미암아, 이것이 일상으로 이어질 때 먼 훗날 아이들은 이 시기의 또래들을 그리워하게 될 것이다.

초기 아이들의 모습

이말순(코뿔소)

산어린이집 원장

초기 여자아이들의 모습

산집은 1997년 5월 개원하였다. 개원 당시 17가구 23명으로 출발하였다. 첫해에는 현석이(1992. 6.18.생)를 비롯하여 6~7살의 아이 13명을 통합하여 당실방에서 함께 지냈다. 주로 큰 아이들은 여아들이었고, 조담(1992. 4.22.생), 이혜란(1992. 1.22.생), 이보미(1992. 3.17.생), 이영주(1992. 9.24.생), 성민경(1993. 1.26.생) 등이 있었다. 여아들이 맨 윗그룹일 때에는 분위기가 차분하고 여성적일 것 같지만, 첫해여서 그런지 아이들의 갈등이 끊이지 않았다. 여아들의 갈등은 주로 '누가 예쁜 척한다'는 것으로 트집을 잡아서 따로 놀면서 외모와 옷차림에 신경을 쓰기도 하고, 남자 교사를 가운데 두고 암묵적 시비가 벌어지기도 하는 것을 보면 마치 사춘기 소녀들을 보는 것 같았다. 어느 날엔가 다른 처녀 교사가 아이들이 동경해 마지않는 그 남자 교사와 같이 나란히 퇴근하는 것을 보고는 눈을 흘기며 바라보더라는 이야기를 엄마들이 웃음을 참지 못하며 들려주었다.

특히 외모가 사람판단의 기준이 되는 세상이어서 아이들도 그 영향에서 벗어나기 어려운 것 같았다. 민경이는 통통한 편이었는데, 자신의 외모에 대한 콤플렉스를 가지고 있었다. 어느 날, 엄마한테 "딱따구리(신경선, 당시 당실방 담당 교사)는 나같이 못생긴 아이도 잘 보살펴준다"고 말하여 엄마를 가슴 아프게 하였다. 이 때의 아이들은 주로 종이를 많이 가지고 놀았는데, 신문지, 컴퓨터 용지, 여러 이면지를 이용하여 구기고 오리고 주물러서 다양한 모습으로 창작을 자주 하면서 종이작품 전시회를 열기도 하였다.

초기 남자아이들의 모습

그 다음 아래 연령은 주로 남자아이들이었다. 남자아이들을 위해서는 주로 축구놀이를 하였는데, 마침 남자 교사 피터팬(채승우, 당시 4살 담당 교사)이 있어서 주로 교사 대 아이들로 나누어 축구를 하였다. 물론 여아들과 여교사들도 축구를 하기도 했다. 어느 날, 축구를 하다가 날씨가 더워서 땀이 많이 나자, 남자아이들이 하나둘 웃통을 벗었다. 그러자 민경이도 런닝까지 벗어버리고 축구를 하였다.

호연이(1993.10.24.생)는 장래 희망이 축구 선수가 되는 것이었다. 당시 국가대표 선수인 김병지 선수가 우상이어서 머리 모양도 김병지처럼 하고 다녔다. 남자아이들 중에 한 학년 위인 한길이(1993. 2. 9.생)가 늘 '대장'이었는데, 축구를 할 때면 호연이에게 늘 골키퍼를 시켰다. 호연이는 언제 자기도 공격수가 되는지 궁금해 했다. 그러나 나중에 진짜로 골키퍼를 잘 하여 그가 필요했다. 호연이는 왼손을 자주 사용하였는데 전의 놀이방을 다닐 때는 선생님이 오른손으로 고쳐주려고 애쓴 모양이어서 이에 대한 스트레스가 있었다. 그리고 엄하신 아빠와의 관계에서 늘 자신감을 갖지 못하였다. 그러나 정작 마음이 여리고 두려움이 많으면서 구속을 견디지 못하는 자유로운 아이였다. 산집은 아이들이 꼭 하고 싶지 않으면 하고 싶은 생각이 들 때까지 기다려주는 구조이므로, 호연이가 오후 활동에 참여하기 까지는 1년 정도 걸렸다. 다른 방을 기웃거리거나 모래놀이를 하거나 자전거를 타고 있으면 "네가 들어가고 싶은 데 가서 놀아도 된다"고 말해주었다. 호연이는 1년 정도 지난 뒤에 활동에 참여하는 횟수가 늘었고, 아이들 관계에서도 자신의 위치를 확보하는 듯싶었고, 자신 을 나타내고 표현하는 데 상당한 발전이 있었다. 그러나 어린이집 생활을 2년쯤하고 나서 학교가기를 한 달쯤 앞두고 호연이는 압박감 을 느끼기 시작했다. 그 전부터 있다가 없어진 줄 알았던 틱 현상이 나타난 것이다. 그것도 여러 가지를 동시에 하는 것이었다. 그 상태로 일단 학교에 축구공을 들고 공 차러 가듯이 입학식을 하였는데 3일 만에 학교를 거부하였다. 호연이의 부모님 역시 싫어하는 아이를 억지로 학교 보내는 것만이 능사가 아니라는 것을 깨달았다. 그래서 집에서 엄마가 공부를 시켰고, 포천으로 귀농한 후에 친구가 없어서 심심해하는 것을 보고 학교에 가면 친구를 사귈 수 있다고 얘기해주 었더니 한 학년 낮춰서 학교를 다니게 되었고, 반에서 아주 모범생으 로 지냈다. 며칠 전 호연이가 놀러왔는데 이제 초등학교 3학년이 된다고 했다. 호연이네는 그 후 봉화로 이사를 하였다.

호칭 문제

남자아이들 중에서는 한길이가 먼저 학교를 가게 되었다. 아이들은 같은 나이여서 친구로 지내다가 생일이 빨라서 학교에 먼저 간 한길이나, 언니·동생으로 지내다가 함께 학교에 다니게 된 민경이 등 또래 관계에서 호칭 문제로 갈등을 겪게 되었다. 그래서 어린이 총회를 열어 호칭 문제에 대하여 같이 정리할 수 있게 방침을 세우게 되었다.

교사회의에서 새해 교육 활동을 계획하던 중, 예년과 다른 새로운 활동을 고민하던 끝에 지금껏 방별로 진행되어 오던 모둠 활동을 한 차원 높이, 전체 어린이가 다함께 모여 토론을 통하여 문제 해결을 시도하는 총회를 하기로 한 것이다. 총회라는 용어는 부모들이 조합원 총회를 자주 함으로써 아이들에게는 이미 익숙한 단어였다.

아이들은 이 총회라는 어휘를 사용하여 활동을 함으로써 어른들의 세계를 아주 적게나마 이해할 수 있는 기회가 되었고, 또한 우리도 엄마·아빠처럼 의젓하게 의견을 모아서 무언가를 해결했다는 뿌듯함을 맛볼 수 있었다.

총회 주제로는 '어린이집 주변의 쓰레기 줍기' 문제가 처음으로 나왔었고, 다음으로는 장애우 '종혁이에게 어떻게 대해 주어야 할까'라는 문제로 좁혀졌다가 이 주제들이 아이들에게 그다지 매력적이지 못하다는 고민을 했고, 마침 새해 들어 방이 바뀌면서 같은 방 친구였던 아이들이 다른 방으로 올라가면서 호칭이 문제가 된다는 것을 생각하고 이것을 주제로 하기로 하였다.

그 당시 효림이는 생일이 몇 달 빨라서 학교에 먼저 간 한길이에게 형이라 부르게 된 것이 기분 좋지 않았다고 얘기하였고, 민경이는 언니라 불러줘서 고마웠다고 성숙하게 자기 의견을 말하였다. 그 무렵의 어린이 총회를 잠깐 들여다본다.

산어린이집 제1회 어린이 총회

일시 : 2000년 3월 24일 늦은 5시

장소 : 강당방

참석 : 방과후 10명, 옹골찬 10명, 덩더쿵 7명, 당실 5명,
       소근 3명, 교사 6명

진행 : 고래(박천옥)

기록 : 코뿔소, 꼬리(박혜성)

주제 : 어린이집에서 또래 간의 호칭에 관하여

> (아이들 다함께 '돼지붕알' 노래를 부른다.)
>
> 고래 : 지금부터 제1회 어린이 총회를 열겠습니다.
>
> 아이들, 교사 : 와! (박수)
>
> 고래 : 오늘 주제는 산어린이집에서 부르는 호칭에 대해 함께
> 이야기해 보겠습니다. (아이들과의 관계에서 오늘 처음
> 존댓말이 나왔다.)
>
> 아이들 : (웅성웅성)
>
> 고래 : 어디 보자. 유명주는 무슨 방?
>
> 명주 : 옹골찬방!
>
> 고래 : 왜 친구들이 누구는 옹골찬방 가고, 누구는 덩더쿵일까?
>
> 보미 : 생일 순서대로.
>
> 고래 : 그럼 올라간 친구들에게 뭐라고 불러요?

아이들 : 언니, 오빠.

고래 : 같은 나이인데 언니나 오빠라고 해서 기분이 나빴거나
　　　좋았던 경험 있는 사람?

효림 : 맨 처음 싫었는데 좋았어.

고래 : 왜 맨 처음엔 싫었어?

효림 : 친군데 형이라고 해야 하니까.

고래 : 정빈이도 있었니?

정빈 : 작년에 생일 빨라서 학교 먼저 갔잖아. 그래서…….

다훈 : 나는 같이 지내는 게 재미있어.

고래 : 그럼 옹골찬 친구들이 명주에게 친구라고 했다가 누나라고
　　　했다가 다시 친구라고 했는데 어땠어?

명주 : 나는 언니라고 부르는 게 싫었고, 친구라고 부르는 게
　　　좋았어.

민경 : 애들이 많이 올라왔잖아. 학교 갈 때 걔네들이 먼저 갔잖아.
　　　그러니까, 음 처음부터 친구라고 부르고 지내다가 학교
　　　올라갈 때 언니라고 부르면 힘드니까 처음부터 친구라고
　　　했으면 좋겠어.

고래 : 진석이는 어떻게 생각하니?

진석 : 너무 멀리 가면 안 좋아. (와~ 교사들 짧은 탄성)

고래 : 김성윤이는?

김성윤 : (고개만 살랑 살랑)

고래 : 새미는 덩더쿵방에 올라가니까 어땠어?

새미 : 좋았어.

고래 : 진석이가 새미에게 어떻게 부르는 게 좋겠어?

새미 : 누나!

문성윤 : 난 이상해.

고래 : 성윤이는 성윤이라 부르는 게 좋아?

문성윤 : 응.

고래 : 한길이, 민경이 얘기 들어 보자.

한길 : 방과후 애들이 형이라고 부르니까 기분이 좋았고, 처음에 같이 있다가 다른 방이 되니까 섭섭했어.

민경 : 애들이 갑자기 친구였는데 올라가서 누나라고 언니라고 불러줘서 참 고마웠어.

고래 : 그럼 영서야, 영서는 같은 방 친구들이 "영서야!" 하고 부를 때 마음이 어땠어?

영서 : 친구들이 "영서야!" 했을 때 좋았고, 영서누나 했을 때 싫었어.

고래 : 그러면 우리 아까 민경이 누나랑 한길이 형이랑 얘기했던 것처럼 같은 방일 때 같은 친구로 지내는 게 좋다고 했잖아. 그러면 당실방 같은 다섯 살인데 덩더쿵에 갔다고 누나라고 부르는 것하고 생일이 빠르다고 옹골찬에 올라간 명주, 성윤이한테 친구라고 부르자는 의견이 나왔어. 이 말에 찬성하는 친구 손들어 보자. 어린이집에서 같은 방끼리는 친구로 지내고, 학교에 가면 언니, 오빠라고 부르자는 의견이 나왔어.

민경 : 그럼 학교 가서도 "야!"라고 하는 거야?

코뿔소 : 학교 가기 전 아이들과 학교를 간 후 아이들을 나누는 게 좋겠고, 학교 가기 전에 한방이었던 아이들 호칭부터 어떻게 할 건지 말해 보자.

고래 : 그래 희제, 얘기해 봐.

희제 : 난 옹골찬 방에 올라가는 게 좋아.

(딱따구리는 소란스러운 ○○와 ○○를 붙들어 앉혔다가

드디어 밖으로 내 보냄. 같은 방 친구였던 아이들끼리
친구로 하자는 의견에 찬성 22명, 반대 12명, 서기를
담이와 한길이가 했는데, 여러 번 확실하게 세는 바람에
손을 한참 들고 있었고, 이 때 교사들 대부분 찬성 안에
손들어서 사전 모의 노출시킴. 그래도 아이들은 전혀 눈치
못 채고, 심지어 소근방(3살) 아이들도 손들게 하는 기린
에게 항의, 야유를 보내는 코뿔소)

홍영주 : 나는 명주랑 성윤이가 오빠라고 불렀으면 좋겠어.

고래 : 같은 방이라도 나이가 다를 땐? (예상치 못한 의견에
난감해 하는 고래)

참새 : 어린이집에 있을 땐 한방이면 친구로 부르는 게 좋겠어요.

고래 : 마지막으로 같이 학교 들어 갈 때는 친구로 하면 좋겠다고
생각하는 사람?

(찬성 18표, 반대 3표, 덩더쿵 드디어 3명째 쫓겨났음.)

참새 : 그럼 이제부터 어떻게 불러야 되지? 연습해 보자. 리림아,
성윤이 불러 봐.

리림 : 성윤아! (교사들 흐뭇한 미소. 리림이는 함께 놀던 성윤이
가 옹골찬으로 올라간 후 그 동안 부르지 않고 지냈다고
함.)

고래 : 자, 이것으로 제1회 총회를 마치겠습니다. (박수)

* 뒷이야기

하나. 총회 중 소란을 피워 쫓겨난 몇 명(인호·인범 외 1명)은 신나게 방방이를
타고 있었다고 딱따구리의 속 터지는 하소연.

둘. 민경이는 방으로 돌아와서 하는 얘기가 '의견을 하나 결정하는 것이 이렇게
힘든 줄 몰랐다'고 득도를 실토함.

셋. 해솔이가 지윤이 더러 "언니 왈" 하기에, 지윤이가 "해솔아, 한방끼리 친구하

기로 했잖아"라고 말했더니 조용히 했던 것밖에 기억나지 않는다고 잡아뗐다
는 해솔.

피카츄놀이

　한길이가 초등학교에 입학을 하고 나서 주도권을 남용한 웃지
못할 사건이 있었다. 한길이가 학교에서 벌 받아본 대로 옹골찬
작은 방에 효림이·성후·정빈이를 두 손 들고 벌서게 한 것이다.
이 장면을 마침 아마들이 보게 되었는데 목격담에 따르면 효림이는
자존심이 상한 얼굴로 입이 나와 있고, 성후는 간신히 손을 들고
있고, 정빈이는 손을 번쩍 들고 있었다고 한다. 벌 당한 아이들의
엄마들은 "아이고 그놈의 자식이 우리 아들을 벌세우고……" 하면서
기가 차서 흥분을 했다. 이럴 때 아빠들은 오히려 담담하다. "괜찮아.
사내들은 다 그런 게 있어"라고 넘겼다나.
　한길이는 가끔 독주를 하기도 하지만 아이들 관계에서 민주적
지도력을 발휘하는 경우가 더 많았다. 피카츄놀이가 전세계적으로
유행을 하던 2000년에는 아이들 모두 피카츄에 빠져서 오랜 시간
동안 헤어날 줄 몰랐다. 피카츄 스티커를 모으기 위하여 슈퍼에서
빵을 사 먹었고, 피카츄의 종류와 이름이 수백 가지인데 이것을
줄줄 외우는 것은 물론, 그림을 그려도 피카츄만 그렸고, 앉기만
하면 피카츄놀이에 빠져들었다. 한길이는 이 스티커를 "내 공책에
모아서 한꺼번에 보관하고 너희가 보고 싶어 할 때 언제라도 보여
주겠다"고 제안하였다. 아이들은 한길이 형아의 말에 대부분 순종적

이었으므로 따르게 되었다. 피카츄 스티커가 발전하여 플라스틱 짱딱지까지 등장하게 되었을 때, 교사회에서는 늦은 감이 있었지만 아이들이 과도하게 집착하는 것을 조절하기 위해 어린이 총회를 소집하였다. 총회 기록은 생략한다.

딱지놀이

딱지치기는 교사회가 제시하기도 했지만, 아이들에게 짱딱지 이상으로 선풍을 일으켰다. 딱지치기는 여자아이들보다 남자아이들이 좋아하는데, 아이들에게는 딱지 만드느라 소근육 발달, 딱지 치느라 대근육 발달을 돕게 되므로 운동 효과와 더불어 폐지를 재활용하므로 나무랄 것이 없는 놀이다. 녀석들은 박스종이까지 가져다가 방석만한 딱지를 만들기도 하고 물에 적시거나 스카치테이프를 붙여 딱딱하게 만들어 사용하였다. 딱지 치는 기술도 다양하게 발전하여 어떻게 하면 잘 넘어 가는지 여러 가지 기술을 터득하여 요령을 부리곤 하였고, 진영정보고교 운동장 같은 흙마당보다는 산집처럼 콘크리트 바닥에서 더 잘 된다는 것도 알게 되었다.

"딱지치기 하자! 앞면 말고 뒷면 나와라!"라고 노래도 하고 딱지에 대한 동시를 써서 벽에 전시하기도 하였다. 그 무렵엔 산집 마당 여기저기에서 딱지 치는 소리가 끊이지 않고 들렸다. 성민이는 뒤늦게 딱지 치는 맛을 알았는데, 콘크리트 바닥에 있는 힘껏 내려치다가 손톱 일부가 뒤집어지는 바람에 병원까지 다녀와야 했다. 아이들은 저마다 자기 사물함에 바구니 그득하게 딱지를 보관하고자 욕심을 부렸다. 산집에서 개인 소유 놀잇감이 허용되는 유일한 순간이었다. 이렇게 딱지에 몰입해 있었는데, 세희 할아버지께서 한 말씀하셨다.

"이 녀석들아, 그것도 다 놀음이야!"

아이들의 몰입은 정말 대단했다. 그렇게 한순간 어떤 놀이에 집중해서 논 아이들은 나중에 공부에도 집중할 수 있는 힘이 나오리라 믿는다. 그러나 한길이의 단독 주도는 효림·성후·정빈·성민이가 입학하면서 균형을 이루게 되었다. 아이들이 한길이가 하는 지시(?)에 고분고분 따르지 않고 반발을 감행한 것이다.

2000년은 산집의 아이들도, 어른들도 대 이동의 변화를 겪게 된다. 그 동안 한 3년을 거의 탈퇴하는 조합원 없이 지내 오다가 혜란·호균이네가 캐나다로 이민가는 것을 시작으로, 그 해 연말까지 초기 조합원들의 삼분의 일 정도가 삶의 근거지가 바뀌는 변화의 시기를 맞았다. 아이들이 학교에 입학하는 시기도 산집의 조합원들에게는 또다시 선택의 기로에 서게 되는 때다.

2001년 3월에는 옹골찬 어린이 5명(이하현, 최성민, 오다훈, 문성윤, 전민혁)과 새로 결합한 어린이 1명으로 구성된 대안 초등학교인 '산어린이학교'를 만들었다. 산어린이학교는 우리나라의 초등 대안교육의 문을 연 최초의 학교다. 산집에서 공동육아를 했던 부모들이 중심이 되어 부모들 간의 공동체적 관계, 교사들과의 평등한 관계를 지향해 나가고 있다. 아이들을 대안교육으로 키우는 궁극적인 목적은 무엇인가. 그것은 기존의 제도권 교육에서 오는 획일적이고 억압적인 교육에서 벗어나 자유롭고 창조력 있는 교육을 원하는 것이라고 본다. 이러한 대안교육을 성공적으로 이어 나가기 위해서는 얼마나 더 많은 노력이 필요한 것인가.

3년간 어린이집의 방과후 교실로 자리했던 방과후가 2002년 4학년에 김한길, 3학년에 박성후·서효림·이정빈, 2학년에 홍영주, 1학년에 서의림·김한결·남궁환히·강수진·안희제·위인호·위인범 등, 어린이와 조합원들이 인근 소사본동에 독채 가옥을 임차하여 재정과 살림을 완전 분리하여 독립된 방과후를 꾸리게 되었고, 교사는 당시 6~7살 방을 맡았던 꼬리가 방과후 대표 교사를 역임하게 되었다. 방과후 역시 독립하기 전부터 위상과 방향에 대한 논의를 거듭했지만, 부모들의 희망과 아이들의 요구가 차이를 보였다. 부모들은 제도 교육에서 채워지지 않는 것에 대한 열망이 있고, 아이들은 휴식에 대한 욕구가 더 컸다. "아직 어린 우리들을 더 놀게 해 달라"가 아이들의 메시지다.

"우리가 먹을 김치는 우리 손으로 담가봐야지." 2001년 가을, 방과후방 아이들이 김장을 하고 있다.

장애우 통합교육

이말순(코뿔소)
산어린이집 원장

시작하기

공동체와 새로운 대안 유아교육을 지향하는 공동육아에서는, 장애우 통합교육에 대한 결연한 의지를 가지고 마땅히 함께 해야 하는 것으로 인식하고 있었고, 교사들도 당연한 것으로 받아들였다. 통합교육을 한다는 원칙은 이후에 새로운 조합원을 맞이할 때도 전제가 되었다.

개원 당시 6~7살 방에 신체장애우 1명과, 1~2살 방에 청각장애우 1명으로, 2명의 어린이가 함께 하게 되었다. 이 시기를 '통합교육 1기'라고 할 수 있다. 개원 첫해 공동육아 사무국에서 통합 전문교사(이성윤)를 1년간 파견해주어, 아이들을 지도하는 데 많은 도움이 되었고, 교사들에게도 통합교육을 어떻게 해야 하는지에 대한 새로운 시각을 가질 수 있는 계기가 되었다.

산집의 '통합교육 2기'는 2000년부터 다시 새로운 어린이들이 들어오게 되면서 시작되었다. 이 시기에는 반응성 애착 장애우 1명과 전반적 발달지체아 2명, 청각장애우 1명. 이렇게 4명의 어린이와 함께 생활하게 되었고, 이 때 통합 전문 교사로는 김희수 선생님이 주 1회 오셔서 5개월간 도움을 주셨다.

재정 문제

통합교육이 장애우나 비장애우 모두에게 사회적 관계를 확대시켜 주고, 폭넓은 가치관을 가질 수 있도록 교육하는 귀중한 시간이지만, 상대적으로 고비용이 들고, 비용에 대한 해결도 정부나 다른 단체의 지원 없이 조합이 자체적으로 해결할 수밖에 없는 것이 지금의 상황이다. 따라서 1기 첫해에는 신촌 지역 '우리어린이집'에서 부담해 왔던 전례대로 통합교육에 드는 비용을 조합과 장애우 부모가 반반씩 부담하였다. 이듬해에는 그 중 한 아이의 엄마가 이 방식에 문제가 있음을 제기하였고, 이를 받아들여 전 조합원이 모두 분담하게 되었다.

2기에는 부천시에서 보육 시설을 이용하는 장애우에게 개별적으로 법정 보육비의 50%를 지원하는 제도가 생겼다. 산집에서는 2명의 어린이가 부천시 지원금을 받았고, 사무국에서도 '아름다운 재단'에서 주최한 '사회복지 공동 모금회'에 참여하여 받은 지원금을 주어 잠시나마 숨을 돌릴 수 있게 되었다.

교사 교육

장애우 통합교육은 열정만으로 해결될 수 있는 일은 아니다. 어린이를 어떻게 도와주어야 하는지 알아야 교사가 다른 아이들과 소통과 공감을 나눌 수 있기 때문이다. 따라서 통합 전문 교사가 올 때마다 텍스트를 정하여 교사들 모두가 교육을 받았고, 아이를 담당한 교사와 부모는 사무국에서 진행하는 통합교육을 이수하기도 하였다. 조합에서는 이렇게 교사들이 통합교육을 받고 통합 전문 교사가 되어 주기를 희망했지만, 이것 또한 단기간 내에 이루어질 수 있는 일은 아닐 것이다. 교사들과 조합원들의 의지와는 다르게 아이들의 변화나 성장은 눈에 잘 보이지 않게 더딘 것이었다. 그래서 지속되진 않았지만, 통합 전문 교사가 올 때에는 그래도 어두운 길을 가는 데 등불이 되어주는 듯했다.

통합교육의 내용

통합교육은 아이들이 가진 장애별 특성에 따라 달라져야 한다. 1기에 있던 현석이와 종혁이를 주로 관찰하며 지도해주었던 홍두깨 (이성윤)는 아이들마다 개인별로 발달 프로그램을 짜서 통합 활동으로 유도하는 방식으로 진행하였다.

▶ 사례 1
현석이는 5년 1개월령일 때, 산집 개원과 함께 인연을 맺은 후,

1998년 11월 3일 이 세상을 떠날 때까지 1년 6개월을 산집에서 지냈다. 출생 시 정상 분만을 하였지만, 선천성 모반증과 구루병, 복벽 부분 결손이 있었다. 산집에 오기 전에 복벽 부분 봉합을 위한 수술 등 3차례 수술을 하였고, 칼슘이 섭취되지 않고 그대로 몸 밖으로 빠져나가는, 골격 발육에 치명적인 증세가 있었다. 혼자 간신히 일어서기는 하지만 걷지 못했다. 현석이는 신체적인 불편함뿐, 지능도 정상이었고 언어 발달도 빠른 영리한 아이였다. 나들이 가는 것을 좋아하여 6~7살 덩더쿵방과 함께 소래산·시흥 텃밭·덕수궁 등 긴 나들이도 등에 업혀서 잘 다니곤 하였다. 처음에는 모래나 물이 손발에 닿는 것을 아주 싫어했으나, 나중에는 모래 위를 맨발로 밟아 보고, 물장난·흙장난도 하고 놀았다. 현석이는 노래부르기와 이야기하기를 좋아했고, 특히 연극을 할 때에는 주인공 역할을 자처하기도 했다. 몸을 많이 움직이는 게임을 할 때면 의자에 앉아서 심판 노릇을 하며 함께 하였다.

몸이 불편하여 마음도 자꾸 약해지는 현석이를 위해 홍두깨는 소근육, 대근육, 신변 처리, 사회 정서 발달, 인지 발달과 의사소통을 고르게 발달시킬 수 있도록 세부 목표를 세워주고, 이를 해낼 수 있도록 지원해주었다. 현석이의 외모가 다른 아이와 달라서 업고 나가면 다른 사람들의 주목을 받았는데, 이럴 때 다른 아이들이 나서서 "아파서 그래요"라는 설명과 옹호를 해주었다.

모든 조합원의 걱정과 관심을 받던 현석이는 몸의 기운이 점점 빠져나가 산집에 온 이듬해 가을에 급성 폐렴을 이겨내지 못하고 중환자실에서 결국 먼저 세상을 떠나고 말았다. 장례식을 마치고 현석이를 아주 떠나보내던 날, 다른 아이들은 먼 나들이를 보내고 엄마·아빠들과 함께 터전을 돌면서 현석이가 좋아하던 덩더쿵방, 마당, 동생들 방까지 모두 돌아보게 하였다. 그리고 친구들과 늘 나들이 다니던 어린이집 뒷산, 바위 아래에 나무도 있고 새들도 있는 곳에 한줌 재로 뿌려졌다.

"현석이가 우리 같은 부모를 만나서 사는 날까지 행복하게 잘 살았다고 생각한다"고 현석이 아빠는 그래도 겉으로나마 엄마보다 씩씩하게 마음을 정리하였다. 현석이는 그 존재만으로도 교사들이나 자원 봉사 나온 학생들에게도 새삼 자신의 가치에 대해 다시 한번 돌아보게 하였고, 아이들에게도 현석이와 살아온 경험이 장애우에 대해 선입견 없이 다가갈 수 있는 계기가 되었다.

선천성 모반증과 구루병을 앓았던 현석이는 부모에게는 '용감하고 떳떳하게 살기'를, 산집 가족들에게는 '함께 사는 세상'을 선물로 준 아름다운 아이였다.

▶ 사례 2

종혁이는 선천성 청각 장애가 있는 어린이로, 19개월령에 산집에 왔다. 엄마는 임신 3개월쯤에 육체적으로 좀 무리한 일을 했는데, 그 때 유산기를 느껴서 바로 조치를 취한 적이 있었다고 한다. 그 일이 복잡한 청각 신경이 발달할 시기의 태아에게 영향을 준 것이 아닐까 짐작하였다.

종혁이는 청각 장애와 그에 따르는 정서적 불안이 작용해서인지 낮이나 밤이나 자지 않고 휴식을 거부했다. 아이들과 소통하는 것이 가장 어려운 일이었고, 산만하여 나들이 갈 때는 특별히 보호해야 했다. 종혁이의 청력을 90데시벨까지는 검사해보았지만, 반응이 없었고 유아기 때 그 이상의 검사는 하기 어렵다고 했다. 종혁이는 양쪽 귀에 보청기를 늘 끼고 다녔다. 종혁이는 청각장애 교실에 다니면서 혀 굴리는 연습, 풍선 부는 연습, 장애 학교 선생님과 입 모양 보고 소리내기, 말소리 내기 등을 배우고 와서 그것을 생활 속에서 실천해보는 연습을 하였다.

교사회는 수화를 할 수 있는 자원 봉사자를 수소문하여 아이들과 함께 수화로 노래 배우기 등을 시도하며, 종혁이와의 거리를 좁혀 보려고 노력했다. 통합 교사는 조합원 전체가 어떻게 종혁이를 도와 줄 수 있을지 방법을 제시하기도 하고, 단기 목표를 설정하여 체크 리스트를 만들어 기록하기도 하였다. 종혁이의 일지 기록을 보면, '들숨 날숨을 통해 소리 형성해내기' 등의 단기 목표를 정하고, 입으로 부는 놀이를 통해 소리 낼 수 있는 연습을 하기도 하고, 조합원이나 다른 교사들도 종혁이를 만나면 얼굴을 보면서 이름을 크게 불러 주고, '스킨쉽을 해 주자. 소리 나는 악기를 준비하여 종혁이가 반응을 하는지 체크해 보자' 등, 구체적인 활동 방침을 정하여 진행하였다.

아이의 상태가 정체되거나 퇴보를 보이기도 하는데, 이럴 때 장애우 부모들은 더욱 막막해 하므로 교사회와 지속적인 면담을 통하여 상황을 알려주고, 또 특수학교에 근무하는 조합원들과 담당 교사들, 장애우 엄마들이 모임을 만들어 정기적으로 공부도 하고 엄마의 갑갑한 마음을 들어주고 이해하고자 하는 노력을 하면서 심리적 지원을 하였다.

그 무렵, 종혁이는 가정환경에 문제가 생겨서 탈퇴하게 되었다. 그러다가 부천시의 장애우 지원금과 사무국 지원비를 받게 되면서, 교사회는 이 기회에 종혁이를 부분적으로라도 등원시키자고 조합에 제안하였다. 그래서 다시 일주일에 두 번씩 터전에 오게 되었다. 그 동안 종혁이는 엄마가 일을 쉬고 전적으로 아이들 교육에만 전념하여 글씨와 그림으로 어느 정도 소통이 되었다.

종혁이가 7살 되던 어느 날, 종이 한 장을 들고 코뿔소에게 왔다. 그 종이엔 나비·잠자리 등과 종혁이가 쓴 친구들의 이름이 적혀 있었다. 종혁이는 잠자리를 짚으며 산 쪽을 가리키고 있었다. 잠자리 잡으러 산으로 가자고 하는 것이었다. 엄마의 눈물겨운 정성이 보이는 순간이었다. 지금 종혁이는 산집을 졸업하고 특수학교에 진학하여 1학년이다. 가끔 동네에서 만나면 수화로 코뿔소를 부르기도 하여 감동을 준다.

통합교육 방향의 변화

제2기에 산집에 온 통합 교사는 장애우에 대한 지도도 물론 중요하지만, 그보다 우선되어야 할 일은 아이들을 둘러싸고 있는, 다른 아이들의 마음이 변화되어 장애우를 수용할 수 있게 환경을 개선하는 일이 중요하다고 하였다. 그래서 또래 지원 프로그램을 만들어서 방과후 아이들과 먼저 해보고, 아래 연령의 아이들에게도 시도하였다(이에 대한 자세한 내용은 2001년에 발간된 『공동육아 어린이집 이렇게 운영됩니다』 제2권 교육편에 나와 있다).

이 무렵에는 특히 반응성 애착 장애 등 정서 장애우들이 많았다. 이 아이들에게 교사가 의도적으로 통합을 유도하지 않으면, 혼자 생각하고 혼자 노는 경우가 많다. 그렇다고 다른 아이들에게 함께 놀자고 말로 유도하는 것은 더 부담을 줄 수 있기 때문에, 이와 같은 심성 훈련 프로그램이 효과적으로 반영될 수 있었다.

제2기의 어린이들

종혁이를 비롯하여 방과후 2학년 때 들어온, 경미한 발달지체를 보이는 웅기는 또래들과 스스로 어울리는 것을 어려워했다. 반응성 애착 장애라고 진단받은 한슬이는 6살에 산집에 왔다. 영아기에는 정상적인 발달을 보였는데, 만 2살 무렵에 엄마를 봐도 반응을 보이지 않는 것을 발견하고는 이상함을 느끼게 되었다고 한다. 전반적인 발달지체가 있었고, 특히 언어지체가 심했다. 우현이는 전반적 발달지체라고 했고, 말할 때 목소리 조절이 잘 되지 않았지만, 기억력이 뛰어나 그림책의 문장을 통째로 암기하고 나름대로 적절하게 활용하기도 했다. 그래서 의사소통에는 무리가 없지만, 가끔 감정이 격앙되면 진정되는 데 시간이 걸렸다.

이렇게 4명의 어린이가 종일·반일·부분 등원 형태로 함께 생활하면서 전체 어린이와 또래 지원 프로그램을 하게 되었다. 몇 달이 지나면서 서서히 아이들의 변화가 보이기 시작했다. 아침에 한슬이를 만나면 다른 아이들이 먼저 "한슬아, 안녕!" 하며 반갑게 맞이하는 것이었다. 한슬이는 엄마가 초등학교 진학을 미리 준비하기 위하여 좀더 규칙적이고 체계적인 교육을 하는 곳에서 유아기를 마무리하고 싶어 했으므로, 총 1년 반 동안만 산집에서 지냈다. 요즘 한슬이와 가끔 전화 통화를 하는데, 의사소통이 가능할 정도로 놀라운 언어 발달을 보이고 있어서 아주 고무적이다.

웅기는 2002년 2월 독립한 방과후에서 현재도 부분 등원으로 함께 생활하고 있다.

현재는 우현이만 옹골찬방에서 지내고 있다. 지난 번 어린이집 발표회 때였다. 우현이는 여러 부모들 앞에서 택견을 이끌어가는 모습을 보여주었다. 택견 순서에 맞춰 구령까지 우렁찬 우현이 목소리가 울려 퍼지자, 참석한 엄마·아빠들 모두가 뜨거운 박수갈채를 보내주었다. 가슴이 뭉클해지는 순간이었다. 우현이는 일반 학교에 진학해도 무리 없이 적응할 것으로 교사회는 판단하고 있다(2003년 현재 우현이는 일반 초등학교에 다니고 있다).

감정의 기복을 제어해야 살아남을 수 있다는 지혜를 준 우현이는 '빨간 모자의 멋진 오빠'로 기억되고 있다. 오른쪽이 우현이, 왼쪽은 석호.

마무리하기

통합교육을 해 오는 동안 아이들과 어떻게 관계 맺어야 할지 몰라서 일방적으로 도움을 주어야 하는 관계로 생각하기도 하고, 교사의 부족한 자질을 탓하기도 했다. 그래도 어려운 일을 함께 나누려는 조합의 절대적인 지지와 신뢰에 힘을 얻어 아이들과 생활할 수 있었고, 조금씩이라도 향상되는 모습이 보이면 은근히 기쁘기도 했다. 통합교육을 하면서 정말 중요하게 부각되어야 할 것은, 그 부모의 심리적 안정감을 위해 노력하는 일이다. 통합교육은 부모나 교육 기관이 극대의 노력을 기울이고도 극소의 효과만을 기대해야 하는 어려운 작업이므로, 부모 상담을 지속적으로 하면서 아이의 상황에 대한 정보를 공유하고, 고민을 나누려는 자세가 필요하다. 특히 장애우 부모가 군건한 의지를 가지고 아이와 따뜻하게 소통하고 믿어줄 때, 아이도 심리적으로 안정되고 사회적 관계를 확장시켜 나가는 것을 볼 수 있었다.

아이를 둘러 싼 인적 환경 못지않게 역할을 해 준 것은 산집이 보유한 자연환경이다. 거의 매일 산으로 나들이를 다니면서 몸을 충분히 움직여 줌으로써 치료적 운동 효과와 숲이 주는 정서적 안정감을 통하여 서서히 자신감과 자존감을 회복하는 것을 보면 알 수 있다.

공동육아에서 통합교육을 실천하는 데 있어 어떤 장애유형이 공동육아 교육에 적합한가 하는 고민은 장애를 제한하게 된다. 그러므로 모든 장애유형을 열어 놓되, 교사회가 감당할 수 있는가 하는 점은 현실적으로 중요한 지점이다. 실제로 아이들과 생활하는 사람은 교사들이므로, 조합에서는 어떤 지원을 할 수 있는지 연구해보아야 할 것이다. 아이만 맞이하는 것이 아니라, 조합원도 맞이하는 것임을 인식하고, 그 부모의 아픈 마음을 함께 공감해주고 나누려고 할 때 통합교육이 빛을 발하게 된다. 공동육아 차원에서 통합교육 전문가를 보유하고 있어서 순회 지도 형태로 지속적인 지원을 해줄 때, 보다 나은 교육이 될 수 있다. 또한 장기적으로는 마땅히 정부 차원의 지원과 사회적 차원의 통합교육에 대한 관심이 높아질 때 어린이들의 삶의 질도 높아질 수 있을 것이다.

2003년에는 청각장애가 있는 선우와 발달지체를 보이고 있는 용준이와 휘교가 함께 생활하고 있다. 장애 친구를 맞이하는 일은 아이들은 물론, 교사·부모들이 함께 하는 것이다. 그 동안의 축적된 경험과 따뜻한 마음을 서로 나누며 또다시 아름답고 쉽지 않은 이야기를 엮으려 한다.

청각장애를 가진 선우는 나무타기, 축구, 나들이를 좋아하는 산집 아이다.

장애우 부모의 체험

박장배

우현 아빠, 역사학자

공동육아를 실천하는 사람들의 공통분모 중의 하나는 '공동체'다. 초창기 조합원 윤민서 엄마가 지적했다시피, "앞으로 다가올 21세기 사회는 산업사회의 삭막함을 극복하고, 서로가 서로를 존귀하게 섬길 줄 아는 공동체적 사회이고 그 공동체적 사회 건설의 소망을 담은 것이 공동육아가 아닐까 한다. 그 사회의 주역이 우리 아이들이고." 이렇게 목마른 사람들이 우물을 판다고 '공동체'에 대한 강한 욕구와 희망을 가진 사람들이 모여 공동육아 조합을 만들었다. 육아를 할 때 함께 이야기를 나눌 수 있는 사람이 없다는 것만큼 답답한 것도 없다. 육아 자체가 '중노동'이라지만, 거기에 정신적 압박까지 얹어지면 육아는 매우 버거운 중노동이 될 수 있다. 여기에서 "마음의 평화"는 너무나 절실한 생활필수품이라고 할 수 있다.

장애의 상태에 따라 다르겠으나, 특히 장애 아이를 가진 부모는 자기 잘못 때문에 아이에게 문제가 있다는 생각도 들고 사람들의 시선도 부담스럽기 때문에 심리적 부담이 무척 큰 상태로 살아야 된다. 이러한 문제는 심각한 감정의 기복으로 나타나기도 한다.

부모의 심리적 안정은 아무리 강조해도 지나치지 않을 것이다. 부모가 심리적으로 행복해야 아이도 정서적으로 안정될 수 있다. 이 대목이 바로 '통합교육'의 경험을 쌓은 부천 조합 공동체의 장점이라고 할 수 있다. 산집에 장애우를 보낸 부모들은 산집의 조합원, 교사들 사이의 공동체적 관계 속에서 많은 힘을 얻은 것이 사실이다.

장애우 부모로서 산집 초창기에 조합원이 된 오유미 씨는 이렇게 말한다. "난 현석이가 신체가 불편하고 얼굴이 남과 다르고 보기에 어색하다는 이유만으로 사회의 한 사람으로 서야 할 그 자리를 박탈당한다는 것이 안타깝고, 그것이 결코 현석이 하나에 그치지 않는다는 사실 때문에 결코 그렇게 내버려둘 수 없었다.", "우리는 현석이를 데리고 다니면서 '부모가 용감하고 떳떳해지기' 훈련에 들어섰다. 많은 질문 공세와 따가운 눈초리, 호기심의 화살을 견뎌내며 현석이를 '동네 아이'로 만들 수 있었다.", '통합교육'을 하는 공동육아는 "내가 찾던 바로 그 곳이었지만, 현석이를 등원시키는 것은 나 스스로의 피해의식과 타인에 대한 두려움과 걱정이 앞을 가렸기 때문에 결코 쉬운 결정이 아니었다."

사실 장애우를 가진 대부분의 부모들은 산집에 오기 전 이곳저곳을 거치며 좀 지친 상태였다. 산집에 등원하는 과정에서도 비장애우 부모보다 장애우를 배려하는 통합교육에 더 관심이 많다.

종혁 엄마 최숙희 씨는 이 문제에 대해 이렇게 지적한다. "그 누구도 못 미더웠고, 더구나 청각장애자의 요구를 잘 들어줄 만한 곳은 더더욱 없을 것 같았다. 산집은 정말 구세주 같았다. 요즘은 조금 답답하다. 언어 치료 학교가 9월 중순까지 방학이고, 터전의 방학이 지나고 나니 종혁이의 의사 표현 방법이 어떤지, 청각장애를 가진 종혁이에 대한 개별 프로그램은 없는지······." 이렇게 장애우 부모는 외부 아동 발달 센터의 치료와 함께 산집에서 '개별 프로그램' 에 관심을 보인다.

다른 아이들과 마찬가지로 현석이·종혁이·한슬이·우현이·웅기 등, 산집 생활을 경험한 장애우들은 처음부터 장애우 통합교육을 표방한 산집 6년의 역사에서 중요한 구성원이었다. 전체 아이들 중에서 5%를 차지했지만, 이 아이들은 '보통 아이' 중에서도 장애라 는 특성이 있는 아이들이었다. 이 중에서 종혁이와 우현이만 해도 산집 6년 역사를 꽉 채운다. 2002년에는 우현이가 장애우로서는 유일한 존재였기 때문에, 우현이를 중심으로 부모의 입장에 대한 이야기를 해본다.

2000년 9월이라는 시점에 산집에 나오기 시작한 우현이의 경우도 다른 장애우의 경우와 마찬가지로 산집에 오기 전 좋은 곳을 알아보 러 이곳저곳 돌아다녔다. 그러다가 비슷한 처지의 부모를 만난다. 사실 우현이 엄마가 먼저 산집에 와서 보고 마음에 드니까 웅기엄마 한테도 소개해주었다. 웅기는 아이들과 비교적 잘 어울렸고, 무주 푸른꿈학교로 들살이 가서 '노력상'을 받았다.

약간의 발달지체가 있는 우현이의 경우도 부모에게 감정의 기복을 제어해야 살아남을 수 있다는 지혜를 만들어주었다. 현재의 우현이 는 정상아의 경계선 안쪽에 있는 것으로 진단되지만, 대체로 정상아 와 장애우의 접경지대에 있다고 할 수 있다. 이렇게 되기까지 장애우 를 둔 가정이 대개 그렇듯이 사연이 있다. 이런 우현이가 산집에 등원한 과정은 약간의 설명을 필요로 한다.

1995년 11월생인 우현이는 만 2년 동안 베이징에서 살았다. 그

와중에서 발달지체 현상을 보였다.

아이가 왜 그런지 마냥 걱정만 하다가 한국에 돌아와서 병원에 가 보았다. 1998년 초에 처음 소아 신경정신과에 갔을 때 의사는 청각에는 이상이 없다며 '자폐증'이나 '발달지체'로 보인다고 했다. 더 검사를 해봐야 정확한 진단을 내릴 수 있다고 했다. 우현이 부모는 '자폐증'이든 '발달지체'든 잘 알지도 못했고, 큰 관심도 없었다. 특히 '자폐증'에 대해선 들어본 적은 있어도 그게 뭔지 정확히 이해하지 못하고 있다가, 그 내용을 알게 되면서 우현이 부모는 심각한 정신적 공황상태에 시달려야 했다. 3년 동안의 고난의 행군이 시작되었다.

우현이 부모는 병원 검사를 받고 복지관 등을 찾아다니기 시작했다. 어느 곳에서도 똑똑한 답을 듣지는 못했고, 치료를 받을 기회를 얻는 것조차 쉽지 않았다. 그리고 한편으로 주로 우현이 엄마가 대학 부설의 아동 치료 관련 강의를 들으러 다녔다. 우현이 엄마는 이런 강의를 접하면서 한 가지 작은 깨달음을 얻었다. 우현이의 병, 혹은 장애는 완치라는 관점보다는 장기적인 치료와 교육이 필요하다는 것, 우현이와 함께 100미터 달리기를 하는 것이 아니라, 마라톤을 해야 한다는 것이었다. 우현이를 보낼 만한 곳을 찾기가 쉽지 않아서 1998년 9월부터 임시로 집 근처에 있는 '코코짐'이라는 아동 체육시설에 보내기 시작했다. 그러다가 1999년 3월 한 달 동안 집 근처에 있는 미술 학원에 다녔다. 이 때는 사설 교육 기관의 현실과 조악함의 진면모를 경험한 시간이었다. 그 때, 우현이에게 좋은 기회가 생겼다. 부천이라는 도시는 대중교통과 교육 쪽에는 미흡점이 많다고 느껴지는데, 복지관과 박물관 같은 문화·복지 시설에는 평균 이상의 투자를 한 것으로 생각된다. 우현이는 1999년 4월 15일 목요일부터 고강 성심 어린이집의 특수 아동반인 샘물반에 다니기 시작했다. 이 때부터 우현이에게 좀 반응다운 반응이 보이기 시작했다. 그리고 12월 13일부터는 미술 치료로 이름난 미술 학원에 다니기 시작하였다.

2000년은 우현이 부모가 심리적 지옥을 벗어나기 시작한 해였다. 우현이는 샘물반에 나가면서, 원광 아동 센터에 이어, 미술 학원을 다녔다. 이 중에서 샘물반 교사의 애정 어린 보살핌은 우현이에게 안정감을 주었다. 이런 치료들이 경제적 부담이 되었지만, 그보다도 우현이가 혼자 노는 것이 마음에 걸렸다. 2월 5일 아산에 사는 우현이 외당숙은 "폐쇄성은 폐쇄된 공간에서 생긴다"며 요즘 유아 특수 교육의 추세가 탈시설의 방향으로 가고 있다고 했다. 여전히 우현이의 혼자 놀기 문제를 고민하고 있던 2월 중순에 '재미난 어린이집' 조합원이 공동육아를 소개했다. 그리곤 통합교육과 나들이 등의 용어가 있는 《공동육아》 1997년 12월호를 보여 주었다. 거기에서 "사과", "딸기"를 말하는 반쪽이의 만화, 산집 교사 기린(김성희)의 '일본 연수기', "공동육아야말로 우리나라 유아교육의 전통을 이어 나갈 수 있는 곳"이라는 머루(최웅실, '열리는 어린이집' 원장)의 이야기 등을 흥미롭게 보았다. 고민보다는 실천이 뛰어난 우현 엄마는 3월초에 《공동육아》 12월호에 실린 '강서지역 준비모임'과 '산집'에 전화를 걸었다. 당시에 미술 치료를 받던 미술 학원에 오는 아이들은 대부분 조기 교육 실패작이었다. 우현 엄마는 "세상이 재미있다는 걸 느끼게 해줘야 한다. 참 재밌다. 해 봐야지! 그게 창의력이고 영재 교육이지"라고 하며 그런 교육을 할 수 있는 곳을 찾고 있었다.

우현 엄마는 4월 11일 화요일, 6월 12일 월요일, 7월 7일 금요일, 8월 12일 토요일 9시 30분에 산집을 찾아가 면담을 했다. 이렇게 오랫동안 여러 번 면담을 한 가족도 드물 것이다. 그만큼 고민이 컸다. "말아밥 먹을래요, 김치 먹을래요, 깜깜물 주세요, 하얀물 주세요, 차가워물이야." 이런 것들이 그즈음 우현 나라 표준어였다. 우현 아빠는 우현이가 등원하기 전에 딱 한번 산집을 방문해 면담을 했다. 우현네 식구들과 이사장 인호·인범 엄마, 운영이사 환히 엄마와 원장 코뿔소가 그 면담의 주인공들이었다.

덩더쿵방에서 이루어진 면담의 분위기는 사뭇 진지했다. 다소 공세적인 질문에도 코뿔소와 쌍둥이(인호·인범) 엄마와 환히 엄마는 무척이나 차분하고 성의 있게 대답해주었다. 그 성의와 온실 같은 따뜻함이 아름다웠다. 코뿔소는 이전에 더 심한 장애우와 함께 지낸 경험이 있기 때문에 산집이 우현이에게 행복한 공간이 될 수 있을 것이라고 했다. 산집 분위기 자체는 2000년에서 갑자기 누추한 1960년대 말로 돌아간 듯한 느낌을 주기도 했지만, 사람들이 좋아 보였다. 여전히 망설이던 우현 아빠는 이 한번의 면담 후에 우현이를 산집에 보내기로 했다. 우현 엄마는 지금도 "난 산집에 우현이를 보낼 때, 우현이 인생도 걸었지만 내 인생도 걸었어"라고 말하곤 한다. 이 말은 우현이 부모의 고민이 얼마나 절박한 것이었는지를 말해준다. 우현이 엄마는 우현이가 살아가는 데 무엇을 배우는 것이 가장 중요할까, 말 한 마디 글자 하나가 아니라 함께 살아가는 법이 아닐까 하는 고민을 했다. 그리고 우현이를 키워나가는 이 길 위에서 여러 사람들과 함께 하고 싶고, 잘못된 길을 걷고 있는 것이 아니라는 확신을 산집에서 얻고 싶었다. 우현이는 2000년 9월 4일 월요일부터 산집 당실방에 나가기 시작했다. 우현이는 '꼬리'에게 안겨 무척 행복해 했다.

우현이가 산집에 다닌 초기에는 다른 3명의 장애우가 있었다. 우현이가 처음 산집에 발을 내디뎠을 때, 이미 산집에는 장애우 통합교육에 대한 준비를 갖추고 있었다. 그런 준비가 있었기 때문에 산집의 원장과 이사진은 어느 정도 자신 있게 장애우 통합교육을 말할 수 있었다. 1998년 7월까지 홍두깨의 주도로 통합교육이 이루어졌지만, 홍두깨가 오지 않게 된 다음에는 조합원들 사이에서도 통합교육에 대한 이해를 높일 필요성을 느꼈다. 1998년부터는 조합원 통합교육이 주기적으로 시행되었다. 조합원 통합교육 모임은 산집의 통합교육 수준을 훨씬 높였다. 세심한 배려와 섬세한 접근은 교사와 조합원들뿐만 아니라, 아이들 차원에서도 이루어졌다.

이런 과정을 거쳐 2002년 7월 18일에 상반기 마무리 발표회에서 우현이는 우렁차게 택견 시연을 주도하였다. 이 때, 많은 부모들이 상당한 감동을 맛보았다. 산집에 오면 하루 종일 세발자전거를 타고 놀더니, 이제 친구들과 활동을 함께 하는 경우도 늘어났다. 우현이는 자기 방어력이 떨어지기 때문에 다른 아이들에게 종종 밀리곤 하였다. 그럴 경우 '마실'에 초대하여 함께 논 다음에는 그런 증상이 훨씬 줄어들었다. 우현이의 경우를 보면, 장애우 교육의 전문성뿐만 아니라 공동체적 관계가 중요하다는 것을 새삼스럽게 느낀다. 조합의 공동체적 관계가 장애우 부모에게는 얼마나 큰 힘이 되었는지 모른다.

물론 산집의 장애우 관련 의사소통이 모두 원활한 것은 아니었다. 정현이의 경우는 정상아의 범주에 있었으나 늦되는 아이였다. 정현 엄마는 정현이의 문제를 발달지체라는 장애로 보는 견해를 무척 부담스러워 하였다. 조합원들 사이에 충분한 신뢰 관계를 구축하는 것이 정말 중요하다는 것을 보여주는 대목이다. 조합원들 사이에서도 장애우 부모와 비장애우 부모의 입장이 다를 것이다. 장애우 부모는 장애우를 배려하는 교육을 원하고, 비장애우 부모는 장애우 부모에게 어떻게 다가서야 하는가를 고심한다.

춤추며 그림그리기

안은향(미니)

당실방 교사

신문지 싸움

　예전에는 '미운 7살'이라고 했지만, 무엇이든지 빠르게 돌아가는 요즈음은 미운 나이도 4살이다. 현선·세연·혜원·규범·규진·성배·정태·준택. 여자 셋, 남자 다섯. 그야말로 환상의 4살로 무장한 당실방. 굳이 자세한 설명을 하지 않아도 사건과 사고가 끊이지 않을 아이들의 생활을 짐작할 수 있을 것이다. 같이 이야기하고 뒹굴고 도와주며 잘 놀다가도 금세 치고받고 다치는 일들이 일어날 때는 여간 당황스럽지 않다. 서럽게 우는 아이를 달래고, 아직도 화가 덜 풀렸는지 씩씩거리는 아이를 진정시키고, 상처를 봐 주고, 약을 발라 주고……. 한바탕 소란이 일어난다. 그때그때마다 하지 말라고 이야기도 해 보고, 달래도 보고, 야단도 쳐 보지만, 아직은 어른들의 말이나 행동을 근거로 해서, 자신이 해야 되는 일과 해선 안 되는 일을 구분하는 것이 '미운 4살'에게는 역부족인 듯하다.

　아이들을 성별로 구분해서 성향을 이야기하는 것이 그리 바람직하지는 않지만, 아이들의 공격성은 만 2~3살에 많이 나타나게 되고, 남자아이가 여자아이에게 비해 4배 정도 공격적인 성향이 많은 편이라고 한다. 그래서 그런지 다른 방에 비해 남자아이들 비율이 높은 당실방은 유난히 싸움이 잦다. 동료 교사들과 아이들의 치고받는 갈등 상황에 대해, '성별 비율, 언어 능력 부족(갈등 상황에서 조리 있게 자신의 생각을 설명하지 못해 몸이나 주먹을 먼저 사용하는 경우), 공간 관계(아이들이 활동하는 범위에 여유가 없을 정도로 공간이 좁으면, 아이들은 부딪칠 수밖에 없다)' 등의 요인을 제시하면서 해결점을 찾아봤지만, 그다지 시원한 답안을 찾지 못했다. 그러나 '공격성' 역시 극단적이고 심각한 표출이 아닌 이상, 지금 당실이들이 경험해야 될 '당연한 과제'라는 생각이 든다. 공격성이란 것이 비정상적으로 삐뚤어지면 사회에서 반항적이고 악의적인 행동으로 나타나게 되지만, 잘 발달하면 사회생활에서 건전한 경쟁심이 되기 때문이다.

그래서 고민 끝에 생각해낸 것이 '신문지 싸움'이다. 아이들에게 신문지를 잔뜩 주고, 있는 힘껏 찢으라고 한다. 그러고 나서 조각난 신문지 조각을 가지고 상대방에게 던지면서 놀이를 하는 것이다. 이 때 흥겨운 음악을 더해주면 더욱 좋다. 밥 먹을 때 야채 반찬을 안 먹어서 늘 미니와 씨름을 벌이는 성배와 규범. 친구들과 치고받는 일 때문에 하루도 쉬지 않고 미니의 구박(?)을 받는 규진·정태·준택이가 신문지 조각을 한 아름 안고 한꺼번에 미니에게로 달려든다. 미니도 이에 질세라 신문지 조각을 불끈 쥐고 아이들에게 쉴 새 없이 던져댄다. 한꺼번에 공격을 받는 미니가 안쓰러워 보였는지 놀이를 하는 중간 중간 현선·혜원·세연이가 미니에게 무기인 신문지 조각을 조달해준다.

이전의 나뭇가지로 하는 '전쟁놀이'가 재미는 있으면서도 가끔씩 안전사고가 생겨 약간의 걱정거리를 안겨주었다면, '신문지 싸움'은 던지고 싶을 만큼 힘껏 던져도 아프거나 상처가 나지 않아 누구에게나 부담 없이 던질 수 있다. 그래서 어른들이 상황을 수습해야 되는 수고로움도 없다. 그야말로 일석삼조인 것이다.

갈등 상황에서는 서로 상대방의 입장이 되어 생각해보고, 이해하고, 화해와 타협하는 과정도 필요하다. 하지만 아직 언어로 자신을 충분히 표현하지 못하는 당실이들에게 본능적인 행동을 자신의 의지로 조절해야만 하는 부담을 주기보다는, 놀이로 건강하게 마음을 표출할 수 있다는 것, 그래서 '신문지 싸움'은 아이들에게 매력을 주는 놀이다.

마음으로 이야기하기 (미술, 음률 통합 활동)

개인적으로 공동육아 교사를 하면서 늘 고민하는 것은 '내가 갖지 못한 문화를 아이들에게 보여줄 수 있을까?' 하는 문제다. 대한민국의 이른바 주입식 교육 코스를 성실히 수행해온 내가, 이름도 낯선 열린 교육을 어떻게 할 수 있을까 하는 고민. 아직도 이 질문에 명쾌하게 대답할 거리가 없지만, 그래도 예전과 비교해 본다면, 답을 찾아야만 하는 망막함에 대한 두려움은 없어졌다. 세상에 아이들에게 일률적으로 적용할 수 있는 교육은 없기 때문에 교사와 부모가 만나 아이들이 아이들답게 클 수 있는 교육을 이야기하면서 개개인에 따라선 다소의 시행착오를 겪기도 한다. 하지만 그 시행착

오를 거쳐 얻은 결과는 더욱 소중한 자산으로 탈바꿈할 수 있다. 또 중요한 것은 아이들을 위해 우리가 늘 함께 한다는 것이고, 최선을 다한다는 점이다.

그런데 요즘 '커뮤니티 댄스(Community Dance, 모둠 전문가 교육의 한 과정)'을 하면서 또다시 이 두려움, 혹은 당혹스러움을 느끼고 있다. 20살이 훨씬 넘도록 머리로 생각하고 합리적으로, 혹은 효율적으로 행동하는 것을 연습해온 내게, 머리가 아닌 가슴으로 마음으로 느끼고 그것을 그대로 따라가라고 하기 때문이었다.

『모리와 함께한 화요일』이란 책을 보면, 루게릭병으로 죽어가는 노 스승이 젊은 제자에게 삶에 관한 강의를 하면서 이런 이야기를 한다. "가장 감성적인 것이 가장 이성적이다." 가만히 뒤돌아보니 '나의 마음은 많은 이야기를 해왔는데 머리로 생각함으로써 마음의 이야기가 단순하게 축소되거나 무시되어왔다'는 생각이 든다. 머리로 생각하기가 아니라 마음으로 느끼기란 어떻게 보면 정말 어렵고 난감한데, 아이들과 함께 하다 보면 너무나 자연스런 것임을 알게 된다. 머리로 생각하기, 주입식 교육에 아직 노출되지 않은 채(학습되어 있지 않은), 이제 막 단어들이 터져 나오는 당실이들에게는 어쩌면 '머리로 생각하기'보다 '마음으로 이야기'하기가 더 쉬운 것일지도 모른다.

'춤추고! 그림 그리고!'는 처음부터 영역별 통합 활동을 염두에 두고 구성한 프로그램이 아니다. 흰 도화지에 그림을 그리는 보통의 미술 활동으로 시작했다가, 5분 이상 가만히 앉아 있기를 힘들어하고 싫어하고 두려워하는 당실이들 때문에 자연스럽게 활동이 놀이로 변형된 것이다. 방안에 큰 전지나 쓰고 남은 벽지를 가득 깔아놓고

양말을 벗은 다음, 각자 자기가 좋아하는 물감으로 신나는 음악에 맞춰 춤을 추며, 붓으로 손으로 발로 그림을 그리는 것이다. 동물을 그려도 좋고, 사람을 그려도 좋고, 우주선을 그려도 좋다. 아이들은 마음껏 그리며 서로의 그림을 보고 '킥킥' 웃어댄다. 그렇게 한 30분 놀다보면 새하얗던 큰 전지가 아이들 그림으로 알록달록해진다.

방안 가득 벽지를 깔고, 일단 양말은 벗고, 춤을 추면서 온몸으로 자유를 그린다.

4월부터 모둠을 하며 '막춤추기'를 해왔기 때문에 음악에 몸을 맡겨 자신을 표현하는 데에는 어느 정도 익숙한 당실이들. 하지만 색연필·크레파스와는 달리 원하지 않은 방향으로 금세 번져나가는 물감으로 그림을 그리고 춤까지 추려니 난감함을 느끼는가 보다. 처음에 몇몇 아이들은 동작을 크게 하지 못하고 혹여나 물감이 손이나 발등에 묻을까봐 조심스러워 했다. 하지만 그들 역시 놀이 횟수가 더해갈수록 질펀한 물감 바닥에 아예 철퍼덕 앉아 그림을 그리는 등 표현이 대담해져 갔다. 완성된 작품은 아이들 의견에 따라 전시가 되기도 하는데, 합동 작품으로 공간을 많이 차지하기 때문에 전시할 공간이 마땅치 못하다 보니 방의 벽면이나 천장에 전시되기도 한다. 여기에 또 다른 즐거움이 생기는데, 낮잠 잘 때마다 누워서 정면(천장)에 전시된 그림을 보며 저마다의 작품 감상을 하는 것이다.

> 규범 : (천장에 있는 자기가 그린 그림을 가리키며) 비야, 비!
> 성배 : 괴물(미니가 그린 그림)이 비를 맞고 있어!
> 현선 : 괴물 아니야. 고구마야 고구마.
> 준택 : 미이~(미니~), 고구마! 고구마!
> 세연 : 고구마 먹고 싶다.
> 정태 : 우리 잠자고 나서 불장난하러(고구마 구워먹으러) 가자!

이 놀이의 하이라이트는 활동을 끝내고 정리하는 시간이다. 온몸에 물감을 묻힌 아이들 한 명 한 명을 닦고 물감으로 범벅이 된 방을 정리해야 한다. 이 와중에도 아이들은 물장난을 한다. 걸레를 계속 빨아 나르며 열심히 닦지만, 바닥은 물론 사방으로 튄 물감은 닦아도 닦아도 끝이 보이지 않는다. 다시는 후회스런 이 활동을 하지 않으리라 결심을 해보지만, 그 생각도 잠시, 또다시 아이들과 온몸이 물감 범벅이 되어 춤을 춘다. 끝이 보이지 않는 정리의 시간이 주는 힘겨움보다는, 몸과 영혼이 자유로워지는 열린 시간이 주는 행복이 비교할 수 없을 정도로 크기 때문일 것이다.

찰흙놀이 (미술 활동, 극 활동)

아이들과 가장 눈높이를 잘 맞춰 이야기를 나눌 수 있는 '역할놀이'는 그 어떤 활동보다도 교사에게 좋은 활동이다. 아이들 역시 자기 자신이 아닌 다른 몸(자신이 원하는 상)을 빌려 자기의 이야기를 하기 때문에, 현실에서는 억압받거나 불가능한 행동과 말을 부담 없이 표현할 수 있는 활동이다. 엄마놀이·주유소놀이·병원놀이·공주놀이 등 아이들이 즐겨하는 역할놀이가 있지만, '찰흙놀이'는 자기가 원하는 상을 직접 만들어 표현할 수 있다는 장점이 있다. 미니는 곰, 현선이는 콩, 규범이는 오리꽥꽥이, 성배는 자전거, 정태는 멍멍이, 세연이는 뱀. 빚어 낸 찰흙 모양이 어떻든 아이들이 이름을 불러주는 순간, 그것은 곰이 되고 콩이 되고 오리꽥꽥이가 되고 자전거가 되고 멍멍이가 되고 뱀이 된다. 그리고 만들어진 모든 것은 느끼고 생각하고 말하고 움직인다.

현선 (콩) : 곰아, 내가 밥 만들어줄게.

미니 (곰) : 고마워. 어, 그런데 콩이 너무 많아. 잡곡밥이잖아.

규범 (오리꽥꽥이) : 콩? 콩 많이 먹으면, 어, 키가 이렇게 크지.

성배 (자전거) : 곰아, 다 먹어야 돼.

미니 (곰) : 자전거야, 왜 먹어야 되는데? 너도 콩 좋아하니?

정태 (멍멍이) : 나 콩 잘 먹어.

세연 (뱀) : 나도 좋아해.

성배 (자전거) : 어, 나는 잘 먹어.(사실 성배는 콩을 아주 싫어한다.) 어, 튼튼해지니까. 곰아, 콩 먹으면 자전거 태워줄게.

정태 (멍멍이) : 그리고 시금치 많이 먹어도 뽀빠이가 나와.

규범 (오리꽥꽥이) : 자전거야. 나도 타고 싶어.

성배 (자전거) : 싫어. 너는 무겁잖아.

현선 (콩) : 자전거야, 사이좋게 지내야 돼.

규범 (오리꽥꽥이) : 그래, 마뎌! 마뎌!(맞아, 맞아.)

성배 (자전거) : 어, 그러면 오리꽥꽥이 태워줄게. 어, 그리고
　　　　　　　　콩이랑 곰도 태워줄게.

세연 (뱀) : 어, 그렇지만 기다렸다가 타야 돼. 다 타면 자전거가
　　　　　　부서지니깐.

현선 (콩) : 그래, 곰아. 그러면 나랑 기다리자. 여기에 앉아.
　　　　　　내가 피자 만들어줄게.

세연 (뱀) : 나도!

　'역할놀이'를 할 때면 콩은 콩대로 뱀은 뱀대로 다들 자기 이야기만
하지만, 놀이가 진행될수록 생활 속에서 서로 어울리며 느꼈던 갈등
상황이나 즐거움 등이 재현되기도 한다. 특히 문제 상황을 해결하는
부분에서 아이들이 실제 상황보다 훨씬 깊게 느끼고 세심하게 대처함
을 보이기도 하는데, 짧은 시간 동안 이루어지는 놀이지만 아이들이
자기 자신을 되돌아보고, 또 다른 사람들의 입장을 생각해보는 좋은
경험이 된다.

몸 활동

이말순(코뿔소)
산어린이집 원장

몸 활동의 필요성

산집에서는 일주일에 한번씩 택견과 몸 활동을 하고 있다. 지금까지는 두 가지를 꽃돼지(택견사범)가 특별히 지도해왔다. 그런데 2003년 3월부터는 옹골찬방(6살)과 굴렁쇠방(7살)이 택견을 하므로, 몸 활동은 담당 교사들이 해보겠다고 제안하였다. 그래서 목요일마다 옹골찬방과 굴렁쇠방이 함께 하고, 그 아랫방은 다른 시간에 준비운동으로 아리랑 체조를 하고, 몸 활동은 주 단위로 계획을 세워 진행하고 있다.

택견은 몸의 유연성을 길러 주는 자기 방어 중심의 유연성 증진 운동이고, 몸 활동은 몸이 무럭무럭 자라는 시기의 어린이들에게 바른 자세를 갖도록 하기 위한 대근육 운동이며 기구를 활용하여 재미있게 놀기 위한 실내 체육 활동이다.

몸 활동은 어린이가 하기 싫은 활동은 참여하지 않아도 되는 자유로운 공동육아의 교육 방침과, 아이들이 뒹굴며 뛰놀기에 너무 좋은 온돌방 형태인 터전의 가옥 구조에서 오는 나른한(?) 자세를 긴장감을 가지고 바르게 잡아줄 필요가 있어서 시작하였다.

"나의 품위를 실어 멋지게……." 2003년 5월 23일 동생들 앞에서 택견 시연하는 날.

몸을 바르게 하고 자세를 반듯하게 길러가는 것은 아이들이 평생을 살아갈 '도구'를 제대로 갖는 일이다. 아이들은 몸이라는 도구를 통하여 세상을 체험하고 몸을 통하여 다른 사람들과 만남을 갖게 되고 세계를 체험하게 된다. "아직 키가 작아서 닿지 않는다"는 것을 체험하면서 단순한 자신의 신체적 업적에 대한 인식도 하고, 때로는 "아직 어려서 못한다"는 말을 들으면 어른에 대한 일말의 열등감을 느끼며 "아니야, 할 수 있어!"라고 저항도 한다.

아이들은 몸을 통하여 세상과 처음 만난다. 아이들은 대개 어른들이 아이들을 보면서 "눈이 참 예쁘구나", "고 녀석 아주 잘 생겼군!", "많이 컸네!" 하는 말을 들으면서 남의 눈에 비친 자기 자신의 모습과도 만나게 된다. 자기 몸을 칭찬하는 말은 아이에게 내적 자부심을 갖게 하고, 이것은 긍정적인 자아 개념으로 발달되기도 한다. 아이들은 어른들보다 자신의 신체에 대하여 민감하게 지각하는데, 이는 어른처럼 자신의 신체에 대하여 내적인 거리를 둘 수 없기 때문에 자신이 어떻게 몸을 지각하는가에 따라 자신과 세계의 체험을 직접적으로 제한하게 된다.

아이들은 운동 신경이 민첩하여 빨리 달린다든지, 효림이와 한길이처럼 축구를 잘하여 골을 많이 넣는다든지, 인호·인범이처럼 나들이 가서 가재나 개구리를 잘 잡는다든지 하는 또래들을 상대적으로 더 크게 느끼는 것 같다. 상호 관계에서 성격적인 특징보다도 신체적 외관과 능력으로 최초의 사회관계의 순위가 결정된다고 해도 과언이 아니다. 아이들의 이런 면을 활용하여 기린은 나들이 가서 기다란 썩은 나무를 꺾어 보이면서 아이들에게 힘자랑을 했다. 그러자 정민이·도혜·지수 같은 아이들은 기린이 자기 아빠만큼 대단히 힘센 존재라고 말하며 존경스러운 눈빛을 보내더라고 했다.

이렇게 아이들의 내면을 지배하고 있는 몸이 어디가 잘못되어 있거나 바르지 않으면 아이들은 몸으로 소통하며 신명나게 놀기도 어렵거니와 다른 아이들과 말로 소통하며 놀이하는 것도 쉽지 않다. 또한, 자신의 자아와도 올바른 만남을 갖기 어려워진다. 그러므로 매일 매일 자라는 아이들이 바른 몸을 갖도록 자세를 교정해 주고 즐거운 놀이나 운동으로 몸의 신경이 굳어지지 않고 살아나도록 운동 신경을 발달시켜 주는 일은 유아기에 이룩해야 할 발달 과업

중의 하나가 될 것이다.

특히 장애가 있는 어린이의 경우 신체적인 발달지체를 동반하여 생긴 불안정한 걸음걸이나 미분화된 대근육, 긴장된 신경 조직들을 풀어주기 위한 교육 활동과도 밀접한 관련이 있다. 그리고 특별히 장애가 있지 않더라도 요즘 아이들은 예전의 아이들에 비하여 걷는 일도 없을 뿐더러 집 밖에만 나가도 온갖 위험이 도사리고 있는 주변 환경 때문에 어른들의 노심초사와 더불어 더욱 나약한 신체와 심성을 길러가고 있는 특징을 보인다. 그러므로 산집에서의 신체 활동은, 자연스러운 일상이 되고 있는 나들이와 평소 잘 안 쓰는 근육을 골고루 풀어주어 기본자세를 바르게 갖게 하는 몸 활동과 몸을 유연하게 기술적으로 발달시킬 수 있는 한 차원 높은 택견 활동까지 단계적이며 진보적인 모습을 보이고 있다. 아울러 이러한 활동을 옹골찬과 굴렁쇠, 그리고 덩더쿵·소근·당실이 통합 활동으로 하고 있기 때문에, 아이들은 특별한 몸 활동 잔치라도 하는 듯이 신나고 즐겁게 한다. 나들이도 혼자 하면 재미가 없다. 몸 활동도 친구들이 지켜봐주고 성원해줄 때 더 신나기 마련이다. 여럿이 함께 하면서 잘하고 못하고를 떠나서 자신의 몸의 필요에 따라 움직이고 아이들은 박수를 쳐주면서 자연스럽게 서로 고무된다. 이렇게 하면서 함께 하는 즐거움을 알게 되고 공동체성은 자라나게 된다.

몸 활동 시설물 갖추기

몸 활동의 필요성이 제기되고 공감도 형성되었지만, 몸 활동 기구

를 장만하는 일은 쉽지 않았다. 매트가 제대로 갖추어져야 '구르기'
한 판이라도 제대로 하고, 뜀틀도 해볼 텐데 만만찮은 비용 때문에
차일피일 미루다가 드디어 때를 만났다. 같은 소사동 지역에 거주하
시는 부천 소사 로터리클럽의 김성득 회장님이 어느 날 찾아온
것이다. 뭐 도와줄 게 없겠냐고. 그로부터 1년 후 2000년 3월 20일에
평균대·뜀틀·매트·공굴리기, 그 외 여러 가지를 소사 로터리클럽으
로부터 기증받게 되었다. 그리고 그 때부터 꽃돼지가 시간을 늘려서
몸 활동까지 지도해주었다.

　몸 활동을 2~3살 어린 연령까지 적용하면서 아이들의 연령에
맞게 적절한 난이도를 유지하면서도 흥미를 잃지 않게 조절해줄
것과, 특히 자신감을 키워주기 위해 남들 앞에서 몸을 움직여 발표할
수 있는 분위기를 만들어 달라고 꽃돼지에게 부탁하였다. 꽃돼지는
몸 활동은 한 번도 지도해본 적이 없어서 자신이 교육을 좀 받았으면
좋겠다고 말할 정도로 관심을 가지고 있었고, 코뿔소는 자료를 찾아
주면서, 아이 키우면서 유치원 체육 공개수업 때 보고 느낀 점을
이야기해주었다. 코뿔소의 큰애는 유치원만 3년을 다녔는데, 해마다
체육 공개수업을 했다. 그것을 코뿔소가 눈여겨보지 않을 수 있겠는
가. 그 체육 교사의 수업을 보면서 얼마나 하고 싶은 이야기가 많던
지…… 아무튼 그 때부터 '몸 활동'이라는 용어를 사용하기 시작했고,
아이들은 신나고 긴장되기도 하고 '수업'같이 생긴 것을 처음으로
받게 되었다. 처음 '앞구르기'를 가르쳤는데, 아이들이 모두 집에
가서 이불 깔아놓고 연습을 해대는 통에 엄마들은 그이야기를 하면서
웃음꽃을 피웠다.

몸 활동 들여다보기

　몸 활동은 우선 몸을 풀기 위한 준비운동과 기구를 이용한 활동으로 이루어진다. 준비운동은 고개 돌리기, 머리 두들겨주기, 손으로 바닥 짚기, 가슴 허리 뒤로 젖히기, 무릎 돌리기, 제자리 뛰며 두 팔 올려 손뼉치기, 그리고 앉아서 발 돌려주기, 발바닥치기, 숨쉬기 운동까지 이어진다. 아이들은 이 준비운동도 매우 재미있게 따라한다. 여러 번 하다보니 순서까지 외우고 있어서 교사인 꽃돼지보다 앞서서 다음 동작을 먼저 하기도 한다. 꽃돼지를 오랫동안 봐오고 신뢰가 형성된 아이들은 교사의 관심을 끌고 싶어서 더 잘 따라하고 자기의 몸놀림을 봐 달라고 요청을 한다. 작은 아이들일수록 신체를 움직여서 활동하는 것을 더욱 흥미 있어 한다. 이것은 어릴수록 몸의 신경이 살아있기 때문일 것이다. 대부분의 아이들이 뛰는 것을 좋아하고, 혜린이·한결이·수민이·준희 등 4살 어린아이들은 준비운동을 할 때 콩당콩당 뛰는 '제자리 뛰며 두 팔 올려 손뼉치기'를 너무나 좋아한다.

　다음은 기구를 이용한 몸 활동이다. 매트·뜀틀·평균대·공굴리기·유니바 넘기 등 기구들을 안전하고 바르게 사용하여 또래들과 즐겁게 놀게 한다. 이들 기구 운동은 도약력·유연성·조정력을 기르기 위한 것이다. 기구를 사용하여 몸 활동을 할 때마다 교사는 아이들의 연령과 발달을 고려하여 항상 안전에 신경을 써야 한다. 그러므로 언제라도 도와줄 수 있도록 보조하는 위치에 서야 한다. 모든 기구에 결함은 없는지 안전 검사를 수시로 해야 하고, 무리한 운동을 시키지 말아야 한다. 지나친 자세보다는 즐겁게 놀 수 있도록 분위기를 만들어나가고, 자기 순서가 되면 침착하게 나가서 하게 한다. 아이들은 대부분 자기 이름을 불러줄 때까지 순서를 기다리고 있기도 하지만, 더러는 못 참고 책을 보러 가거나 어슬렁대기도 한다.

우선 매트 운동은 매트 위에서 바르게 손 짚는 방법 알기와 앞구르기·연속구르기·뒤구르기·옆구르기·매트 위에 누워 자유롭게 구르기 등을 연령 발달에 맞게 진행하는 것이다. 5~7살 큰아이들과 3~4살 작은아이들 두 그룹으로 나누어서 지도하기 때문에 난이도를 달리 한다. 꽃돼지가 설명과 시범을 보여주고 잘하는 큰아이부터 한 명씩 이름을 불러주면 아이들은 구르기를 하고 나서 양팔을 쭉 펴고 착지를 하면서 활짝 웃으며 들어온다. 매트에서 구르기는 정태가 매우 안정된 자세로 날렵하게 잘했다. 앉아서 보고 있던 아이들이 박수와 함성을 보내준다. 으쓱해지는 순간이다.

뜀틀을 이용한 운동은 뜀틀 위에 말타기 놀이하기, 낮은 뜀틀 뛰어 오르기, 뜀틀에 손 짚고 올라 뛰어내리기, 2~3단 뜀틀 다리 벌려 뛰기 등을 역시 연령 발달에 따라 다르게 과제 설정이 된다. 동생들은 주로 말타기 놀이를 하다가 내려오지만 역시 착지는 멋지게 하고 내려온다. 한 1년 이상 하게 되면 7살 된 굴렁쇠 어린이는 2단 정도는 쉽게 뛰어넘는다. 4살 동생들도 앞구르기 하나는 확실하게 해낸다.

평균대 운동은 평균대 위를 걸어가기, 여럿이 걷기, 옆으로 걷기, 여럿이 손잡고 걷기, 앞사람 어깨 붙잡고 걷기, 양팔을 벌리고 목표를 바라보며 걸어가기, 평균대에서 만나 비켜가기 등 여러 가지 형태를 응용하여 할 수 있다. 평균대에서 발을 떼고 이동하는 것에 처음에는 아이들이 많이 긴장한다. 혹시나 떨어질까봐 조심조심해서 걸어가는 모습이 진지하다. 보조를 많이 해주다가 자신감과 행동이 민첩해지면 스스로 양팔을 벌리고 멋지게 마무리를 할 수 있게 된다.

공굴리기 운동은 아이들이 공을 굴리며 목표물 돌아오기, 커다란 공에 착 붙어서 한바퀴 구르기 등 재미있는 게임 방식으로 전개되고 있다. 몸 활동 시간이 끝나면 모두 일어나서 "몸 활동!" 하는 구령을 넣어 인사를 하고 시간을 마친다.

평균대 위에서 양팔을 벌리고 조심조심 뒤로 걸어가는 현진이의 발끝에 힘이 실렸다.

몸 활동 교육의 효과

몸 활동을 하면서 유연해졌는지 방과후에 간 의림이는 얼마 전, "코뿔소, 나 좀 봐!" 하더니 순식간에 산집 마당을 손으로 짚고 연속 재주 구르기를 해댔다. 마치 브레이크 댄스를 하는 것 같다.
몸의 건강함과 민첩함이 심리적인 자신감을 갖게 한다. 매트에서
자유롭게 뒹굴기를 하고 평균대를 아슬아슬하게 건너보면서 아이들
은 자신의 몸 상태가 가뿐하고 기분이 좋을 때, 다른 아이들의 놀이
요청이나 마음을 받아주는 여유도 생기고 어린 동생들을 보살펴주는
따뜻한 마음도 생기며 함께 어울릴 수 있는 공동체성도 진화한다.
어린이집에서 생활해보면 대체로 배가 고프거나 몸이 아프거나
할 때에는 아이들의 짜증이 심해지고, 다른 친구를 생각할 여유가
없는 것을 볼 수 있다. 랑게펠드는 "정신은 신체를 안장으로 삼는다"
(와다 슈우지 지음(1997), 『어린이의 인간학』에서 재인용)고 하였다. 아이들
이 바르고 건강하게 자라나서 자신들의 꿈과 희망을 꽃피우고 행복해
지기를 소망한다.

이크! 에크! - 택견 활동

박장배

우현 아빠, 역사학자

특유의 몸짓으로 '굼실~' 하는 택견 활동은 몸에 맞지 않는 너무 빠른 속도를 강요하는 현대 생활에서 우리 몸에 맞는 전통적인 생활 리듬을 찾아주는 활동으로 볼 수 있다. 산집에서는 지금 옹골찬 방 아이들이 일주일에 한번씩 택견 수련을 하고 있다. 이것은 전통문화 교육이기도 하지만 산집의 유일한 '특기교육'이기도 하다.

산집의 택견 교육은 진달래(이병우)를 길잡이로 하여 1999년 4월 1일부터 시작되었으니 지난 4년 동안 택견을 해온 셈이다. 택견 활동은 방모임의 논의를 계기로 산집에 도입되었다. 1999년 초엽, 방모임에서 덩더쿵방에 여자아이들이 많으니까 자신을 방어할 수 있는 능력을 키워주기 위해서 뭔가를 하자는 얘기가 나왔다. 조직이사인 장수행 씨는 이런 논의를 바탕으로 교사회에 택견 활동을 도입하자는 권고를 했다. 이 권고를 교사회에서 수용하여 산집에 택견 교육을 도입한다는 결정이 내려졌다.

택견 교육 경험도 소중한 교육 자산이기 때문에 간략하나마 정리해 볼 필요가 있다. 산집의 택견 활동에 대한 기록은 매우 소략하다.

구체적으로는 산집 소식지 《산들꽃》 28호에 실린 '옹골찬방 택견 수련 계획표' 정도가 있다. 그래서 필자는 2003년 1월 22일 수요일 늦은 1시 40분부터 대략 50분 동안 옹골찬방 아이들이 택견 수련하는 모습을 참관하고, 1월 30일 목요일 오후에 현재 택견 교육을 맡고 있는 꽃돼지(서명식)와 만나 2시간 정도 대담을 했다.

우선 옹골찬방에서 진행된 택견 수련의 자세한 모습을 보도록 하자. 꽃돼지는 아랫도리만 한복으로 된 수련복을 입었다.

> 꽃돼지 : 집합해! 차렷, 열중 쉬어, 자리에 앉아.
> 이삭 : 머리를 잘랐어!
> 꽃돼지 : (인사하기) 채연이 한번 해봐.
> 채연 : 차렷, 경례!
> 꽃돼지 : 손을 모으고.
> 모두 : 택견!
> 꽃돼지 : (택견 몸풀기 기본 동작) 발 살짝 벌리고 뒷짐 지고.
> ① 오금질! 이크, 에크, 기합 소리 안 들리네! 이크, 에크,
> 한님이가 가장 크게 하는구나.
> ② 무릎치기! 발바닥으로 무릎을 톡톡 쳐주는 거야. ~크.
> ③ 오금치기! 발등으로 오금을 쳐주는 거야.
> ④ 제기차기!
> 아이들 : 히히히!
> 꽃돼지 : 누가 웃어, 조용!
> (품밟기) 원품! 한번은 왼쪽발이 앞으로, 한번은 오른쪽발이
> 앞으로, 이크, 에크.
> 이삭 : (몸짓을 따라 해보는 참관자를 보며) 그렇게 하는 게
> 아닌데. 아저씨, 이상하게 한다!

꽃돼지 : (손질)

　① 한 손 긁기! 원품, 한 손 긁기. 오금질하면서, 자기 눈높이까지 손을 올려서 앞으로 긁는 거야. 긁고 내리고. 여기에다 오금질해주면서 손동작을 하는 거지.

　② 한 손 젖히기! 반대 어깨로 손이 올라서 앞으로 쭉 밀어 젖히기.

우현 : 쉬 마려!

아이들 : 나도! 나도! 나도!

꽃돼지 : 전부 갔다 와. 동생들 자니까 조용히 갔다 와. (그냥 넣은 박수치기!) 앞으로 박수, 뒤로 박수! 예전부터 택견이나 수박이라고 하는 무술이 있었어.

아이들 : 하하하!

꽃돼지 : (고급 동작)

　③ 팔돌리기! 반대로 돌려주기.

　④ 아래로 위로 저어주기! 멋스럽게, 올렸다 내렸다.

　⑤ 한 손 긁기! 조금 빠르게, 양손으로 번갈아 긁어 줘. 차렷, 원품.

　⑥ 잡아대기! 줄이 있다고 생각하면서 잡아당기는 거야, 오금질하면서.

　(발질)

　① 걷어차기! 이것도 오금질하면서 하는 거야. 발 더 높이 올려, 이크! 차렷, 원품. 발바닥으로.

　② 는질러차기! 발바닥으로 쭉 미는 거야, 오금질하면서! 이크!

　③ 발따귀! 택견할 때는 다른 말하지 마라.

　(마지막으로 손질!)

칼재비! 엄지와 네 손가락으로 칼을 만든 다음에 앞으로
미는 거야. 전부 뒤돌아서 제자리로 돌아라. 자, 발차기
해보자. 이삭이, 아현이 나와! 걷어차기, 빠르게 쭉 뻗어!
이번에는 는질러차기! 그렇지 잘한다. 이번에는 발바닥
으로 발따귀, 그렇지. 이번에는 주먹으로 따다다다닥.
박치기!

아이들 : 아하하.

꽃돼지 : 이번에는 우현이, 성택이, 더 빠르게, 그래! 자, 채연이,
해솔이! 걷어차기, 발을 빠르게 올려봐, 그러면 더 높이
올라가. 는질러차기! 앞으로 쭉 밀어, 잘한다. 발따귀!
주먹으로 따다다다닥! 박종은, 해솔이! (차개를 높이
올리며) 맞춰! 이것도 못해! (종은이는 높이가 안 되니까
머리로 맞춤) 주먹으로 자! 자, 전부 일어섯! 오늘 택견
열심히 잘했다! 끝내자!

아이들 : 내가! 내가! 내가!

꽃돼지 : 오늘은 이삭이가 해!

이삭 : 차렷, 경례, 택견!

택견 수련에서 인상적인 점은 준비운동 시간이 매우 길었다는
것이다. 꽃돼지는 아주 오랫동안 평소에 잘 쓰지 않는 근육과 관절을
차근차근 풀어주었다. 그리고 나서 택견 수련에 본격적으로 들어가
자 아이들에게 좀더 집중력을 발휘하도록 이끌었다. 그렇지만 여전
히 여러 아이들이 40~50분 동안 집중력을 발휘한다는 것은 매우
힘들어 보였다. 따라서 수련 시간에는 완급 조절이 필요했고, 실제로
수련 시간은 그렇게 진행되었다. 그리고 아이들은 일방적으로 따라
하는 동작보다는 자기가 나서서 하는 동작에 훨씬 더 흥미를 보였다.

꽃돼지는 너무 많은 동작을 하게 되면 아이들이 해내지 못하기 때문에 아이들에 맞게 동작을 선택하고 생략했다고 한다. 사실 택견 수련의 진행에는 택견 솜씨뿐만 아니라, 산집의 교육 방향과 아이들의 특성에 대한 이해가 동시에 필요한 것으로 판단된다. 이런 인상을 갖고 필자는 1월 30일에 꽃돼지와 교사방에서 대담을 했다.

꽃돼지 삶과 택견의 의미를 얘기했다. 꽃돼지는 진달래와 함께 1999년 9월 27일 월요일에 산집에 와봤다. 그리고 진달래가 택견 지도를 그만두어야 했기 때문에 10월 11일 월요일부터 꽃돼지는 혼자 큰방과 방과후 아이들에게 택견을 지도하기 시작했다. 꽃돼지는 택견 교사 제안을 받고 "애들이 좋아서 산집에 오게 됐다"고 말한다. 꽃돼지는 이미 산집 아이들과 만난 경험이 있었다. 1999년 8월 15일에 중앙공원에서 열린 통일행사 '부천시민음악회'에서 아이들이 택견 시연을 했고, 그 때 꽃돼지도 함께 참가했다. 그 시연에는 '주부 택견 동호회' 회원 10명 정도, '한품 택견 동호회' 회원 10명 정도, 산집 아이들 14명 정도가 참가했다. 아이들은 시연 참가 나흘 전에 택견복을 입었다. 당시 조합원들은 아이들의 택견 시연을 매우 인상 깊게 보았다. 의상이 갖춰지면 산집 아이들은 구렁덩덩 신선비처럼 훤칠하게 변신하는 모양이다.

꽃돼지 이전에 택견을 지도했던 택견 교사 진달래는 머리카락을 길게 길러 묶었다. 그의 도복과 꽁지머리는 묘한 부조화를 이루고 있었다. 이 꽁지머리 아저씨는 나중에 산집 교사인 참새(박미애)와 결혼했다. 참새는 말을 참 감칠맛 나게 하는 교사였다. 그녀는 "날마다 몸에 익힌 의식이 참으로 우리를 움직이는 힘이다"라고 했다. 그런데 이렇게 일상생활에서 체득한 생각이 중요하다고 했으면서 참새는 의외로 일상을 떠나 지리산 꼭대기를 찾았다. 참새는 1999년 1월 1일에 부천 시민센터 신년 산행에 따라나섰다가 지리산 천왕봉에서 꽁지머리 아저씨 진달래를 만나서 혼인까지 하게 되었다. 현재 진달래는 참새랑 같이 국선도 대학에 들어갔다.

'부천시민음악회'에 산집 어린이들이 참가하여 택견 시연을 하고 있다.

진달래와 꽃돼지는 한품 택견동아리에서 만났다. 현재 꽃돼지가 대표로 있는 한품 택견동아리는 꽃돼지가 다른 고참 택견꾼 한 분과 함께 운영하는 택견동아리다. 1998년부터 본격적으로 택견을 익힌 꽃돼지는 어떤 전수관에서 택견을 익힌 것이 아니라, 택견을 좋아하는 사람들이 자발적으로 모인 택견동아리를 통해 택견을 익혔다. 그 택견동아리에는 직장인들이 많기 때문에 일주일에 2~3 회 정도 수련을 했다. 여름에는 공원 등지에서 수련을 하기도 했고,

'부천시민연합'에서 장소를 내줘 거기서 수련을 하기도 했다. 그런데 겨울에는 장소 문제 때문에 수련을 잠시 쉬었다.

그저 좋아서 하게 된 택견은 꽃돼지의 생활에서 깊은 의미를 가진다. 꽃돼지의 삶은 꽃돼지에게 택견을 익히게 했고, 택견에는 꽃돼지의 꿈이 녹아 있다. 이것은 꽃돼지의 삶의 이야기를 듣게 되면 느낄 수 있다.

꽃돼지 부모님의 고향은 전남 광주다. 꽃돼지는 1970년에 서울 성북구 정릉 어느 산비탈에서 태어났다. 꽃돼지네 가족은 꽃돼지가 5살 때 부천으로 이사했다. 꽃돼지는 어릴 때 몸이 약한 편이라서 어머니께서 그를 태권도 도장에 보냈다. 그게 사실 택견을 익히게 된 계기가 되었다. 태권도는 초등(국민)학교 때 시작하여 중학교 3학년 때 초단을 따고 그만두었다.

꽃돼지는 자연스럽게 생활 속의 운동을 하고 있다. 집에서 산집까지 오가는 길은 자전거를 타고 다닌다. 그는 3살 차이가 나는 부인을 택견동아리에서 처음 만나, 2000년 5월 7일 일요일에 혼례를 올렸다. 꽃돼지는 "경제적 측면에서는 편하게 살고 있는 편이다. 식구도 성격이 비슷하다"고 했다.

꽃돼지가 가장 좋아하는 음식은 떡볶이다. 떡볶이를 많이 먹다보니까 떡볶이 맛에 대해서는 '도사'가 되었다. 꽃돼지는 떡볶이를 먹는 데서 그치지 않고 떡볶이 장사를 할 생각을 가지고 있다. 꽃돼지에게는 여러 가지 전망이 있는데, 그 중에는 떡볶이 가게도 있다. 그러나 아직 생각만 하지 확 덤비지는 못하고 있다.

꽃돼지는 택견을 밥벌이 수단으로 삼아 '타락'시키고 싶지 않다고 했다. 돈은 떡볶이를 팔아 따로 벌고, 택견은 그대로 몸을 단련시키는 생활 체육으로 계속 수련하고 싶다는 것이다. 꽃돼지는 "언젠가 해야 될 것은 전수관 설립이다. 내가 더 배워야 되기 때문에 지금 당장은 열기 어렵다"고 했다. 지금 제일 답답한 것은 공간이 없다는 것이라고 했다. 언젠가 전수관을 차린다면 열린 공간으로 만들고 싶은 게 꽃돼지의 생각이다.

택견을 돈벌이 수단으로 삼아 타락시키고 싶지 않다는 꽃돼지는 돈과 자본의 논리에 매몰되지 않는 '전수관 공동체'를 만들 꿈을 간직하고 있는 '택견꾼'이다. 이런 공동체의 꿈은 산집의 육아교육 공동체의 꿈과 겹치는 부분일 것이다. 꽃돼지는 "살아보면 사람마다 다 몫이 있는 것 같다. 나는 유아 교사 몫이 아니다"라고 말한다. 이렇게 말해도 꽃돼지는 이미 솔직하고 담백한 택견 교사다. 가평 두밀리 들살이에서 꽃돼지는 "비가 내렸다. 비를 맞으면 아이들은 즐겁다. 나도 즐겁다"고 말했다. 꽃돼지는 이렇게 더할 수 없이 소박한 마음으로 아이들을 대한다. 고교 시절에 건축을 공부한 꽃돼지는 또한 산집의 수도며 방방이(트램펄린)를 고쳐 '숨은 일꾼 꽃돼지'라는 명성을 얻었다.

그렇다면 꽃돼지가 소중하게 생각하는 택견이란 어떤 것인가. 꽃돼지는 "택견은 방어를 위주로 하며 평소에는 신체 단련을 할 수 있는 생활 체육이다"라고 했다. 이것은 택견과 다른 무술의 미묘한 차이라고 할 수 있다. 택견 시합은 원 밖으로 밀어내거나 넘어뜨리는 것이다. 이런 택견은 일제 시대의 단절을 넘어 새로 만든 것이라서 협회마다 조금씩 다르다. 치우천황상 내지 도깨비문양도 특정 단체에서 많이 사용한다. 그러나 그들은 모두 한 스승 밑에서 나온 제자들이 만든 단체다.

예전과는 달리, 지금 시중에는 택견에 대한 자료도 많이 있지만, "대부분은 만들어진 것을 베껴먹는 수준"이다. 그렇다 하더라도 택견이 단순히 명맥을 잇는 수준을 넘어 현재만큼 발전한 것은 많은 택견꾼들의 공로다. 택견에는 고유성과 더불어 놀라운 적응력이 있다. 꽃돼지는 "택견하는 사람이 태권도 동작을 하면 태권도가 아니라 택견이다. 무술들 사이에 선을 그어놓고 구애받을 필요는 없다"고 했다.

필자가 느끼기에 택견에는 서러움이 배어 있다. 택견을 보는 것은 처참하게 망가진 토종 문화를 보는 것 같다. 그러나 그것은 다시 살아나고 있다. 다시 살아나는 전통 속에도 한국인들의 개성이 담겨 있다. 잘 알다시피 정약용 선생의 대표작 중에서 『흠흠심서』는 의혹 사건과 인명 사건에 대한 수사와 재판을 기록으로 남긴 사례집이라고 할 수 있다. 그 책을 읽다가 묘한 것을 느꼈다. 그것은 인명 사건에서도 조선 사람들이 손보다는 발을 많이 썼다는 것이다.

좀 교육적이지 않은 장면이지만, 그 내용을 좀 과장하여 거칠게 요약하자면 대강 이렇다. 밖에서 술 한 잔 마시고 집구석에 들어왔더니 아내가 쌀독이 비었다고 바가지를 긁더라, 그래서 한번 발로 차고 주먹으로 치고 두어 번 더 발로 찼더니 황천으로 갔더라. 이런 게 아니라 좀더 건전한 차원에서도 조선 남자들은 제기차기와 씨름 등으로 발 솜씨를 즐겼다. 여자들은 널뛰기와 그네뛰기로 반중력의 쾌감을 즐겼다. 아무튼 택견도 그렇고 태권도도 그렇고 한국 사람들이 하는 무술의 특징 중의 하나는 대개 발을 더 많이 쓴다는 것이다. 물론 맨손 무예가 발만 쓰는 건 아니다.

꽃돼지에 의하면, 택견은 품밟기가 기본이다. 택견은 품밟기에서 시작해서 품밟기로 끝난다. 기본 동작(낱기술)에는 서서익히기, 아래 손질, 발질, 거리 기술이 있다. 기본 동작이야 똑같지만 가르치는 방식에는 진달래와 꽃돼지 사이에 차이가 있다. 진달래는 몸짓 익히기에, 꽃돼지는 체력과 유연성을 키우는 데 중점을 두었다.

꽃돼지는 택견 교육의 효과는 아이들 신체의 고른 발달이라고 했다. 편식이 심하던 아이들도 산집에 오면 대개 편식이 없어져 가리지 않고 잘 먹는다. 아이들은 나들이나 택견 활동을 하는 데다가 함께 모여 밥을 먹기 때문에 편식과 같은 증세는 호전되지 않을 수 없다. 택견 교육의 또 다른 효과는 아이들이 자신감을 가지게 된다는 것과, 개인적인 차원을 넘어서 산집의 공동체 문화를 만드는 중요한 요소 중의 하나라는 점이다. 송년잔치나 졸업잔치 등 '잔치' 때마다 택견 시연이 등장하여 택견이 싸우는 기술이 아니라, 자기를 지키고 공동체의 행복을 증진하는 생활필수품이 되어가는 것을 보여주었다. 택견과 같은 생활 속의 몸 활동은 아이들뿐만 아니라 어른들에게도 매우 긴요한 활동으로 보인다.

촐래촐래가 잘 논다

"덩 덩 덩 따쿵따!"

"덩 덩 덩 따쿵따!"

아이들이 풍물치는 소리를 들을 때마다 산집 사람들의 얼굴에는 화색이 돈다. 이렇게 우리 음악을 즐길 수 있다는 사실에 대해 감사의 마음을 갖는다. 풍물은 오랫동안 한국인들의 '생활필수품'이었다. 고된 농업 노동을 견디는 힘도 풍물과 음악에서 나왔는지 모른다. 예전의 우리 어른들은 일을 하면서도 노래를 부르고, 때마다 절기를 기리어 놀이와 춤과 노래로 그 시기를 기념하였다.

예나 지금이나 음악은 우리 삶을 좀더 아름답고 풍요롭게 영위할 수 있도록 도와준다. 공동체 생활을 이루어나가는 데 있어서 음률은 여러 개인을 하나로 묶어주고 즐거움을 나눌 수 있는 소통의 소재가 된다. 그러므로 음악을 기능으로 익히기보다는 일상생활에서 또래들이 엄마·아빠와 함께 즐기는 것이 바람직하다. 아이들이 자연스럽게 음률을 즐기게 되면 스스로의 삶은 물론, 다른 사람과도 기쁘게 지낼 수 있을 것이다. 어린 시절의 음악 체험은 몸으로 느끼고 가슴

속에 살아있게 한다. 흔히들 영유아기에 접한 것은 또렷하게 각인된다고 말한다. 이 시기의 어린아이들에게 어떤 음악으로 그들의 삶을 풍요롭게 도와줄 수 있을 것인가?

방과후 아이들과 꼬리의 풍물 공연. 공연을 하는 아이들도, 그 모습을 바라보는 부모들도 한 바탕 신명을 느낀 자리였다.

아이들에게 어떤 음악을 먼저 접하게 했는가에 따라서 음악에 대한 선호도와 미적인 판단 기준도 달라진다. 어릴 때 서양의 클래식을 먼저 듣고 생활화한 경우라면 우리의 꽹과리와 장구 소리가 신명나기는커녕 시끄럽게 들리기만 할 것이다. 또한 마찬가지로 우리의 가락이 들어가는 자장가와 풍물을 아기 때부터 듣고 자란 경우라면 이런 음악을 접할 때마다 어깨춤이 저절로 덩실덩실 추어질 것이 분명하다. 산집 사람들은 서양 음악은 고급이고, 한국 음악은 그렇지 않다는 괴상한 논리를 거부한다. 한국 음악이든 서양 음악이든 각각의 역사와 전통이 배어있고 나름대로 가치 있는 것이지만,

산집에서 전래 음악에 주목하는 이유는 그것이 한국인의 공동체적 감수성을 담고 있다고 보기 때문이다.

산집에서는 주로 풍물치기·탈춤추기·소고춤추기·국악 동요 부르기 등 국악 활동을 주요 음률 활동으로 해왔다. 탈춤추기는 초기 아이들과 많이 했었는데, 지금까지 계속되지는 않고 있다. 음률 활동은 그 무렵의 교사 연수와도 관련이 있다. 지금의 교사회 구성원으로는 다시 익혀야 할 부분도 있다.

국악의 특성은 장단에 있다. 장단은 '하나의 소리가 시작하여 끝나는 사이에 사람이 호흡하는 수'라 정의한다. 즉 사람의 호흡과 밀접한 관계가 있다. 호흡은 기의 운용과도 관계가 있으며 몸의 움직임에 커다란 영향을 끼친다. 사람마다 자신의 호흡이 다르므로 자기 호흡에 맞게 장단을 맞추어 노래를 부를 수 있다. 특히 아이가 어릴 때 들려주는 '자장가'는 엄마의 호흡에 맞게 장단을 넣어 부르면 좋을 것이다. 그 밖에도 산집에서는 이원수의 시에 백창우가 곡을 붙인 창작 동요나 김성균 동요도 자주 부르고 논다. 그리고 음악 감상 겸 동작 활동이 되는 '음악 듣고 춤추기'를 할 때에는 장르를 불문하고 여러 음악을 섭렵하고 있다. 아이들은 어른에 비해 훨씬 원시적이고 감각적이어서 어느 음악이라도 그에 맞는 다양한 춤 동작으로 음악을 해석해내는 것을 자주 본다.

산집에서 음률 활동은 일상 활동에서 적절하게 활용되기도 한다. 나들이를 갈 때는 마당에 둥글게 원을 지어 모여서 한바탕 신명나는 춤판을 벌이고 흐뭇해져서 나들이를 나간다. 전래 동요 '남생아 놀아라'를 활용하여 나들이 가기 위해 모이는 의식을 치루기도 한다.

남생아 놀아라 / 촐래촐래가 잘 논다.
바지 입은 아이 나와라 / 촐래촐래가 잘 논다.
머리 묶은 아이 나와라 / 촐래촐래가 잘 논다.
옹골찬 나와라 / 촐래촐래가 잘 논다.
굴렁쇠 나와라 / 촐래촐래가 잘 논다.

이렇게 노래를 불러주면 아이들은 즐겁게 모여들고 가운데로 나와서 춤을 추고 노래를 부른다. 나들이 가서도 배드민턴장이나 넓은 운동장이 나오면, '무궁화꽃이 피었습니다', '여우야 여우야 뭐 하니', '우리 집에 왜 왔니 왜 왔니 왜 왔니', '너리기 펀지기' 등의 전래놀이를 하면서 논다. '무궁화꽃이 ～', '여우야 ～', '우리 집에 ～' 같은 노래와 놀이는 순수한 우리 전래 놀이라고 보기엔 무리가 있다. 실제로는 일본의 전래 동요라고 본다. 이것은 일제 강점기에 유입되었을 가능성이 높다. 그러나 이미 오랫동안 아이들 입에서 불려지고 전해져온 노래들을 굳이 이제 와서 배척할 필요는 없을 것 같다.

자연 속에서 어린이들이 어우러져 노는 모습은 그대로 평화로운 한 폭의 그림이다. 이럴 때 교사도 신나게 함께 놀아야만 아이들도 깊게 심취하여 놀게 된다. 교사들은 아이들보다 에너지가 달려서 허덕거리면서도 아이들의 큰언니·오빠들처럼 놀다보면 어느새 세상 근심·걱정을 잊어버리게 된다. 어른도 아이도 너무나 행복한 표정이다. 역시 놀이는 여럿이 함께 놀아야 더 즐겁고, 거기에 노래까지 곁들여지면 금상첨화다.

점심을 먹고 난 후 마당에서 석헌·승현·정환·규진·가람이 등

세발자전거족(?)들이 좁은 마당을 점거하고 빙빙 돌면서 실력을 과시하고 있을 때에도 교사들이 아이들을 불러 모으기 위해 노래를 부른다.

> 동동 동대문을 열어라.
> 남남 남대문을 열어라.
> 열두 시가 되면 문을 닫는다.

노래가 끝나면 문이 닫힌다는 협박(?)에 못 이겨 아이들은 얼른 주차를 시키고 휴식을 취하러 자기 방으로 들어간다. 산집에서는 마을잔치 때나 송년잔치 때 조합원들과도 걸판지게 놀 기회를 만든다. 그런데 요즘의 부모님들과 춤추다 보면 '남생아 놀아라'가 디스코 풍이 되기도 한다. 하지만 그래도 이런 기회가 어디냐 싶어 춤을 잘 추는 아빠들도 더러 있다. 그러나 대부분의 어른들은 춤과 노래를 일상화하면서 살지 않았고 특별한 경우에 '무도회장'에 가서만 즐길 수 있었기에 아이들보다 춤 감각에 있어 개발의 여지가 많이 있다. 가정에서도 수시로 아이들 핑계대고 몸으로 일상을 즐기는 것도 아이와 몸으로 소통하는 한 방법이다.

아이들의 생활 속에서 음률 활동이 총 집약되는 '2002년 송년잔치'를 잠깐 들여다본다.

이번에 발표 내용을 잡을 때도 옹골찬방에서는 가장 최근에 배운 노래 '꿈꾸지 않으면'을 아이들이 하겠다고 했다. 산집에서는 어느 영역이나 특정한 교재가 있지 않으므로 어떤 노래가 괜찮고 아닌지를 순전히 회의에서 결정하는 수밖에 없다. 회의에서 이 노래가 아이들 수준에서 소화하기 어렵다는 것과 아이들다운 노래를 부르자는 것으로 조정이 되었다. 조합원 교육 때 석헌 아빠가 단조로 된 백창우 곡 몇 곡을 거론하면서 아이들 정서에 너무 안 맞는 것 아니냐고 변론을 폈기 때문이기도 했다. 옹골찬이들은 '노을'과 '산도깨비'를 불렀는데, 헤라의 기타 반주와 '노을'이 잘 어우러진 반면, '산도깨비'의 맛을 살리려면 시간과 노력이 더 필요하다는 생각이 든다. 당실이들과 덩쿵이들은 '부엌의 합창'을 하겠다고 해서 처음 든 생각은 국자·냄비·숟가락 이런 것들을 두들겨대지 않을까 했는데 리허설 때 보니까 얌전하고 나름대로 세련된 율동이었다. 오이 생각은 처음 엔 그렇게 하려다가 전년도에 비슷한 내용이 있었다 하여 바꿨다고 한다. 그리고 손 유희를 포함하여 세 곡이 비슷하게 나열되는 것이 밋밋하여 끝에 '즐겁게 춤을 추다가'로 포인트를 주었다.

도글이들이 이번에 모두 무대에 선 것은 칭찬할 만한 일이다. 이 또래는 연습 땐 잘하다가도 엄마만 있으면 치마폭에 숨느라 무대에 서지도 않기 때문이다. 아이들이 많이 자란 것이 눈에 보인다. '삐죽이 빼죽이'를 할 때 수민이·지수·은별이의 모습이 아주 돋보였다.

방과후의 발표 모습은 그대로 어린아이들에겐 산교육이다. 이번엔 특히 정빈이의 얍삽한 도둑 연기가 볼 만하였고, 한결이의 연기는 더욱 물이 올랐다. 이러다가 꼬리(박혜성, 방과후 교사) 뒤를 잇는 연극배우가 나오리라 기대한다. 역시 함께 한 것이 송년잔치를 하는 즐거움을 배가시켰다.

이번 발표의 특징은 어른들의 자발적 발표도 한몫하였다는 점이다. 엄마들의 플라스틱 리코더(Recorder) 연주는 아이들에게 음악 감상의 수준을 한 차원 높일 수 있는 기회가 되었고, 아빠들의 합창 또한 조합 운영의 중요한 축을 담당하는 아버지들의 적극적인 의지를 반영했다고 볼 수 있을 것이다. 산집 교사회가 풍물 발표를 한 것 역시 풍물에 대한 자신감보다는 조합의 어느 때보다도 높은 재교육 지원에 대한 감사의 표시와 아울러 교육 주체로서의 적극적인 의지를 나타냈다고 볼 수 있다.

2부 전래 놀이마당에서는 투호·팔씨름·판 뒤집기(검은판, 흰판을 깔아놓고 일정시간 동안 자기편 색이 많이 나오게 뒤집는 놀이)·제기차기·윷 놀이·너리기 편지기 등을 하였고, 윷놀이는 최근에 배운 백두대간 판을 사용하고 "소나무 장작 외장작!", "쿵따기 쿵딱", "윷 나와라! 뚝딱!"을 사용해서 신나게 하기로 하고, 진행은 헤라가 하였다. 판 뒤집기는 기린이 전문가다. 계속 맡아서 진행하는 것을 보면 할수록 재미있는 모양이다. 놀이는 진행자가 빠져들어야 분위기가 산다. 여기서 혜원 엄마의 증언을 들어보자.

"이번 놀이에서 가장 격렬하게 과열 양상이 보여 심판인 기린이 정말 이마에 송골송골 땀이 맺힐 정도로 열광의 도가니였던 것이 판 뒤집기가 아니었나 한다. 어떤 아빠는 판들을 아예 상대방이 못 뒤집게 한 움큼 껴안고 머리를 땅바닥에 박고 웅크리고 있어 반칙이 아닐까 하는 의구심마저 들게 할 정도로 몸싸움이 강한 놀이였다. 정말 재미있었다."

너리기 편지기는 충청도 강강술래인데, 단순하게 원을 지어 리더 의 움직임에 따라 다양한 발동작으로 놀았다고 한다. 그러나 결코 단순하지 않다. 너리기 펀지기의 마지막 '담넘기 하세'는 독립된 놀이지만 강강술래 끝에 하기도 한다. "담넘기 할 사람, 여기여기 붙어라"로 시작하여 훨훨 담을 넘는 것을 모두들 재미있어 했다. 다음 날 등원한 한들이가 "우리 너리기 펀지기, 나들이 가서 또 하자"고 소감을 밝혔다.

교사회의 때 가장 논란이 된 것은 종목 정하기가 아니라 어떤 방식으로 진행하는가에 대한 것과 상품 수여를 진행자 주관적 판단에 따른 '종목별 가장 열심히 한 가족'으로 하는가, 아니면 객관적 평가가 가능한 '이긴 가족'으로 하는가 였다. 이에 대해선 팽팽하게 맞선 논의가 있었다. 이것은 놀이에 대한 중요한 관점의 차이라고 보이기도 하는데, 이기고 진 것을 명확히 가려서 상까지 주는 것이 공동육아적 화합에 꼭 보탬이 될 것이냐 하는 생각도 할 수 있다. 그러나 놀이나 게임은 이기기 위해 하는 것이다. 열심히 놀 수 있도록 동기부여를 하자는 의도로 작은 상품(안내할 땐 푸짐한 상품)을 준비했고, 따라서 아주 가벼운, 안 받아도 그만이고 받으면 더욱 좋은 고무장갑·행주 정도로 준비했다. 사실 아빠들이야 이런 것 없어도 자기 식구들 옆에 두고 지면 체면이 말이 아닐 것이다. 예전에 마을 공동체에서도 놀이판을 장악할 수 있는 사람이 마을의 지도자가 되었다고 한다. 그것은 공동체에 기쁨과 희망을 주기 때문일 것이다. 우리 아이들의 세계에서도 많이 놀아봐서 놀이판을 꿰고 있는 아이들이 아무래도 중심이 되는 것을 볼 수 있다.

음률 활동 중 동작이 큰 활동은 비슷한 연령끼리 활동하는 것이 좋다. 아이들은 손잡고 놀다가 넘어지고 무너지고 하면서 놀기 때문에 몸집이 작은아이들은 따로 그룹을 지어서 놀게 한다. 그러나 노래부르기는 굳이 연령을 나누지 않아도 된다. 어려운 노랫말도 어찌나 잘 따라 부르는지 만 2살로 제일 어린 미르·가을·하늘·경빈이도 못하는 노래가 없을 정도다. 그러므로 함께 모여 노래도 배우고 춤도 추고 놀이도 하고 있다. 프로그램으로는 주로 국악 동요 배우기·풍물배우기·탈춤추기·대동놀이 등을 함께 하고 있고, 특히 요즈음은 교사 1명이 표현 예술 모둠 안내자 과정을 1년간 공부하면서 음악 들으며 춤추기, 연극과 음악, 놀이와 음악이 어우러지는 음악 통합 활동이 많아지고 있다. 다음은 산집에서 그 동안 했던 공동체 놀이다. 간단하게 두 가지만 소개해본다.

닭잡기 놀이 — 5~7살 놀이

① 닭과 살쾡이를 정한다.
② 나머지는 손에 손을 잡고 둥그런 원(울타리)을 만든다. 닭은 울타리 안에 두고 살쾡이는 밖에 자리 잡는다.
③ 살쾡이가 울타리 주위를 어슬렁거리면서 닭에게 말을 건네면서 놀이는 시작된다.

살쾡이 :	(꾀이듯) 네 벼슬이 곰두곰두 곱다.
닭 :	(얄밉게) 암만 고와도 너를 주랴?
울타리 :	으악! (동시에 쓰러진다.)
살쾡이 :	네 집이 왜 쓰러졌니?

닭	: (풀이 잔뜩 죽어) 7월 장마에 다 쓰러졌다.
살쾡이	: 네 집 고쳐줄게, 네 새끼 한 마리만 다오.
닭	: 그래.
살쾡이	: (쓰러진 울타리를 하나하나 세운다.) 이차. 으라차차. 어여차.
닭	: 싫다.
살쾡이	: 뭐라고? 그럼 널 잡아먹겠다.

④ 말 끝나기가 무섭게 살쾡이가 닭에게 덤벼든다.

⑤ 살쾡이가 원 안으로 들어오려고 하면 울타리들은 잽싸게 좁혀 살쾡이를 막는다.

⑥ 만약 울타리를 뚫고 들어오면 재빨리 손을 들어 닭을 내보낸다. 닭이 밖으로 달아났다가 살쾡이가 나오면 다시 울타리 안으로 들어가면서 살쾡이에게 잡히지 않도록 한다. 이렇게 해서 살쾡이 가 닭을 잡을 때까지 한다.

너리기 펀지기 ─ 5~7살 놀이

📖 위에서 설명했듯이 '너리기 펀지기'는 충청도 지역에 전해 내려오는 강강술래다. 노랫말을 구성하는 것은 모두 '그릇' 이름이다. 즉 장독대(장꽝)에 그릇들이 옹기종기 놓여있는 모습을 형상화하고 있다. 대부분이 원형의 질그릇인데, 모양대로 원을 그리듯이 즐겁게 놀자는 의미를 담고 있다. 또 그렇게 볼품없어 보이는 다양한 그릇들이 모두 제 쓰임새가 있듯이, 사소해 보이지만 결코 사소하게 볼 수 없는, '보잘 것 없는 것들의 가치'를 깨우치려는 조상들의 지혜를 담아 개개의 이름을 불러주는 것인지도 모른다. 너리기는 둥글넓적하고 아가리가 큰 질그릇이고 펀지기는 이보다 조금 작다. 두룸박 은 두레박이고, 옥동이는 쌀을 담아두는 조그만 '동이'다. 소래기는 턱이 약간 높은 접시 모양으로 생긴, 넓은 질그릇으로 독의 뚜껑이나 그릇으로 쓰였다.

① 모두 손에 손을 잡고 둥글게 선다. 천천히 혹은 빠르게 걷는다. 그리고 리더를 따라 다양한 발동작을 하면서 노래를 부른다.

> 장꽝에 너리기 너리기 밑에 펀지기 펀지기 밑에 두룸박 두룸박 밑에 옥동이 (노랫말)

② (순서대로 들어가기) 다른 사람 손을 서로 잡은 채로 오른팔을 들고 팔 아래로 돌아 나간다.

> 너리기 펀지기 장딴지 소래기 꼭꼭 숨어라 머리카락 보일라

③ 다시 왼팔을 들고 팔 아래로 돌아 나온다. 리더를 따라 한 사람씩 순서대로 움직인다.

> 너리기 펀지기 장딴지 소래기 꼭꼭 숨어라 머리카락 보일라

● 담넘기(문턱넘기)

   1 담넘기할 사람을 모은다.

     '담넘기할 사람, 여기여기 붙어라.'

   2 두 줄로 모여 선다. 한 팀이 손을 잡은 채 양팔을 벌리고 앉아서 담장을 만든다. 다른 팀은 손을 잡고 서 있다가 외친다.

     '담넘기 하세! 훨~ 훨~'

   3 외치며 뛰어가 담을 넘는다.

   4 두 팀이 빠르게 자리를 바꾸어 반복한다.

나들이 가서 이렇게 땀이 나도록 놀다가 돌아오면 아이들은 친구가 있어서 함께 노는 것이 얼마나 소중한 일인가 새삼 체험하게 된다. 외양이 멋들어진 어린이집이 아니더라도 자고 깨면 잘 놀기 위한 욕구를 발산하기 위해, 또래랑 함께 놀기 위해 산집에 나가고 싶어 하는 것이다. 아이들을 자연 속에서 신나게 놀며 자라게 하고 싶은 공동육아 부모들과 교사들의 소박한 꿈은 이렇게 영글어간다.

손뼉 마주치기

작은도글방

김인숙(들꽃)

작은도글방 교사

아이들이 사회적 영역에서 자존감을 발달시키기 위해서는 영아기 때 제1양육자와의 관계를 잘 발달시켜야 한다. 한 개인이 자신과 가장 가까운 사람에게 느끼는 강한 정서적 유대감을 애착이라고 한다. 애착 관계는 제한된 대상과 이루어지며, 애착이 형성된 대상에게는 가까이 다가가고 싶고 자주 상호작용하고 싶어 하며, 늘 가까이 하려는 욕구를 갖게 된다. 영아기 때 양육자에게 나타내보이는 애착 패턴이 다른 사람과의 관계에서도 일반화되어 나타나고, 그 아이가 사회적 기능을 할 때 큰 영향을 미치기 때문에 '애착'이란 개념은 발달 심리학자들의 지속적인 관심과 연구의 대상이 되어왔다. 양육자와 영아 간의 애착은 갑자기 일어나는 것이 아니라, 점진적으로 발달한다. 애착과 관련된 가장 중요한 변인은 양육자의 민감성이며, 이것은 영아가 양육자에게 보내는 신호를 일관되게 지각하고 정확히 해석하며, 그에 대해 유관된 적절한 반응을 보이는 것이다. 따라서 양육자의 비민감성은 양육자가 영아를 거부하거나 영아에게 불쾌한 행동을 하는 것이 아니라, 영아의 신호를 읽지 못하고 지원적인 반응을 하지 않는 것이다. 예를 들면, 아이가 스트레스 상황에 처했거나 두려워할 때 그것을 알아차리지 못해 신체적 접촉으로 위로해주지 않는 것은 민감하지 못한 일이다. 또한 어떤 탐색 과제에 깊이 빠져있는 아이에게 신체적 접촉을 시도하는 것은 비록 애정 어린 접촉이라 해도 민감하지 못한 일이다. 안정적으로 애착 관계가 형성된 아이는 부모를 신뢰의 대상으로 받아들이고, 이러한 신뢰감이 다른 사람에게 일반화되어 타인과의 상호작용의 질을 결정한다. 영아기 때 안정 애착된 아동은 자신이 유능하고 효율적인 존재라는 내적 작업 모델을 발달시킨다.

따라서 대인 관계에서도 보다 긍정적이고 친사회적인 관계를 발달시킨다. 안정 애착된 아동은 같은 또래의 불안정 애착된 아동보다 더 많은 친구를 갖는다. 그리고 친구들 사이에서 인기가 있고, 깊은 우정을 경험하며, 다른 아동에게 더 공감할 수 있다.

불안정 애착은 양육자가 영아의 신호를 잘못 지각하거나 해석하고 일관되지 못한 반응을 보인 결과로 나타난다. 양육자의 강압성·무반응·비일관성 등은 불안정 애착의 상호작용을 특징짓는다. 불안정 애착된 아동은 자존감과 대인 관계에 좋지 못한 결과를 가져와 또래와의 상호작용에서 덜 공감적이며, 낯선 이를 두려워하고, 성인에게 너무 많이 의존하며 사회적 위축감과 공격성 등의 경향을 나타낸다고 한다.

아이들이 집이 아닌 새로운 공간에 잘 적응하고 초기 공동체 경험에 성공하기 위해서는, 보육을 담당하는 어른과의 공감적 관계, 신뢰감 형성이 가장 중요한 부분이라고 여기고 있다. 그래서 24개월령 전후에서 산집 생활을 시작하는 아이들은 교사와의 친밀한 관계 형성이 가장 중요한 일이라고 생각했다. 4명의 작은도글이들은 자신의 욕구와 의사를 언어로 잘 표현할 수 없고, 엄마와 분리된 불안감을 가지고 있는 나이다. 아이들에게 교사는 낯설어하는 감정과 욕구에 잘 반응해주고, 신체적인 메시지나 물음, 베이비 사인 등에 민감하게 대응해야 산집에서는 엄마로, 자신의 요구를 다 표현하지 못할 때에는 변호자로, 놀이의 상대자로 신뢰를 형성해나갈 수 있다.

"어제, 우리집에서 어땠어?" 아침 차 모둠 시간. 차를 마시며 오늘 뭐 하고 놀지, 나들이는 어디로 갈지 등을 정한다.

산집에서는 엄마와 아빠들도 중요한 교육 환경이자 주체다. 마실과 날적이를 통한 교사와 부모들과의 관계가 공동육아 어린이집의 색다른 관계 형성이라고 여겨진다. 매일 아동들의 생활 모습을 적어

나가면서 날적이를 통해 아이에 대한 세세한 정보 등을 교환하면서 아이를 이해해나가고 부모와 함께 아이에게 바람직한 교육 방향을 모색해나가는 데 커다란 도움을 주고 서로에 대한 신뢰를 쌓아나간다고 생각된다.

지수는 23개월령경에 산집에 왔다. 산집에 오기 전 놀이방에 다닌 경험 때문인지 낯선 상황에 매우 불안해했고, 자주 울며 말을 하지 않고 거부하는 등의 행동을 보였다. 그때마다 지수를 업고 노래를 불러주면서 다독였다. 하루는 울고 있는 지수에게 "지수야, 엄마하고 놀고 싶은데 엄마가 회사에 가서 슬프구나. 엄마 밉다, 그렇지?" 하고 말했더니, 고개를 끄덕이면서 금세 울음을 그쳤다. 들꽃이 자신의 마음을 알아주는 사람이라고 여겼는지 그 후로는 조금씩 자기의 마음을 열어보였다. 그러나 이것은 관계를 형성해 나가기 위한 시작이고, 지수는 들꽃이 정말 믿을 만한 사람인가 확인하기 위해 돌발적인 행동을 하곤 했다. 평소에 잘하던 일상적인 행동들을 요구하면 갑자기 들꽃을 빤히 쳐다보면서 "싫어!"라고 말하고 움직이질 않는다거나, 반찬을 골고루 먹으라는 말에 숟가락을 던지고 방을 나가버리는 행동을 해놓고 들꽃이 어떤 반응을 보일 것인지 유심히 살폈다. 그럴 때마다 야단치거나 행동을 수정하도록 요구하기보다는 지수에게 들꽃은 엄마가 없는 동안 엄마 대신 지수를 도와주고, 함께 놀아주는 사람이라고 설명하면서 지수가 이해할 때까지 기다려주기로 했다.

또한 생후 24개월 전후는 자율성과 수치심이 나타나고 자아 존중감이 형성되는 시기다. 대소변 실수를 자주 하는 지수는, 그때마다 손상된 자존심을 방어하고 수치심과 부끄러움을 화를 내는 것으로 표현했다. 대소변 훈련이 성격 형성에 미치는 영향 또한 크기 때문에, 자신에 대해서 부정적이고 수치스런 느낌을 갖지 않고 자존심이 상하지 않도록 그럴 수도 있다는 위로의 말이나, 앞으로 잘할 수 있을 거라는 격려의 말을 해주고 잘할 수 있을 때까지 기다려주는 것이 필요했다. 또한 잘못된 행동이라고 꾸짖기보다는 실수를 하지 않을 수 있는 방법을 설명해주고, 시범을 보여줌으로써 긍정적인 방향으로 도와주는 것이 양육자에게 필요한 자세다.

　20개월령에 등원하기 시작한 한결이는 산집에서 아주 가까이 살고 있기 때문에 산집을 낯설어하지 않았으며, 엄마가 휴직중이라서 분리 불안을 보이지도 않았다. 그러나 작은도글방에서 생활하는 지수와의 갈등 상황이 자주 일어났다. 갈등 상황에 놓였을 때, 대체로 억울한 상황에 있는 아이의 감정을 먼저 헤아려주고, 그 감정이 누그러질 때까지 기다려주었다가 관계를 풀 수 있는 기회를 주었다. 그리고 또 다른 아이에게는 "○○도 그 물건을 가지고 싶었구나?", "친구에게 친근한 표현으로 한 행동이었는데, 친구가 싫다고 뿌리쳐서 무안했구나?"라고 말하면서 마음을 읽어주고, 손상된 체면도 다독여주었다. 이런 과정의 반복으로, 지수와 한결이는 싸워도 쉽게 화해하고, 친구를 받아들이는 연습을 하였다. 또한 상대방을 배려하는 언어들을 상황에 적절하게 사용해 나갔다. "○○야, 이것 좀 빌려줄래?", "미안해!", "비켜 줘", "네가 좋아서 안아준 거야", "○○야, 아직도 기분 나빠?", "화났어?" 등의 감정 언어들을 자연스럽게 주고받았다. 그러면서 몸으로 자기주장을 한다거나, 무조건 자신의 주장만을 내세우는 고집된 행동들이 서서히 줄어들었고, 더 친근한 관계를 맺어가면서 6개월을 보냈다.

한결이가 처음 산집에 등원했을 때는 수줍음을 잘 타고 과묵한 모습을 많이 보였다. 말없이 놀이에 열중하거나, 엄마나 들꽃 이외의 사람들이 말을 걸어오면 입을 다물고 고개를 숙였다. 그러던 한결이가 방학 이후 처음 하는 몸 활동 시간에 꽃돼지에게 "꽃돼지, 나 좀 봐!" 하면서 몸구르기를 하는 모습에 산집 모든 교사들이 눈이 동그래져 "이한결, 멋지다!"를 외치며 박수를 보냈다. 그 이후부터 조금씩 들꽃 이외의 다른 교사들에게도 말을 건네기 시작했다. 24개월령경의 영아들이 부모 아닌 다른 사람과 낯선 환경에서 신뢰를 바탕으로 애착 관계를 형성하는 데에는 개인차는 있지만 적어도 6개월은 걸린다. 또한 그 기간 동안 주변 어른들이 보여주는 일관된 태도와 애정 어린 보살핌, 그리고 여유 있는 기다림은 아이들에게 안정된 애착 관계 형성, 긍정적이고 바람직한 사회성 형성으로 나타난다. 따라서 교사와 아마들은 아이들을 믿고 지켜봐주어야 하며, 조급하게 서두르거나 일방적으로 이끌어가려는 태도를 지양해야 함을 깨닫게 되었다.

2002년 9월, 작은도글방에는 새까만 눈동자의 왕눈이 수민이(24개월령)와 가냘프게 보이는 혜린이(22개월령)가 등원했다. 등원하기 전부터 산집에 자주 놀러 와서 적응 준비 기간을 두었기에 수민이과 혜린이는 불안해하지 않고 잘 적응하였다. 안정적인 애착을 보이고 분리 불안을 보이지 않는 것은 인지 발달과도 관계가 있다. 즉 과거와 현재를 연결시키는 기억력과 회상 기억력이 증가함으로써 미래에 발생가능한 일을 예측하는 능력이 키워진다는 것이다. 산집에서 놀고 있으면 엄마가 데리러 올 것이라는 미래의 사건을 예측하는 능력이 이미 갖춰진 상태라서 불안한 반응을 나타내지 않고 적응했다.

만 2살의 작은도글이들은 모방 능력, 자아, 또래와의 상호작용을 발달시키면서 처음으로 사회적 관계를 형성해간다.

모방 능력이 발달하는 이 시기의 아이들은 또래가 하는 행동을 그대로 모방하거나 영향을 받는다. 따라서 바람직한 행동을 보이는 아이를 칭찬해주면, 그것은 다른 아이들에게 긍정적인 영향을 주고 동기유발이 된다. 기본 생활 습관을 몸에 익힌 한결이와 지수의 모습을 보고, 수민이와 혜린이는 양치질하기, 세수하기, 스스로 앉아서 밥 먹기, 변기 사용하기, 양말 벗기, 사물함 정리하기 등을 보고 배우면서 산집 생활을 빨리 터득해나갔다.

또한 이 시기의 아이들은 자아가 발달하고, 부끄러움·죄의식·당황 등 자의적인 정서를 나타낸다. 이러한 정서적 경험은 사회화 경험을 통해서 발달하게 되고, 관용·도움주기·공유하기 등의 자존감을 발달시켜간다.

6개월 정도 먼저 산집 생활을 한 한결이와 지수가 수민이와 혜린이가 등원하면, 질투와 소외감 등을 느낄 수 있다고 판단하였다. 그래서 한결이와 지수에게 새로 친구가 들어올 텐데 우리가 도와주면서 사이좋게 지내자고 반복적으로 말해주었다. 그리고 한결이와 지수가 주도적이고 긍정적인 행동을 할 수 있도록 칭찬을 많이 해주었다. 수민이와 혜린이가 처음 등원한 날, 한결이와 지수는 먼저 다가가서 인사하고 껴안아주면서 호의를 보였다. 그리고 수민이와 혜린이의 손을 잡고 다니면서 "내가 도와줄게"라는 말을 하면서 의젓함과 자상한 모습을 보여주었다. 수민이와 혜린이가 엄마를 찾으면, "엄마는 회사 갔다 온대"라고 말하면서 위로하기도 하였다. 한결이와 지수가 따뜻하게 위로하고 격려하는 모습에서 자아 인지가 건강하고 긍정적으로 발달하고 있음을 확인할 수 있었다. 즉 자아 인지는 자신이 다른 사람들에게 받았던 위로를 또 다른 사람에게 베풀고, 공유하면서 발달한다는 것이다.

수민이와 혜린이가 산집 생활을 하기 시작할 때, 자신의 의사를 간단한 언어로 잘 표현하지 못해서 친구들과 의사소통을 하는 데 힘들었다. 특히 자신의 물건을 다른 친구들이 만지면, "내 거야!" 하면서 큰소리로 엄포를 놓고, 자신의 물건에 집착하는 행동을 보였다. 이런 행동은 부정적인 이기심의 표출이 아니라, 자신과 타인과의 사이에 경계선을 분명히 하려는 노력의 표현이다. 따라서 이러한 상황에서는 교사나 부모가 아이의 주장을 인정해주어야 한다. "그래, 이것은 네 거야. 그런데 잠시만 친구에게 빌려줘도 되니?"라고 물어 보면서 아이가 이해할 수 있도록 도와주면, 자신의 물건은 다른 사람과 나누어 사용할 수도 있고 다른 사람에게 빌려줄 수도 있다는 것을 이해하게 되고, 적절하게 행동할 줄도 알게 된다. 그리고 한결이와 지수에게는 다른 친구의 물건은 그 친구에게 중요한 것이니까 "빌려 줄래?" 또는 "만져 봐도 될까?"라고 물어보자고 약속하였다.

이러한 상호작용의 반복으로 작은도글이들은 서로의 물건에 대한 소유 구분을 확실하게 하고, 친구의 물건을 사용하고 싶을 때에는 물어 보고, 그 물건을 가진 아이는 "그래, 써도 돼"라고 말하면서 언어 표현력뿐만 아니라, 상호작용의 질도 높였고, 그러면서 놀이 시간도 연장시켜 나갔다. 또래와의 상호작용은 독립심을 경험하고 협동을 배우며, 타인과 관계 맺는 방법이나 능력, 사회적 통제, 사회적 가치와 역할, 타인의 욕구와 정서를 인식하는 능력 등을 발달시킨다.

오랜 기간 동일한 보육 환경에서 안정된 또래 집단과 상호작용하는 아이들은 다른 아이들에 비해서 더 성숙된 방법으로 놀이를 하며, 또래와의 친밀성이 높을수록 극놀이에 더 많이 참여하고 더 복잡하고 높은 수준의 인지 기능이 반영된 상상놀이를 한다고 한다. 그것은 의도되거나 획일적인 프로그램에 의한 활동보다는 생활이 놀이고, 놀이 안에서 자발적이고 자율적인 활동을 하는 산집 아이들만 보아도 알 수 있다. 산집에서는 교사가 주도하는 활동보다는 아이들이 자발적인 동기에서 하는 자유놀이를 적극 권장하며, 교사의 개입을 최소화하고 아이들 간의 활발한 상호작용이 오갈 수 있도록 도와준다. 아이들의 다양한 모습들이 존중되는 환경을 만들기 위해서다.

아이들은 자발적인 놀이를 하면서 좌절감이나 긴장감을 해소하기도 하고, 감정의 정화 과정을 경험하기도 한다. 갈등을 해소하기도 하며, 탐색과 실험 과정을 거치면서 창의성과 인지력을 발달시켜 나가기도 한다. 아이들이 놀이하는 모습을 엿보기로 한다.

병원 놀이 (2002.11.21.)

* 모두들 인형을 한 개씩 안고 병원 놀이 세트에서 필요한 소품을 들고 있다.

> 지수 : 내가 아줌마야.
> 한결 : 내가 병원 선생님이야.
> 수민 : 내가 의사야.
> (옆에 서서 지켜보는 혜린이를 보고) 혜린이는 뭐 할까?
> 한결 : 혜린이는 아가야, 아가.

지수 : 혜린이는 아가 해!

혜린 : 나는 아가.

수민 : 아가는 많이 아파요.

지수 : 들꽃! 아야 하니까 주사 맞아야 돼.

수민 : 아가는 울어요. 엄마 보고 싶어서요. 아가는 약 잘 먹어야
되요. 엄마가 아가 약 사왔어. 아가 약 2개 사왔어. 아가
약 좀 있다가 먹어.

지수 : 이제 아가 다 나았어. 이제 약 냉장고에 넣어야 돼.

수민 : (약병 들고) 이거 가짜로 먹어야 돼.

한결 : 주사 맞아서 피가 났대. 이제 안 아파. 약 먹어서. 물도
먹어야 돼. 약을 또 먹어서 배 아프대. 맨날맨날 배 아프대.
연고도 발라줘야 돼. (나무토막 들고) 이게 연고야.

지수 : 아가 머리에서 피나. 의사 선생님이 수민이 주사 맞히려고
오고 있어. 왕주사 맞으면 얼마나 아픈데?(익살스런 웃음
을 지으며) 어떡해 수민아~.

이렇게 아이들은 훌륭하게 또래 관계를 형성하면서 하루가 다르게
마음이 자란다. 역동적인 육아 환경인 공동육아 방식을 하나 둘씩
배우고 생활로 익혀 살아가는 과정 안에서 내 자신도 작은 성숙을
거치면서 공동체적인 인격자로 성숙되길 기대해본다. 산집 아이들도
밝고 티 없이 공동육아라는 울타리 안에서 자율적이고 따뜻한 공동체
적 품성을 생활 속에 지녀, 잘 자라고 성장해서 사회에서도 나와
너의 구분이 없는 우리라는 말을 더 자연스럽게 받아들이며 더불어
살아갈 수 있는 세상을 만들어나가는 작은 희망의 주춧돌이 될
것이라고 확신한다.

큰도글방

김성희(기린)

큰도글방교사

아이들은 또래와 함께 놀 수 있어야 행복하다. 그래서 어릴 때 '누가 더 잘하나' 하는 경쟁의식을 심어주는 것이 아니라, '다 함께 잘하고 다 함께 놀 수 있는 문화'를 만들어주는 일이 필요하다. 아이들은 또래와 놀면서 관계를 맺어나가고, 그 관계 속에서 상대방을 이해하고 배려하는 마음을 가질 수 있다. 이 때, 교사는 아이들이 지닌 개별적인 환경과 성향을 이해하여 아이들 간의 관계 형성에 도움을 주어야 한다.

큰도글방에서는 지수(2001년 2월 등원), 도혜(2001년 8월 등원), 정민(2002년 3월 등원), 유림(2002년 8월 등원), 은별(2002년 8월 등원)이가 함께 생활했다. 등원 시기가 다르고 성향이 다른 아이들이 관계를 형성해 나가기 위해서는 아이와 교사 모두 많은 노력이 필요하다.

한지수는 16개월령 때 산집의 막내로 합류했다. 4살이 된 2002년에는 야무져서 자기 물건도 잘 챙기고, 신변 처리도 확실히 해내고 또래와의 관계에서 놀이를 주도했다. 동생 본 지가 얼마 되지 않아서 그런지 주로 엄마놀이를 하고 논다. 지수가 곰 인형을 업고 놀고 있으면 옆에 있던 도혜와 은별이도 재미있어 보이는지 인형을 업어달라고 등을 내민다. 또래 관계에서는 도글방에서 어떻게 생활해야 하는지 다른 아이들에게 친절하게 알려주고 모범을 보이는 아이가 지수다.

도혜는 엄마·아빠·언니와 함께 살며, 산집에 오기 전까지는 할머니의 보살핌을 받고 자랐다. 그런 안정적인 가정환경 덕분인지 우는 아이들을 달래고 안아주는 등 따뜻하고 수용적인 모습을 보이고 있다.

정민이는 산집에 오기 전까지 고모 집에서 나이 차이가 많이 나는 언니들에게 극진한 사랑을 받고 지냈다. 그래서인지 이미 관계 형성이 잘 된 지수·도혜와 관계를 맺는 데에도, 새로운 친구 은별이와 유림이를 받아들이는 데에도 오랜 시간이 걸렸다. 그래서 교사는 공동생활에서 지켜야 할 규칙을 정민이에게 이해시키고, 정민이가 그것을 잘 지켰을 때, 만족스러워할 만큼의 칭찬을 지속적으로 하여 관계 형성에 도움을 주었다.

은별이는 또래 놀이에 참여하기 위해 적극적인 태도를 보였다. 은별이는 목소리에 힘이 있고 씩씩하다. 귀여운 외모만큼이나 예쁜 옷이나 머리핀·머리띠도 좋아하여 은별이의 여성성을 짐작케 하고 있다. 건강상의 이유로 늦게 합류했음에도 불구하고 아이들과의 관계에서 뒤떨어지지 않았다. 교사는 은별이가 잘 하는 부분을 다른 아이들 앞에서 많이 칭찬해주고, 어떤 아이와 갈등이 있는지를 살펴 마실을 권하는 등 친구들과 관계를 맺는 데 도움을 주었다.

유림이는 큰도글이 중 유일한 남아이지만 또래가 울고 있으면 "왜 울어?" 하며 관심을 가질 정도로 섬세하고 여성적이기까지 하다. 유림이가 엄마와 떨어지기 힘들어하면 산집을 먼저 다닌 리림이 누나(초등 2학년)가 "너 그래도 산집 다닐 때가 좋은 거다. 학교 다녀 볼래?"라고 협박(?)을 했다고 엄마는 웃었다. 공룡을 좋아하여 이름을 줄줄 꿰고 있지만, 정작 겁이 많아서 공룡이 나오는 입체 영화관에서 은별이와 둘이 울며 나왔을 정도다.

3~4살 아이들로 구성된 큰도글이들이 건강한 관계를 맺고 생활할 수 있도록, 아이들이 관계 형성의 주체라는 인식을 만들어갈 수 있는 환경을 만들어주고, 교사는 그런 환경을 환기시키기 위해 적절한 시기에 개입하는 태도가 필요하다. 그것이 곧 남을 이기고 남보다 더 많은 기회를 가지는 것보다 다른 사람을 인정하고, 다른 사람에게 인정받으며 함께 생활하는 것이 행복하다는 것을 알 수 있는 계기가 되기 때문이다. 이를 실천하는 방안은 이렇다.

* 아이들에게 안정감을 주기 위해 교사가 먼저 안정적인 분위기를 만든다.
* 모둠 시간에 놀이의 규칙(놀잇감 빼앗지 않기, 역할 바꾸기 등)을 같이 정한다.
* 같이 정한 규칙을 잘 지키는 아이는 칭찬을 많이 해준다.
* 나들이 갈 때 손을 잡은 친구와 그 날 하루 계속 짝을 지어준다.
* 새로 등원한 친구에게 도움을 주고 배려를 할 수 있도록 유도한다.
* 아이들 간의 갈등 상황을 잘 살펴, 마실을 통해 관계를 개선할 수 있도록 한다.
* 서로를 인정할 수 있도록 각자 가지고 있는 장점을 아이들 앞에서 칭찬해준다.
* 가정에서의 생활을 점검하고, 터전에서의 생활이 가정에서도 연계될 수 있도록 아마와 의사소통한다.

조합공동체의 어제와 오늘, 내일

● 육아 문맹 퇴치하기
● 공동육아에서 교사로 살기
● 공동체는 이제 생활필수품이다
● 첫 마음 붙박이 마음

뿔소, 쇠뜨기가 뭐야?

산들꽃 마을은 도시 속의 마을 공동체(대안 마을)다.
산들꽃 마을에 있는 산집,
첫 마음을 잊지 않고
삶의 경험과 꿈을 응축하여
붙박이 마음을 키워나간다.
세상을 향해 용기 있게 나가라고 등 떠미는 아이들
아이들과 굳게 손잡고 평화롭고 따뜻한
더불어 사는 세상을 위해 한 걸음 더 내딛는다.

육아 문맹 퇴치하기

박장배

우현 아빠, 역사학자

조합의 탄생 과정

얻는 게 있으면 잃는 것도 있는 법이다. '현대화' 과정은 전통적인 마을공동체를 해체하여 상공업 중심 사회를 만들어내고, 개울물도 그대로 마실 수 있었던 질 좋은 자연환경을 파괴하였다. 풍년과 흉년의 리듬이 사람들의 행복을 좌우하고 농한기와 농번기가 순환하던 농업 리듬 속에서 살아왔던 사람들은 호황과 불황의 공업 리듬, 쉬지 않고 돌아가는 기계의 리듬에 따라 살아가게 되었다.

생태계의 균형이 깨지고 전통적인 가족공동체와 마을공동체가 붕괴된 이후, 아이들은 가정과 유치원이라는 작은 섬에 갇혀서 정글 자본주의 사회가 부추기는 경쟁(지나친 조기 교육)에 내몰리고 있다. 요즘의 아이들은 대개 글자 그대로 '섬집 아이들'이거나, 일부는 도시라는 정글의 아이들이다. 이런 현대 사회에서 기존의 육아 방식은 이미 통용될 수 없었고 젊은 부모들은 신종 육아 '문맹의 상태에 처하게 되었다. 예나 지금이나 육아는 힘든 일이었을 것이고 섬집 아이는 늘상 있었다. 그러나 전통시대는 지금처럼 넘치는 육아 정보 속에서 '육아 문맹'이 판치는 세상이 아니었다.

이런 상황에서 신종 육아 문맹을 퇴치하고 척박한 육아 문화를 바꿔야 한다는 절박한 자각이 대두하기 시작했다. 육아와 사회생활을 함께 해야 하는 젊은 부모들은 답답한 현실에서 돌파구를 찾고 있었다. 그 돌파구 중의 하나가 '공동육아'란 육아 방식이다. 공동육아는 '공동체'를 조합 형태로 구현한 일종의 사회적 활동이다. 협동조합은 "무섭게 돌아가는 자본의 논리"에서 헤어 나오기 위해 지난 150여 년 세월 동안 자본주의와 싸워 온 사회적 흐름으로 아직까지 살아남은 조직체다.

1994년 3월에 '신촌 공동육아 협동조합'이 발족하고 9월 3일에 '우리 어린이집'이 만들어진 이후, 공동육아 방식은 통제 중심의 유아교육 방식을 극복하고자 하는 젊은 부모들 사이에서 주목을 받기 시작하였다. 부천의 부모들 가운데 박영순 씨(이보미 엄마)는 1994년 11월 30일에 개강하여 11주 동안 열린 현장학교를 1기로 졸업했다. 또 다른 부모들도 개별적으로 공동육아연구원에 연락을 하며 부천 공동육아 협동조합의 설립 문제에 관심을 표명하고 있었다. 그리고 코뿔소와 함께 현장학교 3기를 1995년 여름에 졸업한 정설매 씨의 경우처럼 실제로 조합을 설립하고자 시도한 이도 나타났다. 정설매 씨는 현장학교 3기를 마치고 1995년 8월 12일 연수회에 다녀온 이후 11월경부터 부천지역 공동육아 협동조합 준비모임의 연락을 맡았다. 그러나 어떤 일이건 일이 되기 위해서는 조건이 어느 정도 갖춰져야 하는 법이다. 그 조건 중에서도 조합 설립 주체의 형성은 가장 중요한 항목일 것이다.

1996년 후반에 부천에는 장수행 씨와 황윤옥 씨와 같은 '조직가'들이 살고 있었다. 조합 창립 준비 기간 동안 미래의 조합원들은 어린이 도서전문점 '아빠와 크레파스'를 사실상의 연락 사무소로 삼아서 조합 설립이라는 어려운 시험을 치러냈다. 산집의 설립 과정은 이미 전설이 되어 있지만, 설립 준비 기간 동안의 일들에 대한 당사자들의 기억은 조금씩 달랐다. 사람들이 처음 만난 날짜마저도 확실하게 일치하지 않았다. 다행히 한 조합원의 수첩에 미래의 조합원들이 처음 만난 날짜가 남아있었다.

　8가구의 미래의 조합원들은 1996년 10월 15일(화)에 '아빠와 크레파스'에 모여 함께 소사동으로 터전을 보러갔다. 당시에는 그곳이 이 방문자들의 마음에 들기만 하면 들어갈 수 있을 것이라는 낙관적인 기대가 넘치고 있었다. 박순희 씨(박성후 엄마)는 '아빠와 크레파스' 앞을 지나가다가(?) 땅주인과 아는 사이라는 이유로 붙들려 함께 가게 되었고, 다음 번 모임의 장소로 집까지 제공하면서 뜻하지 않게 조합원이 되었다. 이 때부터 우연한 계기로 산집의 활동에 참여한 사람들이 산집의 기둥이 되는 역사가 본격적으로 시작되었다. 예컨대 코뿔소는 1997년 4월 5일에 교사 면접관으로 왔다가 황윤옥 산집 준비위원장에게 붙들려 꼼짝없이 10일부터 출근하게 되었다. 이후 코뿔소는 산집의 한 기둥이 되었다.

　산집은 우여곡절을 거쳐서 1997년 5월 10일에 전체 공동육아 조합들 중에서 12번째로 개원을 했다. 보육과 교육 활동은 이미 5월 6일에 시작되었다. 개원 전에 있었던 가장 중요한 사건은 1997년 3월에 발생한 터전 후보지에 대한 포기 결정이었다. 이로써 6개월 동안 줄기차게 진행했던 터전 사용에 관한 토론은 무용지물이 되었다. 지역도 유동적이고 돈도 부족한 상황에서 절박하게 터전 후보지를 알아보던 조합원들은 당시에 어지간한 부동산 소개소를 차리고도 남을 만한 부동산 정보를 얻었지만, 그 기억은 기록으로 전환되지 못하고 조합원들의 머릿속에서 허공으로 흩어졌다.

개원 당시에 아이들은 23명이었고 조합을 구성한 가구 수는 17가구였다. 아이들은 연령별로 까꿍·도글·소근·당실방에 속했다. 17가구 34명의 조합원은 회사원·학생·상인·공무원·시민운동가 등 매우 다양한 직업과 활동 영역을 갖고 있었다. 이것이 산집의 특징이라면 특징이랄 수 있다. 다양한 성향을 가진 조합원들은 만남을 통하여 합의를 이끌어내는 과정에서 상대적으로 끈끈한 '생활공동체'를 만들어갔다.

이런 조합공동체의 활동 과정에서 아빠들은 빈 수레가 요란하다(?)는 것을 보여주었다. 1997년 9월 12일에 아빠 조합원들이 교사들과 만남을 가져 영양탕을 먹으면서 "대단한 밤"을 보냈다. 이런 활동은 일회성의 행사였다. 그런데 아빠 조합원들 중에는 시민운동가가 여러 명 있었고, 그들의 시민운동 경험은 산집의 공동체 문화를 형성하는 데 간접적으로 중요한 역할을 했다. 시민운동을 하는 아빠들의 방향은 각자 좀 달랐다. 이것이 조합공동체에 균열을 일으키는 요소로 작용할 수 있기 때문에 초기 조합원들은 철저히 아이 중심의 육아와 교육 원칙을 세웠다. 이것이 결과적으로는 매우 의미 있는 결과, 즉 공동체의 '사회적 진화'를 만들어냈다. 그렇지만 역시 가정의 울타리를 넘어선 조합공동체를 만들어낸 실제적인 동력은 엄마 조합원들이었다.

초창기의 조합은 거의 엄마 중심으로 운영되었다. 이런 상황은 계속 이어져 역대 이사장의 면면에서도 그대로 반영되었다. 산집의 역대 이사장은 1997년 황윤옥, 1998년 안주현, 1999년 황옥선, 2000년 박강희, 2001년 김상신, 2002년 허인영, 2003년 김경희 씨다. 2001년에는 아빠들도 육아의 기쁨을 함께 나눠야 한다는 인식의 대두에 따라 한결 아빠(김상신 씨)가 아빠로서는 최초로 이사장으로 활약하였다. 사실 2001년부터는 초창기 조합원이 세월 따라 대거 빠져나가고 2세대 조합원들이 조합을 만들어가게 되었다.

초기 산집 식구들이 안양유원지로 나들이 가서 찰칵했다.

1세대 · 2세대 조합원들의 조합공동체 문화

산집의 역사에서 2001년은 분명 전환기였다. 조합원들도 경제적인 어려움에서 얼마간 숨을 돌린 시기였다. 조합공동체 변화의 핵심은

신·구 조합원의 교체였다. 2003년 1월 24일 현재, 산집과 인연을 맺은 아이는 모두 102명에 가구수는 72가구며 전체 조합원 수는 140명가량이다. 이중에서 1개월 미만으로 아이를 등원시킨 가구는 4가구고, 5개월 미만 등원시킨 가구는 1가구가 있었다. 1개월 미만 등원한 아이를 빼면, 산집에 나온 아이들은 대략 98명이고, 총 가구 수는 68가구다. 68가구의 조합원들과 98명의 아이들은 산집의 문화를 만든 주역들이다. 1999년까지 등원 아동의 수는 꾸준히 증가 추세를 보여, 당시까지 퇴원자는 없었고 신규 등원자만 5명이었다. 그런데 2000년에는 9명이 퇴원하고 9명의 아이들이 새로 들어왔다. 2001년에는 16명이 퇴원하고 18명이 새로 들어왔다. 2002년에는 2월의 방과후 분리와 산어린이학교 입학으로 인해 22명이 퇴원하고 21명이 새로 들어왔다. 그러니까 2001년과 2002년은 산집 구성원들의 얼굴이 많이 바뀐 시기였다.

2001년부터 산집은 본격적인 세대교체의 시기를 맞고 있었다. 《산들꽃》팀이 선정한 2000년 산집 10대 사건 중의 첫 번째 사건은 "탈퇴 조합원 5가구, 신규 조합원 4가구"였다. 이것은 "산집의 세대교체를 예고"하는 사건이었다. 두 번째 사건은 "최초의 아빠 이사장 출현", 그에 이어서 산집 개원 이래 함께 해온 교사 딱따구리가 나가고 황소가 들어 왔다는 소식, "용기 있는 엄마들, 대안학교 깃발 들다"라는 소식, 셋째 아이를 낳은 "겁도 없는 부부 3쌍째 탄생"이라는 소식 등이 있었다. 이렇게 조합과 교사회, 그리고 터전 이전 문제까지도 제기된 상황에서 신입 조합원들은 산집을 반석 위에 올려놓기 위한 작업으로 공동육아에 대한 공부를 시작하였다. 그때 지민 엄마(조춘애 씨)는 이렇게 지적했다. "공동육아의 긴 열차

한 칸에 산집이란 이름으로 중도에 승차했지만, 서로 무엇이 다르고 무엇이 같은지 알 수 없었다. 그런 상태에서 산집 2세대들인 우리들이 과연 이 조합을 훌륭하게 이끌어갈 수 있을까?" 2001년 5월 11일에 시청 옆 레스토랑에서 당실방·도글방의 새로운 조합원들이 중심이 되어 "아마 활동을 알면 공동육아가 보인다"는 주제로 공동육아에 대한 공부를 시작했다.

코뿔소 원장은 이런 노력을 기울이는 조합원들에게 "모두들 프로 아마"가 되기를 기원해주었다. '프로아마'라는 말은 아마추어와 프로페셔널의 이분법적 발상이라기보다는 문맹→초보→프로의 삼분 법적 발상으로 보인다. 여기에서 산집의 지향은 산집 구성원들을 모두 육아 문맹과 육아 초보에서 육아 도사로 상향 평준화시키자는 것이었다. 조합원들은 아이들을 철모르는 아이들, 땅 모르는 아이들, 사람 모르는 아이들, 즉 다시 말해서 철부지, 땅부지, 사람부지로 키우고 싶지 않은 사람들이었다. 산집에서 생각하는 '문맹' 개념은 글자를 모르는 사람들을 문맹으로 규정했던 일제강점기의 '문맹' 개념과는 상당히 다르다. 산집에서는 암묵적으로 평화 문맹, 생태 문맹, 개성 문맹, 공동체 문맹 등에 주목해 이를 문맹 퇴치의 큰 과제들로 설정하고 있었다.

《산들꽃》에서는 현재의 문맹 단계를 "구석기시대"라고도 표현하 였다. 이런 '인식의 구석기 시대'에 젊은 부모들이 아이를 가진 기쁨을 느낄 겨를도 없이 아이를 키운다는 것은 너무나 막막했다. 그러나 육아 동지들을 만나면서 부분적으로는 서로 상처를 주고받기도 했지만, 큰 위로와 지혜를 공유하였다. 산집 조합원들은 즐거운 육아를 위해서는 '육아 문맹'을 퇴치하는 것만으로는 부족하다며 따로 4대 문맹의 퇴치를 염두에 두고 있었다.

산집 2세대는 해솔 엄마가 말한 N세대이기도 했다. 2001년 1월 23일에 프리챌에 전자 산집이 개설되었다. "나도 N세대!"라는 해솔 엄마의 한 마디는 산집에서 누리그물(인터넷)의 시대가 개막됨을 알리는 축포였다. 《산들꽃》 25호(1999. 7.27.)가 나왔을 무렵부터 산집은 서서히 누리그물 활동에 참여하기 시작하였다. 이 무렵에 산집에 통신동호회 'SAAN'이 만들어졌다. 그것은 PC통신을 하는 사람이 많지 않았기 때문에 《산들꽃》 원고를 모으는 공간으로 활용하는 등 제한적으로 이용되었다.

조합 공동체 산집은 아이와 교사, 부모가 한 몸이다. 나아가 공동체 마을(대안 마을)을 꿈꾸는 산집에는 소통과 협동과 상호존중이 구석구석 살아 숨쉬고 있다.

조합은 공동체 문화를 발전시키고 교사회가 교육 외적인 문제에 덜 시달리도록 제 역할을 다해야 할 책임이 있다. 2001년의 조합공동체 활동은 아빠 이사장이 활약하고 온라인 산집이 개설되어 큰 역할을 하는 가운데 새로운 전통을 수립하고자 노력했다. 누리그물을 통해 조합원들의 시야는 훨씬 확대되었고 다양한 관심을 표출하였다. 그런데 아빠 이사장의 선출은 어떤 측면에서 아빠들이 조합 활동에 활발히 참여하여 엄마들의 고통을 분담하고 터전 문제를 해결하라는 무언의 압력이었다. 그러나 조합의 능력은 눈앞에 닥친 실무를 감당하는 데 그쳤다. 이것은 조합의 경제적 능력이 하루아침에 향상되지 않는다는 것을 말해준다. 지방자치체의 도움도 그다지 뚜렷한 것은 아니었다.

산집 조합공동체 문화를 형성하는 데 중요한 역할을 한 것은 조합의 행사나 공동육아 사이트의 전자 산집 이외에 이미 제50호를 넘긴 소식지, 《산들꽃》이었다. 역대 《산들꽃》 담당자는 김유경(조담·호연 엄마), 문경아(정빈 엄마), 박효미(리림 엄마), 최숭님(해솔 엄마, 도우미: 우현 엄마, 리림 엄마, 지윤 엄마), 고은주(최혜원 엄마), 이희옥(규진엄마) 씨였다. 그것은 아이들·조합원·교사에 이어 산집의 재산 목록 4호라고 할 수 있을 정도로 중요한 산집의 자산이다. 《산들꽃》에는 산집 사람들이 창출하고 공유해온 기본 정신이 녹아 있다. 그 중에서도 주목할 만한 개념은 '평화', '자연 친화', '개성'과 '공동체'다. 좀 과장하자면, 산집의 4대 정신은 평화, 자연 친화, 개성 존중과 공동체라고도 말할 수 있겠다. 이러한 내용의 산집의 '조합공동체주의'는 면면히 이어져왔으며 한시도 진화를 멈춘 적이 없다.

평화와 교류와 이해 증진은 분단 모순과 전쟁을 비판하는 활동에서

드러나는 것이다. 산집 사람들은 이 문제에 대하여 "작은 실천"을 강조하였다. 1997년 10월 25일에 산집에서는 '북한 어린이 돕기' 바자회를 열기도 하였다. 최근에는 개별적으로나마 산집 사람들이 두 여중생을 추모하는 촛불 집회에 참석하여 평화의 의지를 다진 적이 있다. 산집의 아이 중심 교육은 동아시아 공동체의 발전에도 매우 건설적인 역할을 하는 것이다. 동아시아의 불행한 근현대사는 이웃 나라 사이의 깊은 감정의 골을 만드는 데는 큰 힘을 발휘하지만, 평화와 단결을 만들어내는 데는 그다지 긍정적인 역할을 하지 못하는 것이 현실이다. 이런 가운데서도 산집을 비롯한 공동육아 사람들은 아이를 중심으로 서로 가슴을 열고 만날 수 있는 가능성을 열어놓고 있다. 일본 어린이집과의 교류나, 2002년 4월 25일 베트남 손님의 방문은 작지만 의미 있는 활동이었다.

그리고 자연 친화와 생명에 대한 생각들은 '자연은 생명 자체'라고 인식하는 관점을 보여준다. 이것은 새삼 말할 필요도 없이 산집의 구석구석에 녹아있는 기본 정신 중의 기본 정신이라고 할 수 있다. 그리고 개성과 자유는 산집 사람들이 한사코 버리지 못하는 특성이다. 산집에서는 부모들의 잠재적 욕구가 큰 특기교육에 대해서도 공동체적 관계의 향상이라는 관점에서 접근하였다.

공동체적 관계의 구축과 유지는 자연 친화와 함께 산집의 기본 정신의 핵심 요소다. 실제로 공동체(대안 마을)와 소통과 협동과 상호 존중은 산집 활동의 구석구석에 살아 있다. 공동체적 관계의 확립은 산집 개원 당시부터 조합 활동의 기본축이었다. 특히 장애우 통합교육을 꾸준히 실천해왔다는 점은 산집 공동체 문화의 발전에서 특별히 기억할 만한 활동축이다. 2002년 끝 무렵에는 '조합원 교사' 제도의 채택 문제가 공식적으로 제기되었다. 이런 논의는 조합원과 교사의 관계를 다시 한번 반추해본다는 의미에서도 산집의 공동체 문화 수준을 한 단계 높이는 활동이다.

2003년도는 아이들의 숫자가 40명을 넘긴 해다. 이것은 조합의 공동체 문화가 한 단계 성숙되고 돈되기(진화)되어야 한다는 것을 의미할 것이다. 산집은 지금까지의 공동체적 저력으로 이런 문제들을 자기 발전의 계기로 삼아 지속가능한 발전을 계속할 것이다.

공동육아에서 교사로 살기

이말순(코뿔소)
산어린이집 원장

산집은 교육공동체다. 아이들이 삶의 과정을 알아가는 참다운 교육과정을 만들어내기 위하여 조합과 교사회는 상호 건전한 소통과 존중을 필요로 한다. 그 동안 조합은 교사들의 교육 활동에 대하여 전폭적인 지지와 신뢰를 보내주었고, 그것을 바탕으로 교사들은 긍지와 신명을 가지고 공동육아 교사로서의 자질과 면모를 유감없이 발휘하고 꽃을 피웠다.

조합에서 '비행기의 양 날개 중 하나'인 교사회는 어떻게 구성되고 성장하고 존재했는가. 이 장에서는 특별히 기억해야 할 1년 이상 근무한 교사 6명(평균 근속 4년)의 산집에서의 역할과 공동육아 속에서 펼친 그들의 활동을 살펴보고, 현 교사회에 대해 개개인들이 왜 교사가 되었는지, 어떤 연유로 공동육아에 입문하게 되었는지, 교사로서 존재의 의미는 무엇인지 살펴보겠다.

2003년 교사회의 모습

2003년 새해 벽두부터 산집 교사회는 엄청난 작전(?)이 감행되고 있었다. 전년도 송년잔치가 12월 28일(토)에 끝나자마자, 이제 올해는 이틀만 지나면 생전 처음 맞는 겨울 방학(월차 대체)이란 걸 일주일씩이나 해보나 하고 꿈에 부풀었을 교사들에게 연 이틀에 걸친 회의를 통하여 가칭 "산어린이집 공동육아 6년 자료집" 발간을 위한 숙제를 나눠가지게 한 것이다. 여태까지 변변한 교육 자료집 하나 만들어 내지 못한 교사회는 늘 '신촌 우리 어린이집' 교사회나 '튼튼 어린이집' 교사회가 거의 해마다 교육 자료집을 내는 것을 진정 존경해마지 않으며 그들 자료의 활용도를 높여주곤 했었다. 그렇다고 산집 교사회의 교육 성과물이 없었던 것은 아니다. 보건복지부 위탁, 공동육아 『부모 참여 교육 프로그램』(1999)이나 『지역 자원을 이용한 실외 활동』(2000) 1권에 우리의 활동 자료가 대대적으로 실리기도 하고, 공동육아 교사협의회 발간 『교육 활동 자료집』(2001)에도 우리 교사회의 교육 성과물이 실려 있으며, '공동육아 장애우 통합교육 포럼' 때 산집의 '장애우 통합교육' 사례 발표(2002년 11월 30일, 토)와 여성교육원에서 열린 '표현 교육'(2000년 11월 25일, 토)에서도 산집의 교육에 대하여 소개한 바가 있다.

때마침 우현 아빠를 편집 고문으로 영입하면서 '아기장수 우투리'의 겨드랑이에 날개가 달리듯, 일이 진척되기 시작했다. 교사회 자료집에 '우현아빠의 참여'는 단지 '도우미' 역할을 넘어서 조합과 교사회간 신뢰 관계의 단면을 보여주는 것이었다. 이런 일은 공동육아이므로 가능한 일이고, 산집이어서 더욱 의미가 있다. 그리고 다행인 것은 우현이가 약간의 발달지체가 있으므로, 그 동안 부모 된 심정이 말이 아니었을 것이나, 이렇게 산집에 큰 선물로 보답해주는 것은 그 동안 우현이가 산집에서 잘 자라주었다는 메시지가 아닐까.

그래서 교사회는 방학을 다 바쳐 기쁘게 원고를 써냈고, 쓰고 나면 자체 편집회의의 혹평을 거쳐 절필을 했다가, 다시 편집고문의 완곡한 '교사회 진화론'에 힘입어 모두 나름대로 절차탁마하여 필봉을 날리게 된다. 2003년 교사회의 자료집 만들기는 오이의 말에 따르면 "반강제적으로" 하거나 혹은 착한(?) 미니의 "우리가 하기로 했으니까"라며 자발적으로 하다가도 갑자기 돌변하여 점잖은 편집 고문을 '빈 라덴'으로 몰아세우며 "테러당한 방학을 돌려 달라!"고 부르짖기도 하는 등 정신없이 행복한 모습이었다.

교사회의 성립과 교사 재교육의 필요성

산집 개원기의 교사회는 이말순(코뿔소/원장), 김성희(기린/주임교사), 최광례(새코미/영양교사), 안정순(파랑새/까꿍방), 박천옥(고래/까꿍방), 김명숙(엄지/까꿍방), 신경선(딱따구리/당실방), 박미애(참새/도글방), 채승우(피터팬/소근방)로 구성이 되었다. 개원 1년여를 지내는 동안 교사회의 협력 단결과 조화로움은 밀월 같은 달콤한 한 해를 보낼 수 있게 했으며, 산집의 오늘이 있게 된 초석이 되었다. 교사회 구성의 절반 정도가 젊은 처녀 교사인 데다가 꽃미남 피터팬까지 거느린 산집 교사회는 어디를 가도 웃음꽃이 피었다.

초기 교사회를 구성하는 가장 중요한 점은 "이러저러한 사람들이 모여서 화합을 이루겠는가" 하는 점이 관건이다. 그러니까 구성원들이 공동육아 교육의 취지를 이해하고 서로 협력할 준비가 되어 있는가를 가려내야 하는 것이다. 그러나 이것은 쉽지 않은 일이고 더러 중요치 않게 여겨 간과하게 되면 교사회는 계속 멤버가 교체되고 교육적 성과는 교사와 함께 날아가게 되는 것이다. 공동육아에서 교사의 존재는 교육 환경의 인적 자원임은 물론, 교재·교구 등 부실(?)한 교육 환경을 상쇄하는 중요한 존재다. 그러므로 좋은 자질을 가진 교사의 선택이 중요하고 다음으로는 교사회를 구축할 수 있는 교육이 중요하다. 초기에 산집은 교사 교육을 위해 2개월 동안 매주 토요일을 회의 시간으로 보장했고, 교사회는 개원하기 전에 인간관계 훈련과 성격유형검사(MBTI Myers-Briggs Type Indicator)를 1997년 4월 26일, 27일 양일에 걸쳐서 받고 출발했다.

그리고 1997년 8월 13일부터 '레지오 에밀리아 미술 교육'을 피터팬·딱따구리·코뿔소가 3개월에 걸쳐 받게 되고, 코뿔소와 딱따구리가 합동 작품으로 '그림자로 시작하여 무지개'로 끝난 프로젝트를 실행해보게 되었다. 레지오 에밀리아 프로젝트 교육은 이후 산집 교육의 전반에 걸쳐 영향을 미치게 되었다.

공동육아에서 뿐만 아니라 교육이라는 이름으로 아이들과 만나는 사람들은 누구나 재교육을 받아서 끊임없는 자기 계발을 하며, 자기의 교육 경험을 반추해보는 성찰의 기회를 가져야 아이들과 만날 때 지치지 않고 새로운 마음으로 관계를 지속할 수 있다. 교사가 되는 순간 이미 과거의 이론만을 배운 결과가 될 정도로 빠르게 전환되는 정보화 시대기도 하고, 특히 유아 교사들은 아이들과 지내면서 심신이 지치고 체력 소모도 많으므로 쉬기도 할 겸(교육을 받느라 오히려 과로하지만) 교육이 꼭 필요하다.

공동육아에서 교사들이 받는 교육은 대략 세 가지로 나눌 수 있다.

첫째는 공동육아에서 필요한 기본 소양 교육이다. 이는 육아협동 조합에서의 특수성과 대안교육 운동에 대한 방향, 인식, 철학 등의 개념이 필요하고 당연히 아이들의 성장 발달에 대한 이해가 필수적으로 있어야 한다. 이는 공동육아 교사 자격 과정인 '현장학교' 프로그램 속에 녹아 있다고 볼 수 있다. 산집의 교사들은 현장학교 교육을 마쳤거나 교사 임용 후, 그 과정을 이수하기도 한다.

둘째는 교사의 정신 고양 프로그램의 필요성이다. 자기가 어떤 사람인지 아는 것은 다른 사람과 관계를 맺기 위한 자기 분석과 성찰을 통해 가능하다. 어린이 교육이란 것도 결국은 아이들과의 관계에서부터 출발하고, 조합원들과의 관계, 교사들과의 관계를 잘 맺을 줄 아는 것 역시 개개인의 자기 성숙에서 출발하기 때문이다. 공동육아에서 교사의 자기 성찰 프로그램은 교원부('공동육아와 공동체교육'의 교사업무 부서)가 교육을 맡아서 진행하기까지는 교사협의회(공동육아 교사들의 자발적 조직)에서 주로 제시하고 있었던 교육 내용이다. 교사들은 현장에서 힘들고 지칠 때 영성을 자극받고 고양된 정신 자세로 다시 아이들과 만나게 된다.

셋째는 전문성 강화 교육이다. 이는 주로 실무를 겸한 교사 개별 특기교육이기도 하고, 기본적으로 유아 교사라면 누구나 해야 하는 교육이기도 하는 프로젝트 교육·미술 교육·풍물과 공예·노작 등의 형태다.

아이들과 만나서 바로 활용할 수 있는 실무 교육을 교사들이 선호하기도 하지만, 언제라도 이러한 세 방향의 교육이 매번 동시에 어느 교사에게나 필요한 것이라 생각된다. 특정한 교육만으로는 교사로서 성장이 어렵다고 보기 때문이다. 어느 교사가 실무 중심의 교육만을 받는다면, 그 교사는 교육에 대한 자기 성찰의 부족과 철학의 빈곤으로 인해 아이들과의 관계에서 교사 자신의 전망을 갖기가 어려울 수 있는 것이다. 마찬가지로 교육 이론과 철학만 무장해서는 아이들과 정겨운 놀이를 하긴 어렵다. 이렇게 교육의 시간이 필요하고, 또는 지역 단위 교사회나 같은 터전의 교사들과도 정보 교류와 친목 도모가 필요한데, 주로 일과 후 저녁 시간으로 이 모든 것을 해결하다보니 이중 삼중의 과로로 인해 공동육아 교사의 수명을 단축시키는 요인이 되기도 한다. 어디 그뿐이랴, 온갖 저녁 회의와 낮은 복지 또한 교사 노릇을 하기 어렵게 만들고 있다.

복지만 떼놓고 보면, 민간 어린이집이 제일 열악해서 공동육아는 국공립 어린이집과 민간 어린이집의 중간쯤 된다. 복지의 개선은 이 직업을 선택한 사람들이 아이들과의 만남이 진정으로 즐겁고 행복한 선택이 되어서, 자기 삶으로 이어질 수 있도록 현실화되어야 한다는 측면에서 중요하다. 특히 공동육아에서 경력 있는 교사들이 결혼하고 자녀를 갖게 되면, 아이를 공동육아 어린이집에 보낼 수 있어야 하는데, 현실은 그렇지 못하다. 교사가 자기 삶에 자부심을 가지고 전문직으로 자기 계발을 하는 일은 우리나라 유아교육의 질적인 문제와 연계되어 있는 것이다. 교사가 행복해야 아이들을 신나게 교육을 할 수 있다. 교사의 질이 교육의 질을 보장한다.

이에 대한 장기적인 대책은 공동육아 차원이 아니라, 정부 차원의 대책이 있어야 할 것이다. 조합원들 역시 생업을 마치고 이러한 교육과 터전 운영을 위한 저녁 회의 등으로 삶이 고단하기는 마찬가지다. 우리 사회가 어린이 교육과 복지를 걱정하는 여유 있는 복지 사회라는 평가를 원한다면, 단적으로 말하여 노동 현장에서 부모들을 좀더 일찍 집으로 돌려보내주는 일부터 해야 할 것이다. 그래야 아이들이 낮 시간 동안 어린이집에서 생활하고, 저녁에는 일찍 돌아가 안정된 휴식을 가질 것이다. 지금 아이들은 부모들의 근로 시간에 출퇴근 시간까지 더하여 보육 시간을 가져야 하므로 가족 간의 놀이나 대화를 통한 유대를 맺을 시간이 너무나 적다. 그것은 곧 교사의 업무를 가중시키고 교육을 연구할 심리적·물리적 보장을 가로막고 있기 때문에 결과적으로 유아교육의 질을 저하시키는 중요한 걸림돌의 하나가 되고 있다.

늘 든든하게 산집을 지켜주는 교사회. 왼쪽부터 헤라클레스, 염소, 오이, 들꽃, 앵두, 코뿔소, 기린.

교사회의 주역들

피터팬은 어린이집의 청일점이라고 《조선일보》(1997년 11월 10일 자)에 실릴 정도로 주목을 받았다. 목사 지망생이었던 그는 여러 사람들에게 사랑을 가르쳐 주었고, 아이들과 어른들 모두에게 사랑을 듬뿍 받았다. 나들이 길에서 누군가 길에 내다버린 장롱이 강풍에 넘어오는 것을 잽싸게 막아 아이들을 보호해주기도 하였고, 칡넝쿨을 잘라다가 칡넝쿨 그네를 매달아 아이들에게 아슬아슬한 스릴을 만끽할 수 있도록 해주었다. 특히 살아있는 생물을 포획하는 그의 재주는 아이들을 흥분시켰고, 여교사들을 들러리로 만들면서도 기쁨에 달뜨게 하였다. 그 무렵의 피터팬의 '꿩잡기' 프로젝트나 민물고기 잡기 등은 타의 추종을 불허하였다.

산집 교사회의 방침이라면 교사의 자질대로 아이들과 만난다는 것이다. 자신에게 없는 부분을 구태여 고민하지 말고, 있는 특기를 살려서 아이들과 관계 맺기를 요청하는 것이다. 그것은 교사회의 협력을 근거로 교육으로 이어진다. 전인 교육을 해야 하는 유아들에게 교사 간의 협력은 부족한 자질을 보완할 수 있는 필수 요소가 아닐 수 없다. 다양한 교사의 자질과 아이들의 특성이 진정으로 교류될 때, 호기심과 배우고 싶은 욕구가 자극되고 인격적으로 깊어질 수 있다.

피터팬은 현재 그의 특성을 살려 일산에서 생태 기획 '누림'의 대표를 맡고 있다.

딱따구리는 개원 때 합류하여 산집에서 약 4년을 지내는 동안 결혼과 출산을 하며 휴가의 종류를 늘려 놓았다. 딱따구리는 교육이 있으면 무슨 교육이라도 다 받고 싶어 하는 열성적인 사람이다. 그녀가 4년째 재직하던 2000년에는 '덩더쿵의 느티나무' 같은, 봄부터 가을까지의 장기 활동(프로젝트)을 인호·인범이(쌍둥이)가 6살 무렵에 하게 되었다. "이제 좀 알 것 같아요. 나들이를 어떻게 확장 활동으로 연계해야 하는지, 그리고 뒤돌아서서도 기록도 하게 되고요." 그렇게 득도의 경지를 들려주던 그녀는 둘째 출산을 앞두고 언제 복귀할지 모르는 장기 휴식에 들어갔다. 들살이 가서 각자 소원을 말할 때 "좋은 교사가 되고 싶다"고 자신의 희망을 얘기했다가, "지금도 좋은 교사 맞는데 뭘……"이란 소리를 아이들로부터 듣는 공인된 교사였다.

참새는 역시 개원 때부터 4년을 재직했다. 어린 도글이들을 맡아 날적이를 쓸 때 아이들을 사랑하는 그 표현력은 조합원들의 한없는 아이 걱정을 일시에 불식시켰다. "누룽지 한 덩이 부끄럼 없이 잘 자라거라"라고 기원을 하기도 하고 "사랑방에서 소곤소곤거립니다"라는 정겨운 표현이나 "매미 연애하는 소리가 얼마 안 남은 여름을 아까워하는 듯하군요 — 참새마음"과 같은 감각적이고 에로틱한 표현은 가히 예술이었다. 참새 재직 4년째 되던 해 다훈이를 비롯해 성민·민혁이 등 졸업반 옹골찬이들을 맡아서 주력을 했는데, 특히 그녀의 '세밀화 그리기' 지도는 압권이었다. 그 때 민혁이와 성민이는 7살에 들어온 아이들이어서 오래 있던 아이들에 비해 관계에서 불리할 수도 있었는데, 그것을 극복할 수 있는 힘을 그림을 통하여 획득하는 순간, 교사도 아이들도 모두 승리자가 되었다. 참새는 첫 택견 교사(진달래)와 결혼을 하더니 날아가 버렸다. 지금은 둘이 함께 전 재산을 털어서(?) 국선도 대학에 들어갔다고 한다.

고래 역시 개원 때 합류하여 만 4년 넘게 근무했다. 고래는 그 넉넉한 웃음소리로 때로는 무거운 교사회 분위기를 쇄신시키는 데 일조하였다. 방과후 아이들의 초등학교 입학기의 불안과 갈등을 엄마 같은 넉넉함으로 받아주며 인천·부천·시흥을 넘나드는 해박한 지리적 식견으로 나들이를 이끄는 데 도움을 주었다. 고래가 아이들과 나들이 다니는 모습에 반한 소사본동 동네 총각(세탁소 운영)의 눈에 띄어서 결국 노처녀 딱지를 떼고 결혼하기가 바쁘게 떡두꺼비 같은 아들을 낳았다. 지금은 사모님 역할에 충실하고 있다.

꼬리(박혜성)와 미니(안은향)와 황소(황은주)가 순차적으로 합류하면서 교사회는 물리적인 나이는 물론 마음도 젊어졌다.
꼬리는 리림이 이모라는 인연으로 실습을 왔다가 교사로 발굴되었다. 꼬리의 터프함과 자유로움은 조합원 부모들의 교사에 대한 시각 내지 고정 관념을 확장시켰다. 꼬리는 특유의 구성진 목소리로 산집 음률 활동인 국악동요를 비롯한 온갖 민요를 아이들에게 보급하면서 국악 교육을 평정하였다. 특히 꼬리의 풍물 교육은 2002년 의림이가 졸업하고 방과후에 올라가던 졸업잔치 때 절정을 이루었다. 그 날 풍물 공연은 '사람들의 뱃가죽'을 울렸고, 감동의 도가니 속에서 의림 아빠 서정철 씨는 "여태까지 낸 보육비 하나도 안 아깝다!"고 소리쳤다. 꼬리가 올해 방과후를 쉬게 되면서 산 패밀리의 국악 및 풍물 교육은 한 걸음 뒷걸음칠 것 같다. 물론 꼬리도 산집의 축복을 받으며 결혼했다. 산집은 웬만하면 다 시집 장가까지 보내 준다. 물론 짝을 찾는 건 자기 몫이다.

처음 집단생활을 시작하는 한들이·석헌이·지민이는 황소와 싸우면서 웃다 울다 정이 들었다. 황소는 '딱 아이들 눈높이'에서 함께 살았다. 아이들이 그래서 더욱 못 잊고 좋아한다. 황소의 반짝이는 아이디어는 아이들을 수시로 매료시켰다. 덩더쿵방 옆 공간에 꾸며진 작은 아틀리에는 늘 아이들이 무언가를 만드느라고 북적거렸다. 창의력 있는 교사는 주어진 이상의 일을 기쁘게, 자발적으로 해낸다.

개원 때부터 지금까지 분골쇄신하고 있는 개원 공신 기린은 정말로 재작년엔 허리가 아파서 병가까지 얻어야 했다. 기린의 치밀하고 꼼꼼함은 아무도 흉내낼 수 없다. 코뿔소가 일주일에 하루 또는 이틀 출근하던 개원 초기에 기린은 방 담임을 하지 않고 살림을 맡는 등 터전 총무 같은 역할을 했는데, 그 알뜰한 살림살이와 성실함은 조합원들의 신뢰와 교사들의 존경을 받았다. 방 담임을 맡게 되면서 아이들을 어찌나 살뜰하게 거두는지 해마다 방 조정이 있을 때, 엄마들이 "기린 방 한번 되어 봤으면" 하는 염원을 하게 한다. 기린의 '일본 보육 시설 연수기'와 '푸른꿈 고등학교 들살이'는 여러 사람에게 감동을 주었다. 기린은 새마을 유아원 때부터 교사 경험이 많은데, "아이들의 요구와는 상관없이 꽉 짜여진 획일적인 수업과 효율적인 통제를 위한 막힌 실내 공간에서 그냥 지내야 한다는 것에 가슴 아파하면서 갈등을 많이 느꼈다. 그러던 중 새로운 공간의 산집을 만나게 되었고, 조합원들과의 만남을 통해 내 아이가 아니라 우리의 아이로 키워 보겠다"는 의지로 시작한 교육의 현장에서 다른 세상을 만나게 되었다. 그녀는 자연이라는 공간을 통해서 배우고 누릴 수 있는 것을 의미 있게 생각하고 있으며, 자연 생태에 대해서 관심이 많아 환경 교육과 관련한 활동을 계획하고 있다. 산집에서 아이들의 추억 속에 오래오래 간직될 많은 놀이를 신나고 즐겁게 하고 싶다고 공동육아 교사로서의 꿈을 이야기한다. 기린은 재교육 과정에서 상담 이론, 풍물 교육, 건강 관련 교육을 주로 받았다. 연륜에서 묻어나는 깊은 체험으로 아이들은 물론 엄마들 문제까지 상담하는 기량을 보이고 있다. "교사의 마음속에 내재된 '자신감'이 아이들에게 영향을 미칠 수 있게 나름대로 노력을 했고, 서로가 필요한 존재임을 알아갈 수 있는 관계 중심 교육에 중점을 두고 지냈다. 연령에 따라 아이들이 자신들에 대하여 긍정적인 자아를 갖도록 꾸준히 노력하고 있다." 아이들에게 자신감을 갖게 하는 교육이 정말 필요한 교육이라고 이야기한다.

꽃돼지는 1999년 10월 9일 진달래와 바통 터치한 택견 교사다. 워낙 말이 없고 과묵하다. 꽃돼지는 상당한 시간을 산집의 택견 교사로 지냈다. 그 덕분에 아이들은 택견을 하면서 기초 체력을 튼튼히 길러나갈 수 있었다. 산집에서 몸 활동 시설물을 소사 로터리 클럽으로부터 지원받고 몸 활동을 시작한 지도 3년이 된다. 아이들은 실내 체육과 택견을 통하여 자세를 바르게 가질 수 있고, 몸의 유연함 을 기르면서 자기 몸을 보호하며 자신감을 다져나갈 수 있었다.

주방의 여왕 염소는 영양교사 이상의 영양교사다. 그녀는 예전 집안의 할머니처럼 보이지 않게 교사들의 마음을 풀어주고 아이들을 다독거려준다. 가끔 밥을 남긴다고 아이들을 야단치는 역할을 맡기도 하지만, 아이들의 염소 사랑은 더 깊어진다. 아이들은 염소에게 핵심을 짚어서 현명하게 행동하는 법을 배운다. 염소는 말을 많이 하지 않지만, 말을 하면 날카롭게 핵심을 찌른다. 염소의 통찰력에 놀라서 더 많은 얘기를 들으려고 하는 것은 무리다. 염소는 나서기를 좋아하지 않기 때문에 더 많은 얘기를 들으려고 하면 꼬리를 내려버린다. 염소는 산집의 보배 중에서 그 진가를 잘 드러내지 않으면서 산집의 공동체 문화를 만드는 여왕 진주다. 매년 담당이 바뀌었던 산집 주방에서 3년째 가장 오랜 경력을 자랑하고 있다. 염소의 모든 것을 초월한 듯한 맑은 미소는 사람들을 푸근하게 밥을 얻어먹게 한다. 사실 염소가 지금보다 더 깔끔한 성격이라면 눈뜨고 못 볼일이 많을 것이다. 커피 잔은 여기저기 굴러다니고, 물컵과 설거지가 늘 설거지통에 남겨져 있는 산집의 주방에서 염소는 복음 송가와 성경 말씀을 들으며 이 모든 것을 승화시키고 산다(그런데, 라디오가 너무 낡았다). 아이들은 염소가 해주는 밥과 반찬이 엄마 것보다 더 맛있다고 당연한 진실을 폭로한다. 염소는 "공동육아 영양교사가 되고자 했던 이유는, 교회 활동을 하면서 아이들을 접할 수 있는 여러 계기가 있었고, 부천 여성노동자회에서의 코뿔소의 강의가 영향을 주었다"고 산집과의 인연을 말한다. "조합과 교사회가 더불어 협력해서 같이 키우는 것이 의미가 있다고 생각하며, 해맑고 어여쁜 아이들에게 자신이 조리한 음식을 맛있게 먹일 수 있는 즐거움을 누리고 싶은 마음으로, 부족하지만 지금까지 아이들과 지내오고 있다"며 해맑은 웃음을 짓는다.

　'부정할 수 없는 미모'의 교사 미니는 "내가 공동육아 교사가 된 건 하늘의 뜻이란 생각이 든다"고 말한다. 그녀는 재기 발랄함과 다부진 언어 공세로 조합을 석권했다. 미니의 교사로서의 활약은 2002년 절정에 달했다. 표현 예술 안내자 교육을 받으면서 아이들과 춤 세라피(Therapy, 음악을 들으며 마음껏 소리도 지르고 춤을 추게 함) 모둠을 하고, 날마다 도시락 나들이를 하여 입맛 까다로운 당실이들을 먹여 키워냈고, 가을로 접어들면서 인류의 진화 요소 중의 하나인 '불피우기'를 사랑하여 산타 할아버지(아빠 조합원)로부터 드럼통을 선물받기도 했다. 미니는 "학과 내용은 물론 더 이상의 진보를 거부하는 한국 유아교육의 현실에 대해 실망하고 있을 때쯤, 정병호 선생님을 만났다. 그의 자유로운 삶의 철학은 세상을 다양한 시각으로 볼 수 있는 마음의 눈을 만들어주었다. 지금 생각해보면 그에게서 '친구 같은 선생님 되기'를 배운 듯하다"며 공동육아와의 인연을 이야기한다. 미니는 인류학과 출신답게 국제적인 교류를 하고 있다. 일본의 보육 교사들이 한양대학교에서 열린 '2001년 공동육아 한마당'에 참가했을 때, 일본어 통역을 유창하게 했을 정도다. 미니는 2003년 3월에 더 넓고 깊은 공부를 하기 위해 영국으로 떠났다.

　헤라클레스를 만난 것은 산집의 행운이다. 정신 연령이 사춘기인 지윤·채연·지연이에게는 연정의 대상이며, '사랑받기 위해 태어난' 아현이에게는 마냥 관심 받고 싶은 선생님이다. '살아 있는 장인 정신' 헤라의 솜씨는 나뭇가지 하나로 기린도 만들고 솟대도 만든다.

헤라클레스는 '헤라'라 불리면서 그리스 로마 신화 속의 강인한 남성성과 부드러운 여성성을 동시에 아이들 앞에서 자아내고 있다. 나들이 다니면서 까치산 웅덩이의 우렁이와 올챙이를 엄청 데려다 키우고 저 세상으로 보내기도 하고, 2002년 토끼의 사후 처리를 도맡아 하면서 신화 속의 헤라클레스의 야성을 중화시킨다. 산 교사회는 이렇게 미남 교사들이 한 사람씩 있을 때가 분위기가 더 화기애애하다. 어디서나 남성과 여성의 조화가 있어야 하는가 보다. 두 아이와 아내가 있는 헤라클레스는 산집에 어떤 인연으로 오게 되었을까? "1999년 재취업 교육과정으로 초등 미술 지도자 과정(6개월)을 마치고 취업 자리를 알아보았으나, 열악한 근무 조건과 급여 문제로 유아교육 기관을 선택하는 것을 보류하였다. 그리고 통신 업체에서 생산 관리, 자재 관리 업무를 하던 중, 부서 지방 이동으로 퇴직하였다. 재취업을 준비하던 중 공동육아 교사 모집 공고를 보게 되고, 거주 지역에서 가까운 부천 산어린이집에 문의, 교사로 지원하게 되었다. 개인적으로 한 가정을 이끌어 가는 가장의 위치에 있지만, 적성과 관심이 어린이에게 있는 남편에게 '어렵지만 해보자'고 격려해주는 아내가 있었기에 가능했다고 생각한다." 3월에는 그의 아들 정민이도 굴렁쇠방에서 생활하게 되었다. 산집의 교사로 근무하면서 아이들에 대하여 체계적으로 공부할 필요를 느낀 헤라클레스는 현재 방송대 유아교육과에 재학 중이다. "아이들과 어른들이 함께 살면서 배우고 익히는 과정을 자연적으로 갖게 하는 동시에 건강한 시각으로 세상을 바라보자는 마음으로 공동육아 교사가 되었다"고 첫마음을 말한다.

들꽃이 빛날 때는 아장아장 걷는 아가들과 나들이 다닐 때다.

그녀의 업적으로 빛나는 것은 아리랑 체조의 보급이다. 이 체조를 할 때 그녀의 모습은 화려한 들장미였다. 그녀는 대단한 미문의 문장가다. 이번 자료집에서도 민감한 인문학도의 감각을 살려 수려한 글을 써냈는데, "나 이제 이 세상 소풍 끝내고 돌아가리라"라는 천상병의 시구를 넣었다가, 그 예리한 자체 검열에 걸렸다. "무슨 소리야, 이제 막 세상 소풍 나온 아이들에게!"라는 동료의 지적을 겸허하게 받아들이는 아량을 보이고 있다. 대학 졸업 이후 여성 단체 선배들과 재야인사들의 후원으로 광주지역에서는 최초로 설립된 민간 비영리 탁아소에서 아이들과의 생활을 처음으로 시작하였다. 그 이후 '루피나'라는 세례명을 받으면서 인연을 맺은 대모님의 권유로 장애 아동들과도 만나게 되었다. 그러던 어느 날, 개별 방문 지도를 하던 자폐아이(6살)를 데리고 5·18 기념식장을 구경하러갔다가 아이를 잠시 잃어버렸다가 찾는 사건을 경험한다. 그 이후로 그녀의 삶은 하느님께서 덤으로 살도록 허락하신 것으로 여기면서 틀에 매이거나 구속되지 않는 삶과 자연스런 생활 방식 안에서 하느님께 봉헌하는 자세로 아이들과 함께 지내오고 있다. 각박한 유아교육 현장 속에서도 이러한 신선한 교육을 하고 있는 어린이집이 있다는 것에 한 줄기 희망을 느끼면서 공동육아의 문을 두드리게 되었다. 아이들이 보내주는 신뢰와 사랑이 자신이 존재하는 힘이라고 말하는 들꽃은 산집 아이들이 들꽃을 첫눈 같은 순결한 이미지로, 잔잔한 들꽃 향기로 오래 기억해주기를 바라는 욕심을 가지고 있다. 들꽃은 성동종합장애복지관에서 행동 치료사 자격 과정(6개월 과정)을 이수하였고, 올해 청각장애가 있는 선우와 덩더쿵방을 어떻게 꾸려나갈지 통합 교사로서 고민을 하고 있다.

오이(권원영)는 근무한 지 4개월째로 현장학교(공동육아 교사 자격과정)를 뒤져서 찾아낸 신예다. 깔끔하고 반듯한 성격과 뛰어난 미모, 가공할 만한 언어적 카리스마로 '정치 9단처럼 말 잘하는' 지민·혜원·한들·현진·지선이가 있는 덩더쿵방을 일시에 제압하였다. 깔끔한 성격답게 정신이 번쩍 나게 하는 '일반 어린이집 교사 체험담'을 들어본다.

　"그 예쁜 아이들에게 조기 교육과 사회규범 형성이라는 미명하에 하루 종일 읽기·쓰기·더하기·빼기를 반복시키고, 뛰지 말고 살금살금 다니고, 조용함을 강조하고, 승부욕을 조장하고……. 보여주고 자랑하는 교육을 하기 위해 교사들은 사랑하는 어린이들과 눈 한번 맞추는 시간조차 아껴야 하고, 환경미화·재롱잔치·작품 발표회 등을 준비하기 위해 며칠간 밤샘작업도 불사해야 한다. 좁은 교실에 아이들은 넘쳐나고 종일 실내에서만 생활하다 집에 가게 된다."

　공동육아가 여러 어린이들에게 '햇빛 보게' 도움을 준 것은 사실이다. 80년대 후반만 해도 아이들과 나들이 다닐 적엔 낮의 나들이를 '주요 활동'으로 삼는 곳이 없었다. 그런데 1994년, 공동육아 출범과 '나들이'의 필요성이 사회에 대두되면서 일반 유아 기관도 영향을 받게 되었다. 2000년 언젠가 광진구의 어린이집을 방문했다가 그 지역의 큰 공원에 갔었다. 나는 습관처럼 몇 팀이 나왔는지 다른 팀은 어떻게 노는지 관찰하게 되었고, 평일인데도 22팀이 나와 있는 것을 보게 되었다. 다른 교육 기관의 어린이들이 줄서서 나들이 다니는 것을 보며 그래도 안타깝지만 발전이라고 아니할 수 없다고 본다. 그렇다면 공동육아 어린이들의 나들이는 어떠한가. 아이들은 온몸으로 구르고, 냄새 맡고, 먹어보고, 새소리·바람소리를 들으며 땅속구멍까지 살펴본다. 그리고 물어 본다. "이 구멍엔 누가 살아? 새는 어디서 자? 겨울에 추운데 나와 있네? 뭘 먹고 살아?" 나들이 길은 발견의 길이고, 건강의 길이다. 자연은 언제나 최고의 책이며 도서관이며 최고의 컴퓨터다. 그렇기 때문에 야생초 밭은 쓸모없는 잡초 밭이 아니라, 생명의 무수한 비밀을 간직하고 있는 배움의 정원이다. 공동육아의 교육적 성과를 우리 사회와 공유하며 기존의 교육에 의문과 대안을 제시하는 것 역시 공동육아가 존재하는 이유 중 하나다.

코뿔소는 재교육 때 주로 아동 상담 교육이나 관계 훈련 중심으로 교육을 받았다. 특히 2002년에는 생태나들이 안내자 교육을 받고 나들이를 이끌어가는 데 도움을 주었다. 생태에 관심을 갖고 보니, 나무나 풀에 대한 애정 정도가 아니라 숲을 볼 줄 아는 안목, 환경을 고민하는 인식이 필요함을 느낀다. 그러므로 아이들이나 교사·부모 들과도 생태적 안목을 갖는 데 도움을 주고 있다. 코뿔소는 공동육아 법인에서 '현장교육지원전문가'도 역임하고 있다. 그러므로 산집에 안 나오는 날은 다른 현장을 맡아서 돌봐주고 있거나 사무국에서 열리는 현장교육지원전문가 회의에 참석하고 있는 중이다. 코뿔소는 80년대를 거의 해송아기둥지(종로구 창신동)에서 아이들과 생활하면서 지금의 공동육아 프로그램의 초석이 된 '나들이'를 시작하였다. 그 무렵의 나들이는 좁은 해송아기둥지의 공간적 한계에 따른 교육 공간 확장의 의미와 자연 친화적 교육에 대한 의지와 더불어 '울 안에 있는 모든 아이들은 밖에 나가고 싶어 하는' 자유에 대한 의지를 존중하여 이루어지게 되었다고 술회한다. 이 때의 경험을 공저 『함께 크는 우리 아이』(1993년)로 엮어내기도 했다. 생활이 어려운 지역에서 이루어진 교육의 성과를 조합형 육아에서 공유하고, 다시 공동육아의 생태교육이나 세시 풍속에 따른 교육 성과물을 사회적으로 공유할 수 있을 때, 공동육아의 교육적 공공성은 획득된다고 보고 있다. 산집 사람들이 풍기는 향기에 취해서 살다보니 어느덧 6년이 되었다. 요즘 느끼는 즐거움 중 하나는 조합형 육아여서 더욱 느낄 수 있는, 아이들의 공동체가 보인다는 것이다. 아이들이 평균 3년 이상씩 꾸준하게 함께 생활하면서 또래들과의 관계의 질을 높여가고, 또한 인격이 성숙해지는 것을 보게 될 때 교사로서 보람이 느껴진다.

아이들은 관계에 있어서 어른보다 훨씬 명쾌하고, 선명하고 진보적이다. 그들의 관계 형성과정을 지켜보는 가운데, 때로는 지리멸렬함에 가슴 아파하면서도 결국 상호 인정과 존중에 이르는 것을 가까이 보고 느낄 수 있다는 점은 행운이 아닐 수 없다. 그렇지만 아이들이 자라나는 것을 보면서 어른들의 환경이 아이들에게 어떤 영향을 미치는지, 결국 교육이라는 이름으로 우리는 무엇을 할 수 있는지 아직도 해결해야 할 과제를 많이 안고 있다.

그리고 2003년 2월, 미니는 잠시 공부하러 떠나고 앵두(최경민)가 후임으로 왔다. 앵두는 인사말에서 자신을 "산집에 있게 해준 미니에게 감사한다"고 조크를 던짐으로써 그녀가 만만치 않은 존재임을 드러냈다. 앵두는 교육과 실습을 마치고 현장 경험은 처음이지만, 아이 둘을 키워본 저력으로 제일 어린 소근방의 4명과 함께 생활하고 있다. 자연의 변화에 자연스레 반응하고 자신들의 생각에 제약을 받지 않는 아이들의 무한대적인 상상력은 놀랍기만 하다면서, 앞으로도 아이들 속에서 같이 생활하면서 많은 것을 그들에게서 배울 것이고, "나도 그들에게 도움이 되는 좋은 친구가 되도록, 그들의 생각을 내가 아는 생각으로 묶어버리지 않도록 노력하고 예전의 나의 모습을, 유년 시절의 나를 다시 찾을 수 있었으면 좋겠다"며 공동육아 교사 생활을 시작하고 있다.

공동체는 이제 생활필수품이다

조춘애

2002년 산집 교육이사, 지민·수민 엄마, 고교 교사

나의 이야기, 공동육아에 오기까지

학령기가 점점 길어지는 우리 사회의 여느 초보 부모들처럼 나는 육아에 대한 어떠한 경험도 갖지 못한 채, 덜렁 그렇게 부모가 되어버렸다. 모성이 무엇인지 알지도 못한 상태에서 짧은 휴직 기간을 마치고 나는 아파트 단지의 낯선 아주머니에게 나의 육아를 위임하고 직장에 복귀했다.

아파트 단지에서 아이와 함께 지냈던 네 번의 방학을 떠올리면 난 늘 아이에게 원죄 의식 같은 것을 느낀다. 아는 사람 하나 없는 밀폐된 아파트 공간에서 말도 잘 못하는 어린아이와 하루 종일 지내는 일은 내 아이임에도 불구하고 즐겁거나 행복하지만은 않았다. 고백하건대, 나는 네 번의 방학을 보내는 것이 너무 힘들고 지루했다. 그것은 고립된 공간과 관계 속에서 혼자 아이를 돌보면서 느끼게 되는 권태나 과민증 같은, 일종의 육아 멀미와도 같은 것이었다. 그리고 그것은 내 아이에게도 같은 환경이 되고 있었다.

21세기와 변화된 가정

고립과 단절의 문제는 현대인의 삶을 둘러싼 가장 중요한 문제일 것이다. 우리가 살아갈 21세기의 세상은 갈수록 생산과 소비가 대형화되고 있다. 사람들은 살아가는 데 필요한 생활의 기술을 잃어가고 있다. 돈을 주고 무언가 바꾸지 않으면 당장 내 한 몸의 먹거리와 입(을)거리를 해결할 수 없는 상황에 이르렀다. 그래서 날마다 사람들은 모두 각자의 일터로 뿔뿔이 흩어진다. 그리고 주말이 되면 이 거대한 도시의 생산을 유지해주기 위해 온 가족이 대형마트에 간다.

이제 가정은 도시와 자본을 위해 존재한다. 더 이상 노동력과 생산물·기술을 나눌 필요가 없어지자, 사람들 사이에 정이 오고갈 일도 없어졌다. 모든 관계는 하나씩 분절되었고, 가족마저도 핵가족, 또는 그보다 더 분열된 형태로 존재하게 되었다. 사람들은 친척과 이웃과 분리되었고, 아이들은 마음 놓고 뛰어놀 뒷산과 골목과 친구들을 잃어버렸다. 그리고 사회는 다음 세대의 구성원을 길러내는 육아의 공적인 책임을 각 가정에게 맡겨두고, 육아의 경험이 전혀 없는 여성은 모성의 이름으로 어렵고 긴 육아를 홀로 떠안게 된다.

새로운 육아 공동체, 공동육아의 출발

최근에 본 그림책 이야기를 하고 싶다. 엘사 베스코브의 『펠레의 새 옷』이라는 오래 된 그림책인데, 나에게는 공동체의 문제와 교육의 문제를 동시에 생각하게 하는 매우 의미 있는 책이었다. 공동체

안에는 여러 가지 삶의 기술들이 그대로 전해 내려오고, 어린 펠레는 그것을 자신이 할 수 있는 노동(양털깎기·염색하기·아이돌보기 등)과 바꾸어 자기에게 필요한 것을 생산한다. 아이들은 공동체의 한 편에서 살아가는 데 필요한 생산의 기술과 생로병사와 희로애락을 배우고 의식(儀式)과 놀이를 통해 문학과 예술을 배웠다. 어른들은 농사를 짓고 저장 식품을 만들고, 옷감을 짜서 옷을 만들고, 장작을 해왔다. 부모들의 삶은 생산과 분리되어 있지 않았다. 생활의 중심은 아이들이 아니라, 생산 활동에 참여하는 어른들이었다.

그러나 지금 21세기 사회는 생산과 소비가 철저하게 분리되어 있다. 육아에 관한 수많은 실용서와 수많은 교구·학습지들은 마치 백화점의 상품처럼 진열되어 있고, 사랑스런 내 아이를 키우는 일은 마치 어떤 값비싸고 멋진 옷을 입힐 것인가의 문제처럼 되어버렸다. 서로 모순된 육아 광고들 앞에서 대부분의 부모들은 어떤 상품을 골라야 할지 혼란스럽기만 하다. 거대 자본이 형성해내는 주류 가치에 맞서 부모들이 혼자의 힘으로 자신들의 바람직한 육아 철학과 방향을 정하고, 그것을 실천해 나간다는 것은 거의 불가능한 일이다. 이제 부모는 어디서 지원을 받아야 하며, 아이들은 어떻게 성장할 수 있는가?

이러한 물음에 답을 찾고자 1990년대 중반부터 아이를 함께 키우기 위해 부모들이 모여 공동육아 조합을 만들기 시작했다. 부모들은 단절된 가정의 벽을 허물고 서로 어울려 조합 활동을 하면서 아이들과 함께 이웃과 더불어 살아가는 새로운 공동체의 문화를 만들어 나가고자 하였다.

함께 아이 키우는 즐거움

4년 전, 나는 공동육아라는 긴 열차에 무임승차하면서 무언가 대단하고 모험적인 일을 시작하는 것처럼 많은 고민의 과정을 겪었다. 그 과정을 이야기로 쓰면 한 편의 단편소설은 될 것이라고 생각했다. 그러나 막상 공동육아를 일구었던 초기 조합원들의 무용담(?)을 들어보니, 그 이야기야말로 대하소설을 쓰고도 남을 정도였다.

처음 산집에 등원했던 그 가을이 생각난다. 골목 어귀에 들어서면 아이들의 노는 소리가 들려오고, 여기 저기 굴러다니는 짝이 맞지 않는 신발, 낡은 자전거들을 지나 안채로 들어서면 궁금하고 반가운 얼굴들이 아랫목에서 웃고 있다. 아이들이 터전에 와서 친구들을 사귀는 동안 어른들도 제 마음 한 결을 열어줄 친구들을 만들어갔다.

겨울이 되어 해는 성주산 너머로 일찍 들어가고 어둑어둑해진 좁은 마당에서 감자와 고구마, 삼겹살까지 구워 먹으며 서로의 까매진 입가를 마주보고 웃었다. 아이들처럼 어른들도 저녁이 되면 터전 앞에서 헤어지기 아쉬워 이 집 저 집으로 마실을 다녔다. 사람들은 내 아이가 아닌 다른 아이의 얼굴을 씻겨주고 콧물을 손으로 닦아내면서 남의 아이도 내 아이처럼 예쁘고 애틋할 수 있다는 것, 그게 가능하다는 것에 새삼 가슴이 뜨거웠다. 사람들은 그렇게 이 공동육아의 터전에 사랑을 묻고 희망의 나무 한 그루를 심었다.

그리고 땀과 눈물

골목과 친구들, 들판과 개울가, 때로는 무섭게 호통치고 빗자루를 휘두르기도 했지만 아이들 세계에 직접 들어오지는 않았던 어른들, 부모들은 그런 것들을 아이들에게 되찾아 주기 위해 날마다 부지런히 아이들을 실어 날랐고 청소를 하고 밤새워 회의를 했다. 그래도 내 아이뿐만 아니라, 다른 아이들을 안아볼 수 있고 나 혼자가 아니라 다른 엄마·아빠들과 함께 한다는 든든함 때문에 우리들은 날마다 터전에 갔다. 힘겨웠지만 그것이 우리가 선택한 방식이었다.

그러나 아이들과 함께 할 수 있는 시간은 여전히 절대적으로 부족했다. 부모들의 퇴근 시간은 빨라야 6시경이었고, 아이들은 가정으로 돌아가서 저녁을 먹고 잠자리에 들기 바빴다. 부모와 같이 아침에 집을 나서야 하는 아이들에게 저녁 시간은 너무 짧았다. 결국 공동육아에 아이들을 보내는 것 이외에 부모로서 해줄 수 있는 것이 무엇인지 한계를 느낄 때가 많았고, 그런 자신의 모습에 대해 절망하기도 했다.

가정은 그 모습이 어떠하든 한 생명체가 세상과 삶을 배워가는 가장 중요한 모태가 된다. 특히 유아기에 부모와의 행복한 가정생활의 경험은 세상을 살아나가는 데 가장 중요한 신뢰와 힘이 될 것이다. 누구나 좋은 부모가 되어보고 싶은 소망을 가지고 있다. 그 보람과 기쁨은 우리의 삶을 얼마나 더 깊이 있게 해줄 것인가. 그러나 직장일과 집안일에 쫓겨 날마다 허겁지겁 아이들을 재우고, 나 또한 같이 잠들고 나면 다시 아침이었다. 아이들을 데려다 주고 출근을 하면 비로소 또 아이들의 얼굴이 눈에 밟힌다. 그 미안하고 허탈한 심정을 어찌 다 설명하랴.

작년 가을, 우리는 엄마들끼리 '사랑방'을 열고 밤을 새워 이야기를 나눈 적이 있었다. 모처럼 남편과 아이들을 모두 떼어놓고 비로소 자신들의 이야기를 하게 되었을 때, 사람들은 모두 몇 마디 채 하지도 못하고 눈물부터 쏟아냈다. 더 많은 사람들에게 서로를 지원해줄 수 있는 따뜻한 모성의 연대가 절실하다. 그리고 그 연대의 힘이 크면 클수록 사회적 지원도 더욱 많아질 것이다. 이 사회가 제도적으로 유아를 가진 부모들 중 한 사람만이라도 근무 시간을 단축해준다면 얼마나 좋을 것인가. 너무 요원한 꿈인가?

다시, 하나의 벽을 넘어서기 위해

그렇게 흘린 부모들의 눈물과 노동으로 아이들은 계절과 날씨의 변화를 온몸으로 느끼며 행복하게 지냈다. 겨울이 되면 아이들은 개울가에서 썰매를 타고, 텃밭에서 보리도 밟아주고 앙상하게 가지만 남은 나무에 올라가 비계 덩어리를 매달고 새가 오기를 기다리기도 했다. 그리고 저녁이 되어 부모가 오면 주택가의 한 모퉁이로, 아파트 단지 어딘가로 흩어졌다가 아침이 되면 다시 모였다.

여전히 우리 아이들에게는 뛰어놀 골목과 동네 친구들이 없었다. 아이들은 산집과 성주산에서만 자연과 벗하고 친구와 더불어 지내고 있었다. 공동육아는 어른들이 만들어놓은 인위적인 환경에 지나지 않는 것이었고, 아이들은 좀더 커다란 원을 만들었을 뿐 바깥세상과는 여전히 단절된 채 생활했다. 아이들의 성장은 어른들에게 또 다른 문제를 던져주고 있다. 공동육아는 이제 이 문제에 대답하지 않으면 안 된다.

삶의 근거지, 지역에 대해 연구하고 참여하기

공동육아의 또 다른 특징은 지역성인데, 그것은 개별적 존재의 특성을 중시하는 공동육아의 기본적인 교육관에서 나온다. 식물의 일반적인 분포가 아니라 동네 뒷산에 있는 꽃과 풀들을 관찰하고, 조류 일반의 개념이 아니라 우리 동네의 토박이 새를 찾아보는 것이 공동육아의 접근 방법이다. 공동육아는 지역의 생태뿐만 아니라, 역사와 문화에 대해서도 적극적으로 연구하여 교육적 자원으로서의 가치를 만들어나가고 있다.

산집에 와서 처음으로 맞이한 대보름날, 쥐불놀이를 해보았다. 쥐불을 만드느라 여기저기 연기가 피어오르고 큰 녀석들은 어둑해진 하늘 위에 제법 커다랗게 붉은 원을 그리고 있었다. 아득한 유년의 저 편에서 스멀거리던 대보름날의 기억은 그렇게 다시 살아났다. 여력이 된다면 나는 공동육아의 교사와 부모들이 이러한 세시 풍습이나 대동놀이를 마을 사람들과 함께 해나갈 수 있는 문화적 기량을 갖추어 나갔으면 좋겠다. 그런 경험을 통해 공동육아와 지역 사회는 지금보다 훨씬 쉽게 가까워질 수 있을 것이다.

지역 사람들에게 공동육아는 아직도 '그들만의 공동체'다. 우리 산집에서는 일 년에 한번 마을잔치를 하는데, 그것은 마을 어른들 모시고 술 한 잔 대접하면서 그 동안에 쌓인 민원을 달래보자는 의미였지, 지역과 함께 무슨 일을 해나가자는 것은 아니었다. 이런 일회성 행사를 통해서는 지역과 공동육아의 거리를 좁혀나가기 어렵다. 좀더 일상적인 접근과 활동을 꾸준히 해나가는 것이 필요하다.

전 세계적으로 공동체와 지역 자치의 가치가 더욱 중요해져 가는 21세기다. 공동육아는 이제 아이들의 삶의 터전인 마을과 지역 사회에서 할 수 있는 일들이 무엇인지 보다 적극적으로 찾아 나서야 한다. 지역의 생태와 역사·문화를 공부하고 개발해나가기 위한 조그마한 모임을 만들 수도 있고, 기존에 있는 지역의 모임과 결합하여 그런 활동들을 함께 해나간다면 지역 자치의 힘은 더욱 커질 것이다. 그런 과정은 부모와 아이들 모두에게 삶의 근거지를 더욱 의미 있게 만들어줄 것이다.

터전 안정, 제도화의 문제

공동육아 부모들이 안고 있는 또 다른 과제는 터전 및 재정 안정의 문제다. 우리들은 아이들이 가능한 한 자연과 가까이 지낼 수 있도록 산이 인접한 곳에 터전을 구했는데, 그런 곳은 대부분 자연녹지여서 어린이집 인가가 나지 않았다. 부모들은 과중한 운영비를 떠안아야 했고, 그것은 더 많은 사람들이 공동육아에 함께 할 수 있는 가능성을 차단하는 가슴 아픈 요인으로 작용했다. 우리는 그런 제도적인 문제를 해결하기 위해 산과 인접해 있는 일반 주택가의 맨 끝자락만을 찾아다녔다. 그러나 그런 절묘한 조건을 갖춘 집을 구한다는 것은

현실적으로 너무 어려웠고, 있다 하더라도 많은 재정적 부담을 져야
했다. 그렇게 여섯 해가 지나는 동안 때로는 서로의 이야기를 들으며
밤을 새우기도 하고, 모이기만 하면 수십 번씩 집을 지었다 부수었다
했으나 터전 문제에 대해서는 어떤 정답도 찾아내기가 어려웠다.

21세기 새롭게 '참여 정부'가 들어섰으니 부모 참여형 공동육아는
현 정부의 방향과 그 맥을 같이한다고 볼 수 있을 것이다. 이제
정부의 법률적 지원을 적극적으로 확보하여 부모와 교사들의 재정적
인 악순환을 극복하고, 더 많은 사람들에게 공동육아의 문을 활짝
열어놓는 일은 참여 정부와 공동육아 부모들이 함께 해결해야 할
또 하나의 중요한 과제다.

초등 교육도 공동육아처럼

지난 2003년 2월, 산집에서는 6~7살 아이를 둔 부모들이 중심이
되어 '초등 교육을 생각하는 모임'을 몇 차례 진행하였다. 학교를
먼저 보낸 '산방과후' 선배 조합원들과 몇몇 초등학교 교사, 그리고
대안 초등학교인 '산어린이학교'의 조합원들이 함께 모여 초등 교육
에 대한 나름의 경험과 생각을 나누었다.

피아노·미술도 초등학교 저학년 때 이야기고, 4학년만 되면 공부
좀 한다는 아이들은 학교 수업에 이어 단과반·종합반으로 밤 11시가
넘어야 집에 들어온다고 한다. 그러나 그렇게 10년의 학창 시절을
보내도 소위 명문대에 진학할 수 있는 학생들은 전국의 1%도 안
된다. 그 불확실한 미래를 위해 모든 것을 포기해야 하는 머나먼

명문대 입시의 길, 몇 개 안 되는 명문대의 졸업장을 갖지 못하면 우리 사회에서는 누구나 다 비슷한 대접을 받는다. 그래서 부모들은 오로지 그 길로만 매진한다. 학교에는 오직 그 외길만 있는 것 같았다. 공교육 안에 그 길 말고 도대체 다른 길이 있는가? 행복하고 가치 있는 삶에 대해서는 누구도 묻지 않으며 대답하지 않는다.

초등학생을 둔 방과후 부모들의 이야기를 들으면서 이제 한두 해만 고생하고 초등학교에 보내면 한숨 돌리리라 기대했던 6~7살 아이의 엄마들은 방바닥이 꺼져라 한숨을 토해냈다. 차라리 대안학교가 훨씬 쉬워 보였고, 취학 전 공동육아의 어려움이란 그야말로 행복한 비명에 지나지 않는다는 생각이 들었다. 그 날, 어느 누구도 자신 있게 말할 수는 없었지만, 그러나 우리들 마음속에 뚜렷하게 남은 한 가지 깨우침이 있었다. '아, 혼자서는 갈 수 없는 길이구나!' 공교육과 사교육 시장이 맞물려 돌아가며 아이들의 꿈을 수탈해 가는 공룡 같은 이 사회의 교육제도를 바라보면서 우리는 홀로 우리의 믿음을 지켜갈 수 없음을 느꼈다.

우리는 공동육아를 통해 많은 자원들을 만들어 왔다. 지역의 자원을 교육적으로 재해석하고 조합 활동을 통해 공동체와 부모 참여의 경험을 축적했다. 무엇보다도 우리가 쌓아온 아름다운 인간관계야말로 공동육아의 가장 중요한 교육적 자원이다. 우리는 이 소중한 자원들을 그대로 안고 갈 것이다. 공동육아는 단지 유아기의 행복한 추억을 위한 것이 아니며, 어떻게 살 것인가 하는 삶의 방식에 관한 끝없는 질문이기 때문이다.

아이들이 초등학교에 들어가게 되면 지역 또는 학교 방과후를 함께 꾸릴 수도 있고, 제도 교육 안에서 부모 참여의 범위를 확대하여 안으로부터 교육 환경을 조금씩 바꾸어 나갈 수도 있다. 또는 제도 교육권 밖에서 대안학교 운동을 하면서 이 사회에 다양한 교육적 모델을 제시할 수도 있다. 어느 것이 더 쉽고 더 어렵다고 말할 수 없다. 우리의 교육 현실은 이 모든 것을 다 필요로 한다.

글을 마무리하며

존재하는 모든 것을 들여다보면 모두가 조금씩 자기를 나누어 쓰고 있다는 생각이 든다. 자연은 어떤 것도 홀로 단절되어 살아가지 않는다. 공동체를 이루어 서로 어울려 사는 즐거움도 그런 존재의 본래적인 방식에 근거한다.

처음에 공동육아를 만들고, 그 후에 공동육아를 찾아온 많은 부모들, 그들은 자신을 자연과 나누고 이웃과 나누는 것이야말로 행복하고 바람직한 삶의 근원이라는 믿음을 가진 참 아름다운 사람들이다. 공동육아가 아름다울 수 있는 건 오로지 그 믿음 때문이다.

그런 의미에서 공동육아에서 나눔은 가장 중요한 가치다. 그리고 그 나눔에는 경계가 없어야 한다. 마을이 아이들과 어른들 삶의 일차적인 터전이 될 수 있도록 공동육아는 그 범위를 지속적으로 넓혀 나가야 한다. 그것이 자라나는 아이들에게 평화롭고 지속가능한 삶의 방식을 보여주는 매우 중요한 환경이 될 것이며, 그 속에서 어른들의 삶도 더욱 풍성해질 것이다.

세상을 향해 더욱 용기 있게 나가라고 우리의 등을 떠밀고 있는 우리 아이들, 새삼 그 아이들에게 존경과 사랑을 보낸다. 우리, 아이들과 굳게 손잡고 평화롭고 따뜻한, 더불어 사는 세상을 위해 한 걸음 더 나아가 보자.

첫 마음 붙박이 마음

박장배

우현 아빠, 역사학자

　벌써 6년 세월이다. 산집은 여기까지 돋되기를 해왔다. 산집 사람들은 앞뒤를 돌아볼 겨를도 없이 하루하루의 교육과 배움에 바빴다. 그런 가운데 많은 사람들이 산집의 교육과 공동체 활동을 크게 조망해볼 필요성을 느꼈다. 산집의 야전사령관(원장) 코뿔소는 당초 '산집 교육 5년 자료집'을 낼 계획을 세우고 논의를 거쳐 출간 계획을 추진하였다. 이 자료집은 본래 교사들이 주축이 되어 준비할 예정이었다. 그러나 일상의 교육 활동에도 바쁜 교사들이 5년 자료집을 준비하는 것은 쉽지 않았고, 결국 조합과 함께 준비하는 형식으로 일이 추진되었다. 여건상 5년 자료집은 6년 자료집이 되었다.

　산집의 6년 사연을 정리한 '산집 6년 자료집'을 준비한 편집진은 따로 집필할 시간을 낼 여유가 거의 없는 교사들과 편집 아마들이었다. 편집진은 주어진 한계 내에서 6년 자료집을 준비하였다. 산집 6년의 역사를 되돌아보는 작업은 산집의 교육 경험을 정리해보자는 의미 이외에도 산집을 만든 공로자들의 노고를 기억하자는 의미도 가지고 있다.

산집의 교육은 '생태교육'과 '마을교육'이라는 두 개념으로 요약될 수 있다. 산집 사람들은 '자연'과 '공동체'가 '생활필수품'이라고 인식하는 사람들이다. 자연 친화적 공동체 교육을 선택한 사람들이 조합원이 되고, 교사가 되고 학동이 되었다. 모든 구성원들은 철저히 평등한 인격체로 간주되었고, 실제 생활에서 평등의 원칙을 견지하고자 노력하였다. 원칙적으로 종교나 정당이나 세대나 빈부에 따른 어떤 차별도 인정하지 않았다. 이것은 산집에서는 '아이 중심의 교육'이라는 개념과 원칙으로 통하는 것이다. 아이들의 성장에는 구석기 시대나 지식 정보화 시대나 똑같이 비슷한 정도의 고통이 따르기 마련이다. '아이 중심의 교육'은 이런 점을 전제로 하여 아이들 자신의 개성을 발견하여 발전시키고, 동시에 공동체를 유지하는 공동체 지능을 키우자는 것이다. 산집 사람들은 개성을 죽이지 않으면서도 공동체의 꿈을 방치하지 않는 것이 교육이라고 본다.

요즘의 '교육'은 교육이라기보다는 '야만'에 가깝다. 얼마 전에 있었던 초등학생의 자살 소식은 많은 사람의 가슴을 아프게 하였다. 천안의 초등학교 5학년 학생은 2002년 10월 29일 일기에 "어른인 아빠는 (이틀 동안) 20시간 일하고 28시간 쉬는데 어린이인 나는 27시간 30분 공부하고, 20시간 30분을 쉰다. 왜 어른보다 어린이가 자유 시간이 적은지 이해할 수 없다"고 썼다. 이 어린이는 "물고기처럼 자유로워지고 싶다"며, 11월 8일에 목을 매 숨겼다. 과외 부담 때문에 초등학생이 자살하는 지금은 "오늘은 억요일"이라는 광고 문구가 요일 이름마저 흔드는 세월이다. 몇몇 조합원들도 당첨되면 상당 부분을 산집에 기부하겠다는 명분(!)으로 주저 없이 로또복권에 투자했다. 신문에 오르내리는 숫자를 보면, 2002년에 복권·경마·경륜·카지노 등 사행 산업의 매출액은 11조 5,539억원을 기록했다. 2003년 들어 교육부총리가 국회에서 밝힌 사교육비 총액은 7조 1천억원에 달한다. 대학에 진학시키기 위해 학부모가 쓰는 사교육비는 30조원에 달한다. 또 다른 추정치에 의하면, 한국의 교육비는 국내 총생산의 10.5%인 62조 7천억원으로 '세계 최고' 수준을 자랑하지만, 교육 투자의 효율성은 하위권을 맴돈다고 한다.

이렇게 교육비 투자는 엄청난 규모를 자랑하는데, 창의성을 중시한다는 교육은 영 미덥지 못하다. 농촌과 도시의 격차는 농촌 교사의 도시 전출을 부추긴다. 지방 교원 10명 중 한두 명은 '시골 학교'가 싫어서 도시 전출을 희망한다고 한다. 또 체험과 전인 교육을 중시하는 7차 교육과정은 취지만 좋다고 여겨질 때가 많다. 그것은 기초와 일반 과정, 심화 과정을 구분하여 지식을 조직화하는 방법을 가르치는 '선진국형 교육 방식'일 수 있다. 그러나 공교육 쪽에서 그 준비가 대단히 미흡한 데도 일률적으로 그 방식을 도입하는 것은 과외를 부추기는 처사일 것이다. 부모들이 아이들에게 정도를 넘는 과외와 특기교육을 시키는 것은 내 아이가 혹시 다른 아이들보다 뒤처지지나 않을까 하는 염려와, 내 아이는 다른 아이보다 잘해야 한다는 욕심 때문일 것이다. 그러나 모두들 이기심과 경쟁의식으로 똘똘 뭉쳐서 앞으로만 치달을 때 초등학생의 자살과 같은 예고된 사고가 발생한다. 이런 맥락에서 '교육열'이라면 어느 부모에게도 뒤지지 않을 산집 조합원들이 '아이 중심의 교육'을 내세우는 것은 시장과 자본의 논리에서 아이들을 지키고자 하는 노력이다.

요컨대 '공동체'는 산집 교육의 알파며 오메가다. 특히 '산들꽃 마을'이라고 불리는 산집 공동체는 아이들만의 공동체가 아니라,

아이와 어른을 아우른 공동체다. 산집 사람들이 기존의 마을을 나름대로 재구성하여 '산들꽃 마을'을 만들어가는 과정은 하루아침에 되는 일이 아니었다. 탐색과 참여 없이는 산들꽃 마을도 없다. 산들꽃 마을이라는 대안성이 있는 마을을 만들기 위해서는 지역 공동체의 생태와 문화에 대한 지속적인 '탐색'이 필요했다. 탐색과 다양한 참여를 통해 회색시멘트 건물들의 숲은 '산들꽃 마을'로 재규정되었다. '산들꽃 마을'은 얼마간의 대안성을 가진 대안마을이다. 1944년의 통계로 한국에는 2만 9천여 개의 마을이 있었다고 하니, 그것이 한국의 마을 숫자일 것이다. 이 전통마을은 많은 장점에도 불구하고 이미 사라져버려서 복원할 수도 없을 뿐더러 그 내부에는 차별과 불평등의 요소를 안고 있었다. 그리고 현재의 도시 마을은 마을공동체라기보다는 충분한 소통과 문화적 가치가 결여된 거주 공간에 가깝다.

산들꽃 마을을 만들기 위해서 여러 산집 조합원들은 산집 주변에 모여들어 물리적 거리를 좁혔다. 또 조합원들은 때에 맞춰 청소잔치, 졸업잔치와 송년잔치, 마을잔치를 벌이며 공동체적 관계를 발전시켜왔다. 그리고 '산어린이집 전자 커뮤니티'는 산집 사람들이 일상적으로 만날 수 있는 또 하나의 창구다. 여러 가지 측면에서 산집 공동체는 현실적으로 '부분적인 공동체'고, 그 '공동체성'에는 아직 많은 발전의 여지가 있다. 산집 사람들이 공동체를 이야기하는 것은 '우리 집'을 좁게 보지 않는 것이다. 우리 집은 좁은 주택 울타리 안이나 아파트 한 채가 아니라, 지역 공동체며 지구 자체라는 것이다. 현재의 자본주의 세상에는 상생과 인류 복지를 추구하는 사람들만이 아니라, 지배와 패권을 꿈꾸는 사람들도 활약하고 있다. 기상위성뿐만 아니라 남의 첩보위성도 24시간 우리의 하늘을 돌고 있다. 이런 상황에서 산집 사람들은 평화와 공동체와 생태주의를 말하면서 '작은 실천'을 강조한다. 작은 실천은 세상을 더 낫게 구성하려는 노력을 부분적이고 좁은 범위의 사소한 실천 속으로 한정하자는 것이 아니다. 오히려 그것은 크든 작든 실제적인 변화를 가져오는 직접 활동을 해나가자는 것이다.

산집에서 더 나은 세상을 만들기 위해 진행하는 교육적 실천은 소박한 마음에 바탕을 둔 소박한 활동이다. 단적인 예로 산집의 교사들은 나들이라는 '중노동'을 꾸준히 진행하고 있다. 나들이는 물리적으로 그냥 '걷기'고, 자연 생태 나들이와 문화 나들이, 역사 나들이를 모두 일컫는 말이다. 산집의 도글방 아이들도 나들이 도사들이다. 세살 교육 여든까지 간다고 하는데, 그 모든 것은 지리 공부와 자연 달력 공부로부터 시작된다. 나들이는 다리의 대근육을 발달시킬 뿐만 아니라, 사람과 자연이 공존해야 행복하다는 것을 가르쳐주는 것이다. 긍정적이든 부정적이든 최근 한국사회가 새롭게 조명한 인물들 중에는 허준·장승업·김정호·임상옥·장보고 등이 있다. 그 동안 연산군이나 장희빈 등을 주로 다뤄왔던 사례에 비추어 보면 한국사회의 깊이가 나름대로 깊어졌다고 할 수 있다. 최근 부각된 19세기의 걸출한 인물들 중에서 화가 장승업과 지리학자 김정호를 빼놓기 힘들 것이다. 언제 어디서 죽었는지도 모르는 그 인물들이 대중적인 관심을 받는 이유는 21세기의 한국 사회가 어떤 문제에 관심을 가지고 있는지를 보여준다. 김정호는 전통적인 기법으로 작성된 가장 완성도 높은 한국 지도를 그려낸 사람이다. 김정호는 작품을 뺀 나머지 부분에 대해 잘 알려지지 않은 인물이지만,

나들이 길에서 아이들에게 지도 그리는 문제를 얘기하자면, 아이들의 수준에 맞춰 그를 말할 수 있을 것이다.

산집의 교사진이 '나들이'라는 지적재산을 처음 발명한 것은 아니지만, 교사들은 성주산이라는 조건에 맞춰 매우 의미 있는 교육 경험을 축적해왔다. 산집이 자리 잡은 성주산 동쪽 산자락은 산집의 앞마당이었고 정원이었다. 산집은 대단히 넓은 앞마당을 가지고 있다. 이런 점을 생각해보면, 산집을 만든 공로자 중에서 빼놓을 수 없는 일등 공신은 산집 주변의 자연환경과 인문지리적 환경이다. 산집의 자연환경에는 상당한 편향이 있다. 산집은 지난 6년 동안 성주산의 뒷골, 즉 부천시 소사구 소사본1동 뒷골에 둥지를 틀었다. 뒷골에는 또 연홍사와 진영정보고와 응두목장이 사이좋게 자리를 잡고 있다. 산집의 아이들은 뒷골의 실개천에서 가재를 잡았다가 놓아주고 성주산 나들이를 다니며, 팔다리의 힘과 생각하는 힘과 더불어 소중한 꿈을 키워왔다. 이 뒷골의 실개천은 할미산과 봉매산 골짜기인 구부골에서 흘러내려오는 개울과 합쳐져 소사 들녘을 적셨다. 지금 소새 앞개울은 복개되어 시흥으로 통하는 길이 되었고, 뒷골에서 흘러내려오는 실개천도 이미 산집의 바로 위쪽에서 복개되었다. 산집의 자연환경 중에서 좀 약한 것이 바로 '개울'과 '물' 부분이다. 1923년에 한강수리조합이 생기기 전까지 부천의 상당 부분은 한강 하구를 통해 서해 조수가 밀려들어오는 드넓은 갯벌이고 뻘밭이었다. 그 중에서 중동 신시가지는 작동 수주로 동쪽의 시루뫼와 서쪽의 삼태기산을 헐어다 메운 곳이다. 그 자리에는 작동의 오쇠리 이주 단지 주택을 지었다. 이렇게 부천은 물과 관련이 많은 곳이었지만, 지금 많은 실개천과 개울들은 하수구로 변해버렸고,

그런 현실을 극복하고자 하는 산집의 소식지 이름은 '산들꽃'이 되었다.

산집의 실질적인 인문지리 환경은 뒷골과 소사동 지역이다. 본래 웃소새와 아랫소새로 이루어진 소사동의 '소사'란 지명은 정확한 뜻을 알지 못한다. 소사(素砂)는 한자말 그대로 보자면 '희고 고운 모래'라는 뜻이다. 그러나 소사를 흰모래와 연결시킬 만한 근거는 별로 없다. 소사는 '소새'를 한자말로 옮긴 것으로 본다면, '소새'의 뜻은 무엇인가. 이 역시 분명하지 않다. 부천문화원에서 2001년 말에 펴낸 『부천의 땅이름 이야기』 289쪽에는 "소새의 그 어원은 솔새이다. 솔새에서 ㄹ이 탈락해서 소새가 된 것이다. 솔은 수리가 그 원형이다. 수리란 으뜸, 산꼭대기를 지칭한다"고 했다. 따라서 소새는 동쪽 방향으로 할미산의 신성한 산꼭대기를 바라보고 있는 마을이란 뜻이라고 했다. 소사동은 할미산을 앞에 두고 성주산을 등지고 있다.

『부천의 땅이름 이야기』에 의하면, 대대로 농사를 지어오던 소사동 일대는 일제 시대에 들어와 공장과 과수원이 들어서는 등 변화의 조짐을 보였다. 소사구청 근처에는 일흥사라는 군수 물자 공장이 세워졌고, 소사동의 성주산 중턱에는 복숭아밭이 들어섰으며 여우고 갯길에는 '게다'와 도시락통을 만드는 오동나무가 심어졌다. 현재 아랫소사에는 800여 년 묵은 느티나무가 있고, 그 근처에서는 1960년 대까지도 경기 남부 일대에서 유명한 우시장이 열렸다. 아랫소새에는 '향수'를 지은 정지용 시인이 1943년부터 1945년까지 살았다. 해방후, 특히 1970년대 이후에 소사의 인구는 급속히 불어났다. 근래 웃소새 사거리에는 대동산신제를 지내기 위해 장승을 세웠다.

산집의 인문지리적 환경 중에서 부천이라는 도시와 그 속에서 소사동이라는 지역이 주는 의미는 각별하다. 인구 80만이 넘는 젊은 과밀 도시 부천에는 지난 몇 년 동안 여러 분야에서 많은 개선이 있었고, 특히 문화와 복지 부분에서는 다른 도시보다 앞서가는 면이 있다. 그러나 산집의 현상 유지도 사실 산집 사람들에게는 만만치 않은 과제였다. 아무튼 산집의 존속에 부천 소사동이라는 지역적 조건 자체는 유리할 것도 불리할 것도 없었지만, 산집 사람들은 나름대로 지역사회의 발전에 작지만 긍정적인 영향을 끼쳤다고 생각한다.

도시 속의 대안마을, 산들꽃 마을을 만들고자 했던 산집의 교육 활동은 걷기로부터 출발하여 다양한 지역 자원들에서 교육적인 의미를 끌어내어 활용하는 모습을 갖췄다. 그 동안 지역 역사와 전승을 활용함으로써 산집의 나들이와 산들꽃 마을 만들기는 훨씬 풍부한 내용을 획득해왔다.

그러나 소사동 뒷골에 있는 산집은 전세로 들어와 있는 곳이라서 미래를 기약하기 힘들다. 현재 한국 사람들은 이사를 너무 자주 하기 때문에 지역 공동체를 형성하지 못하고 있다. 절이나 교회와 성당도 사정은 마찬가지인 것으로 보인다. 지나친 이동성은 사회적 비용을 증가시키고, 이웃 간의 친밀한 관계를 맺지 못하게 만들며, 결국 인간관계를 황폐하게 만든다. 이런 문제점에도 불구하고 산집은 이제 이전을 해야 할 처지에 몰렸다. 조합원 중에는 화석 연료를 덜 사용하고 순환되고 지속가능한 에너지를 사용한다는 차원에서 태양전지판과 생물학적 하수 정화 장치와 빗물 이용 시설을 갖춘 산어린이집 건물을 꿈꾸기도 하지만, 터전 이전 문제도 매듭짓지 못한 불안정한 상태에서 당장 할 수 있는 일은 지극히 '작은 실천'에 한정될 수밖에 없다. 이전 문제를 두고 생각해 볼 때, 조합원들의 거주 지역이 갖는 의미는 각별할 것이다. 성주산이 부천과 시흥에 절반씩 걸쳐 있는 것처럼 산집의 조합원들도 대개 부천과 시흥에 걸쳐 살고 있다. 이전하게 되면 우리가 정리한 산집 6년 역사는 뒷골 시대를 정리하는 의미를 갖게 된다(산집은 2003년 6월 6일 부천시 송내동에 새 둥지를 틀었다).

산집에는 수많은 이야기가 오갔고 그것이 메아리가 되어 성주산을 감싸고돌았다. 산집이 존재하는 한, 더 많은 메아리가 오갈 것이고 그 과정에서 무수한 '작은 실천'이 일어날 것이다. 벼논을 마당에 만들어놓겠다는 생각은 누구라도 할 수 있지만, 그런 생각을 실제로 실천에 옮긴 이는 드물다. 산집 사람들이 해온 일들은 걷기나 함지박 벼농사와 같이 소박하기 이를 데 없는 교육 활동이다. 산집 사람들이 나눈 가슴에 와 닿는 얘기들은 공동체의 꿈과 붙박이 마음으로 영글어 왔다. 산집 사람들은 분명 이런 것들을 더 높은 수준의 통찰과 품위 확보, 몸에 알맞은 실천으로 발전시킬 것이다.